铁路科技图书出版基金资助出版

国家自然科学基金项目(51278316)资助
京津冀基础研究合作专项项目(E2016210133)资助

城市轨道交通线路 BIM 三维设计理论与方法

扈　森　吕希奎　苟明中　谢　毅　著

中国铁道出版社有限公司

2020年·北　京

内 容 简 介

以三维数字技术为基础的BIM技术，可以整合项目不同阶段的参数模型及其相关信息，在项目的全生命周期过程中进行共享和传递，为城市轨道交通的规划设计提供了巨大的推力，也为城市轨道交通的三维数字化设计指明了新的发展方向。

本书围绕城市轨道交通线路BIM三维设计中的热点问题，借助三维地理信息系统（3DGIS）、建筑信息模型（BIM）技术和三维仿真技术，系统地阐述了基于BIM技术的城市轨道交通线路应用技术与方法，内容涵盖城市轨道交通线路BIM建模方法、三维场景建模方法、地下管网三维建模方法、基于InfraWorks的城市轨道交通线路规划设计方法、线路模型生成、纵断面深化设计、线路模型装配设计技术、基于Civil 3D的城市轨道交通线路深化设计方法、基于Revit的线路模型深化设计、BIM与3DGIS的融合技术、线路三维场景漫游方法、BIM二次开发技术等内容。

本书可作为铁道工程和轨道交通工程领域的科研人员、工程技术人员及管理人员的参考用书，也可作为高校开设有交通运输工程、铁道工程和城市轨道交通工程专业的本科生和研究生的BIM信息技术教材。

图书在版编目（CIP）数据

城市轨道交通线路BIM三维设计理论与方法/扈森等著.—北京：中国铁道出版社有限公司，2020.9
ISBN 978-7-113-27187-9

Ⅰ.①城… Ⅱ.①扈… Ⅲ.①城市铁路-轨道交通-铁路线路-计算机辅助设计-应用软件-研究 Ⅳ.①U239.5-39

中国版本图书馆CIP数据核字（2020）第153087号

书　　名：城市轨道交通线路BIM三维设计理论与方法
作　　者：扈　森　吕希奎　苟明中　谢　毅

策　　划：傅希刚　徐　艳
责任编辑：时　博　　**编辑部电话**：（010）51873162　　**电子信箱**：crph@163.com
封面设计：曾　程
责任校对：孙　玫
责任印制：高春晓

出版发行：中国铁道出版社有限公司（100054，北京市西城区右安门西街8号）
网　　址：http://www.tdpress.com
印　　刷：国铁印务有限公司
版　　次：2020年9月第1版　2020年9月第1次印刷
开　　本：787 mm×1 092 mm　1/16　印张：13　字数：295千
书　　号：ISBN 978-7-113-27187-9
定　　价：78.00元

前　　言

近年来，为了解决城市交通拥堵问题，我国已成为世界上城市轨道交通发展最迅速的国家。到2020年底，全国城市轨道交通运营里程将超过6 000公里，规划建设里程超过7 700公里。目前，国内的城市轨道交通从规划到设计再到最终的实施，基本还是以传统的计算机辅助二维设计为主。这种设计方式不易直观地发现各种潜在的冲突，容易造成设计缺陷，难以满足城市轨道交通规划设计工作的需求。

以三维数字技术为基础的BIM技术，通过参数模型整合各种项目的相关信息，在项目规划、运行和维护的全生命周期过程中进行共享和传递，提供了一个可以供不同参与方进行协同使用的平台，为城市轨道交通设计提供了巨大的推力。BIM的信息化、参数化和可视化优势，在城市轨道交通线路初步规划设计阶段，能够为工程设计和方案比选提供新的技术支持和平台。BIM三维模型实景展示比起单一的常规二维平面展示，更有利于让参与各方了解项目的规划设计方案。

本书面向城市轨道交通线路BIM技术，系统介绍了城市轨道交通线路的BIM三维设计理论与方法。本书的主要内容具有以下特点：

1. 城市轨道交通三维城市场景建模方法

基于InfraWorks集成化的平台在城市三维场景建模中的优势，研究了InfraWorks创建三维地形的三种方法，实现了基于InfraWorks的城市轨道交通规划地形设计、桥梁参数化建模、城市基础设施矢量数据获取、三维场景创建、城市道路三维建模、城市建筑三维场景创建。针对InfraWorks中建筑模型外观精细化程度不够的问题，导入Revit、3DSMAX或者SketchUp等建模软件建立的精细化模型，实现了建筑物精细化模型建模，最终实现了城市三维场景建模。

2. 基于BIM的城市地下管网三维可视化建模

基于Civil 3D和InfraWorks BIM平台协同设计，实现了地下管网自动化三维建模方法和技术，分析了地下管线特征及数据结构，建立了地下管网数据库。通过 Civil 3D 二次开发技术和数据库技术，自动加载海量地下管网数据，实现了基于 Civil 3D 的地下管网数据的二维自动建模。通过 SDF 数据接口，导入 InfraWorks 平台中结合城市地上场景，构建了完整准确的三维地下管网模型。实现了基于 InfraWorks 平台的地下管网自动三维建模方法，真实地反映了地下管网的空间分布状态，为城市轨道交通线路规划、设计中管线拆迁和改移提供了依据。

3. 基于 InfraWorks 城市轨道交通线路规划设计方法研究

以 InfraWorks BIM 平台为基础，将建立的城市三维场景和地下管网三维可视化模型进行有效整合，研究了利用 BIM 技术进行城市轨道交通线路规划设计和集成设计效果展示方法，实现了城市轨道交通在规划和方案阶段的解决方案。同时，利用 InfraWorks 多种与可视化相关的功能，实现了在真实场景中设计方案的可视化成果展示和方案的三维漫游。在 InfraWorks 中完成了线路的初始设计后，将线路模型和地形以 .IMX 格式导入 Civil 3D，实现了基于 Civil 3D 的线路深化设计方法。通过 Civil 3D 与 InfraWorks 的协同设计，创建了真实的三维设计方案模型，方便决策者清晰直观地了解城市轨道交通项目的概况及其与周围物理环境的关系，从而有利于发现、解决设计中出现的问题，提高线路规划设计的质量和决策的准确性。

4. 基于 Civil 3D 的城市轨道交通线路深化设计方法

以从 InfraWorks 导入的线路规划数据（平面和纵断面数据）为基础，实现了基于 Civil 3D 的城市轨道交通线路深化设计方法；实现了纵断面深化设计、线路模型装配设计、线路模型生成以及桥梁、隧道和路基曲面生成。利用 Civil 3D 部件编辑器 SAC，实现了路基、桥梁和隧道装配的创建。以各种 Civil 3D 对象和数据（包括部件、装配、线路、纵断面）为基础，实现了线路三维模型快速生成和驾驶模拟，为进一步线路优化设计和精细线路 BIM 模型建立奠定基础。

5. 基于 Revit 平台的线路模型深化设计方法

基于 Revit BIM 建模软件，为减少和降低模型细化和拼接的复杂度，利用其参数化技术和 API 二次开发技术和 C#. NET 程序开发语言，研究了城市轨道交通线路模型各种装配的深化设计方法，实现了城市轨道交通线路装配的快速创建及自动拼装；实现了轨道、桥梁、隧道的精细化建模，建立了城市轨道交通车站及周围建筑物模型；实现了基于 Revit 平台的线路模型深化设计和城市轨道交通三维模型的快速建模方法。

6. BIM 与 3DGIS 的融合技术

BIM 与 3DGIS 的数据融合是实现海量空间数据管理与查询分析的基础，在对常用 BIM 与 3DGIS 的融合方法分析的基础上，采用 Skyline 和 CityMaker 3DGIS 平台，研究了 BIM 模型在 3DGIS 中的有效集成的方法、流程和应用。通过对不同 BIM 数据格式在 3DGIS 中的集成对比分析，确定了适合城市轨道交通线路规划设计的 3DGIS 平台以及 BIM 与 3DGIS 之间的融合有效方法。以 CityMaker 3DGIS 平台为研究实例，基于 CityMaker 相交分析、空间查询方法，详细实现了基于 CityMaker 的 BIM 与 3DGIS 的数据融合、处理方法、线路缓冲区分析、地铁车站布局分析、地下管线碰撞检测分析、三维信息场景漫游优化等完整解决方案。

本书内容基于京津冀基础研究合作专项项目“基于 BIM 技术的城际铁路全生命周期设计理论与方法研究”（E2016210133）、中铁二院“城市轨道交通线路设计地下空间冲突分析方法与应用研究”等科研项目的研究成果。全书由中铁二院扈森、谢毅，石家庄铁道大学吕希奎，以及成都地铁公司苟明中共同撰写完成。其中第 1 章、第 2 章、第 3 章和第 4 章由扈森完成，第 5 章、第 6 章由吕希奎完成，第 7 章由苟明中完成，第 8 章由谢毅完成。全书由扈森统稿，同济大学顾保南教授担任主审。

本书在编写过程中得到了中铁二院胡新明、王世春、江万红、胡光常等同志的参编支持。感谢石家庄铁道大学陈淑娜、孙培培、王奇胜、杨峰等研究生，他们为完成本书在程序开发、模型建立和案例准备等方面做了大量工作。本书在编写过程中，引用了相关的参考文献，在此向原作者单位和个人表示衷心的感谢。

城市轨道交通作为一项系统工程，专业众多，本书只在城市轨道交通线路 BIM 三维设计理论和方法方面做了一些探索。由于作者学识和水平有限，书中错漏和不足之处在所难免，敬请读者批评指正！

作者

2020 年 9 月

目　　录

第1章 绪论

1.1 BIM概述

1.1.1 BIM的概念

BIM(Building Information Modeling)是“建筑信息模型”的简称，最初发源于20世纪70年代的美国，由美国佐治亚理工大学建筑与计算机学院(Georgia Tech College of Architecture and Computing)的查克伊士曼博士(Chuck Eastman, Ph. D.)提出。其被定义为：

建筑信息模型是将一个建筑建设项目在整个生命周期内的所有几何特性、功能要求与构件的性能信息综合到一个单一的模型中。同时，这个单一模型的信息中还包括了施工进度、建造过程的过程控制信息。图1-1展示了BIM模型示意图。

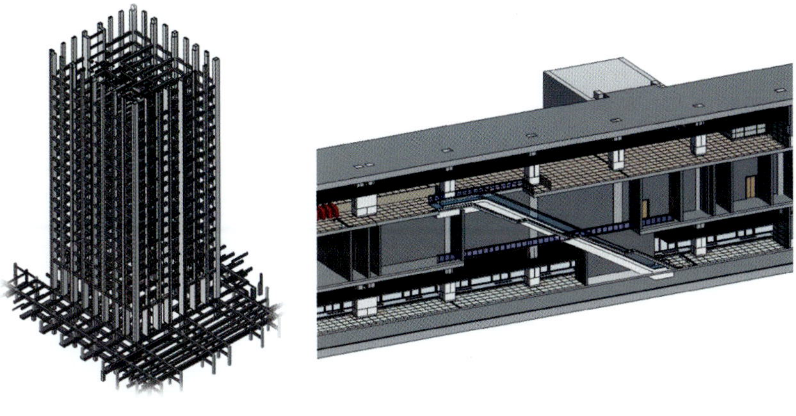

图1-1 BIM模型

(1)美国国家BIM标准的BIM定义

根据美国国家BIM标准的定义，BIM可从三个层面来描述。首先，BIM是关于建筑设施的数据产品或智能数字化表述；其次，BIM是一种协作过程，它包含事务驱动和自动化处理能力，以及维护信息的可持续性和一致性的开放信息标准；最后，BIM是一种熟知的用于信息交换、工作流和程序步骤的工具，可作为贯穿建筑全生命周期的可重复、可验证、可维持和明晰的信息环境。

(2)中国住房和城乡建设部工程质量安全监管司的 BIM 定义

BIM 技术是一种应用于工程设计建造管理的数据化工具,通过参数模型整合各种项目的相关信息,在项目策划、运行和维护的全生命周期过程中进行共享和传递,使工程技术人员对各种建筑信息做出正确理解和高效应对,为设计团队以及包括建筑运营单位在内的各方建设主体提供协同工作的基础,在提高生产效率、节约成本和缩短工期方面发挥重要作用。

随着全球建筑工程设计行业信息化技术的发展,BIM 技术在美国、英国、北欧、澳洲、日本、韩国等发达国家和地区逐步普及发展,这些国家结合自身实际,通过制定行业管理办法、编制相关 BIM 标准、组建研发联盟机构等不同方式,积极探索 BIM 技术在本国工程建设项目中的应用。在我国,建筑信息模型被列为建设部国家"十一五"计划的重点科研课题。

(3)BIM 带来的变革

BIM(Building Information Modeling,建筑信息模型)是一种全新的建筑设计、施工、管理的方法,以三维数字技术为基础,集成了建筑工程项目各种相关信息的工程数据模型,将规划、设计、建造、运维等各阶段的数据资料全部包含在 3D 模型之中,让建筑物整个生命周期中任何阶段的工作人员在使用该模型时,都能拥有精确完整的数据,帮助项目管理者提升决策的效率与正确性。在各阶段、各工作搭载各种信息,贯穿建筑生命周期,消除信息孤岛,实现信息数据之间适时关联,智能互动,避免信息流失。

BIM 技术的应用涵盖建筑的全生命周期,如图 1-2 所示。

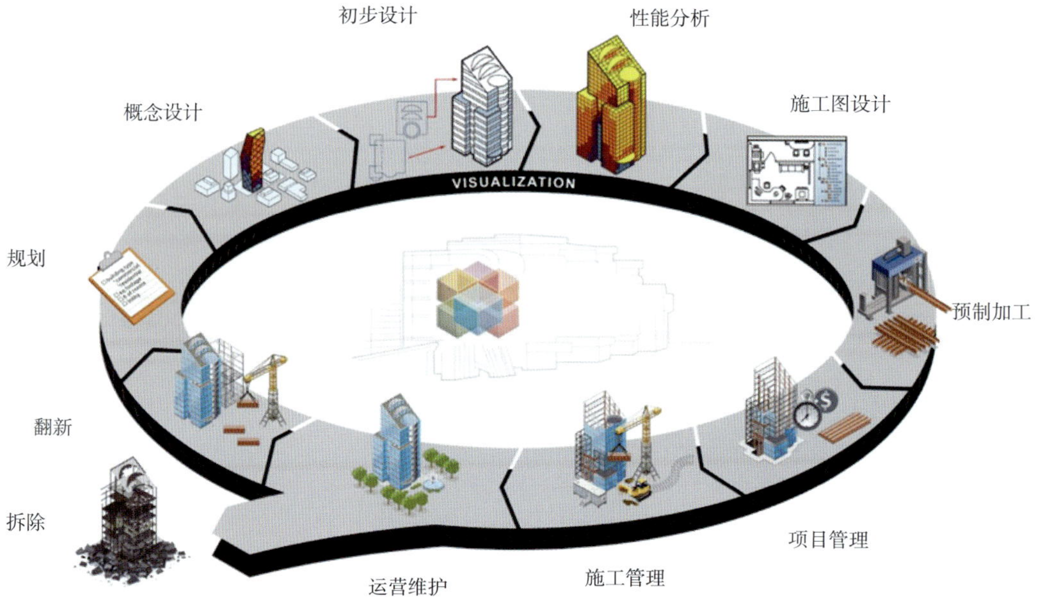

图 1-2　BIM 涵盖建筑的全生命周期

国内外学术界已达成共识,BIM 的应用是建筑领域里面的第二次革命,第一次的革命即 CAD 的应用,甩掉图板(图 1-3)。CAD 的应用是一个技术层面的革命,现在 BIM 的应用,不仅涉及技术,还涉及管理,作为一场革命,它会更深刻,涉及面会更大。

图 1-3 BIM 在建筑领域两次革命示意图

BIM 作为一种全新的理念,它涉及一个工程项目全生命周期,从规划、设计、施工到运营维护技术一系列的创新,也掀起了一场变革。

①工作方式的变革

从依靠强大空间思维能力的二维设计和沟通,变成直观而方便的三维设计和沟通,从传统的图线的绘制,变成了立体三维的建模。

②沟通方式的变革

BIM 为每一个角色提供了一个平台,汇集了所有的信息,让所有的人能够输入自己设计的信息,提取自己需要的信息,所有人的沟通有了一个共同的平台,省去了每一个角色之间的复杂交叉方式和不同的人的重复沟通,让沟通变得简单(图 1-4)。

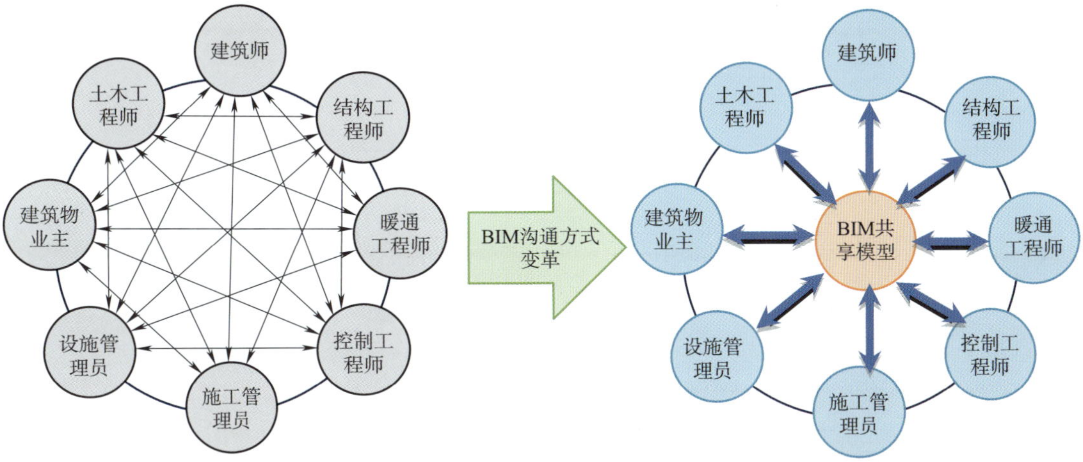

图 1-4 BIM 的沟通方式的变革

③技术手段的变革

强大的三维关联设计,一处修改,处处更新,所有数据源头唯一。直观的三维,包含所有的细节,方便查看,方便修改,三维设计完成后二维图纸自动生成(图 1-5)。

④管理方式的变革

从二维图纸的技术管理体系走向三维信息模型的技术管理体系;从线性的管理方式走向立体化的管理;从多个图纸的管理走向核心信息模型的管理和延伸。

⑤思维方式的变革

传统的思维方式,是将本来就是三维的建筑在大脑中转换成为二维,然后设计出图纸,在施工阶段将二维再转换成三维;而采用 BIM 的方式则一直以三维为主导,BIM 的初级阶段也许无法摆脱传统的二维图纸,但是也大大节省了三维到二维的过程(图 1-6)。

(a) BIM模型

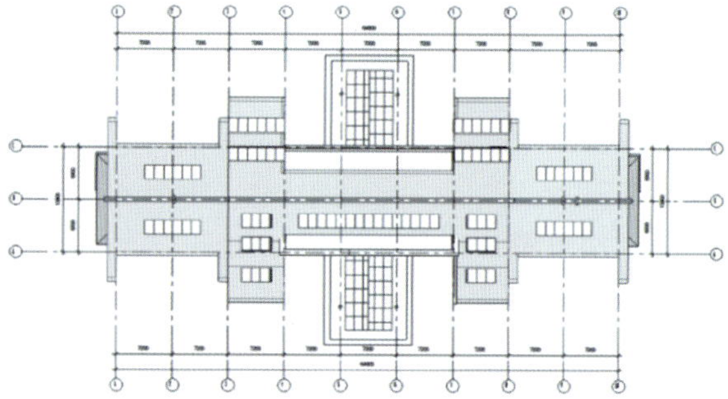

(b) 平面图

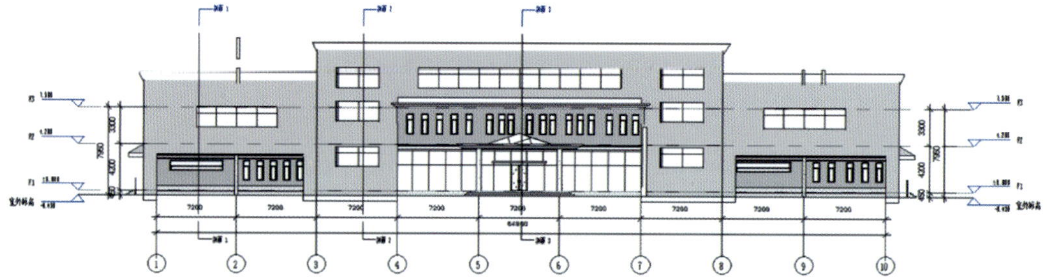

(c) 立面图

图 1-5　技术手段的变革

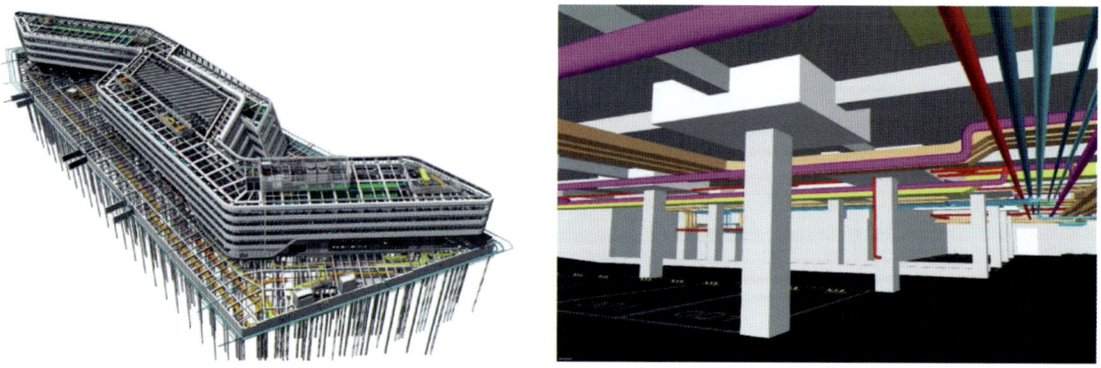

图 1-6　思维方式的变革

1.1.2　BIM 的特点

BIM 是以建筑工程项目的各项相关信息数据作为模型的基础，进行建筑模型的建立，通过数字信息仿真模拟建筑物所具有的真实信息，采用面向对象的方法描述包括三维几何信息在内的建筑的全面信息，这些对象化的信息具有可复用、可计算的特征，从而支持通过面向对象编程实现数据的交换与共享。BIM 具有可视化、协调性、模拟性、优化性和可出图性五大特点。

（1）可视化

BIM可视化是一种能够同构件之间形成互动性和反馈性的可视，可视化是BIM应用与传统CAD模式最大区别之一，也是BIM技术一项典型的特点。项目设计、建造、运营等整个建设过程可视，模型三维的立体实物图形可视。借助BIM可视化的模型可以让设计人员提高准确率及工作效率，更好地为项目品质提供服务。

在BIM建筑信息模型中，由于整个过程都是可视化的，不仅可以用于效果图的展示及报表的生成，更重要的是，项目设计、建造、运营过程中的沟通、讨论、决策都在可视化的状态下进行，可以进行有效的信息沟通，摆脱传统二维图纸之间沟通障碍与信息传递效率低等弊端，方便进行更好的沟通、讨论与决策（图1-7和图1-8）。

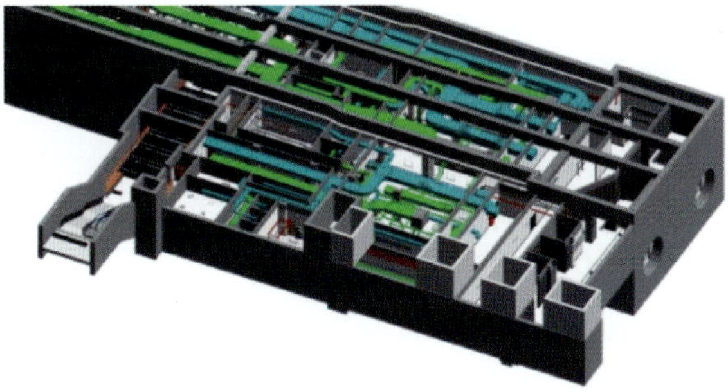
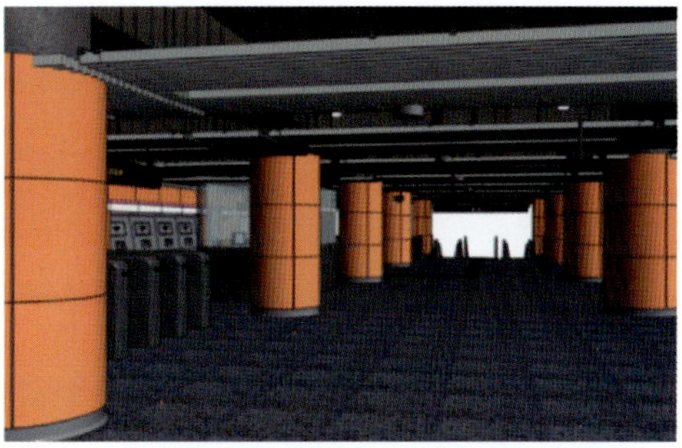

图1-7 BIM模型可视化1

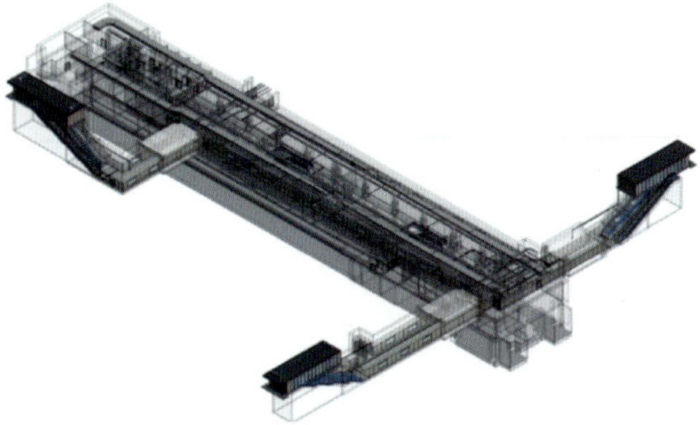
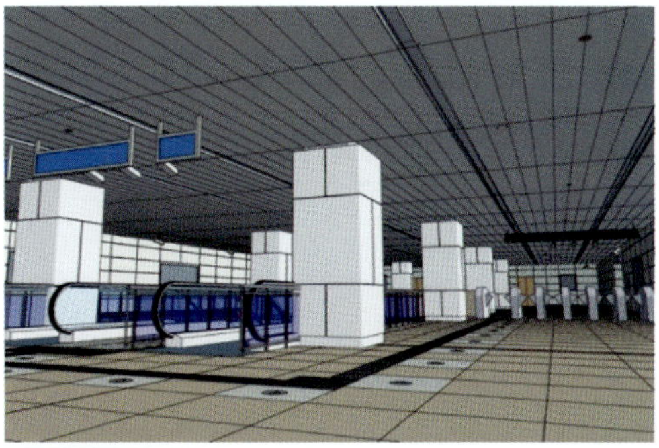

图1-8 BIM模型可视化2

（2）协调性

BIM建筑信息模型可在建筑物建造前期对各专业的碰撞问题进行协调，有效协调专业信息，避免矛盾和冲突。使用有效的BIM协调流程进行协调综合，减少不合理变更方案或问题变更方案（图1-9）。

由于BIM提供了最新、最准确、最完整的工程数据库，各专业集中在同一个平台下工作，避免因设计数据不同步而造成的设计错误，所以众多的协作单位可基于BIM平台进行协同工作（图1-10），大大减少协同问题，提升协同效率。

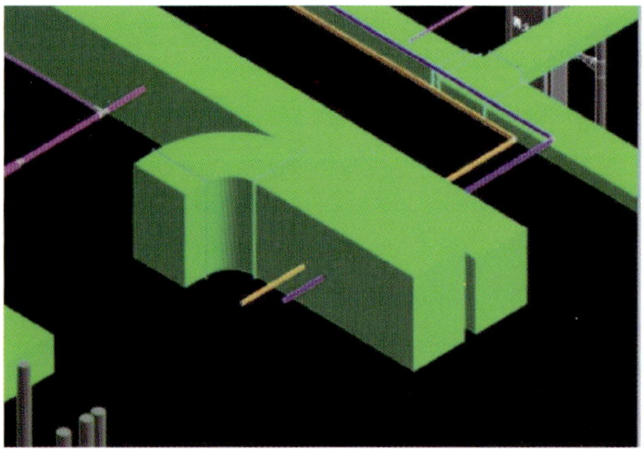

(a) 修改前

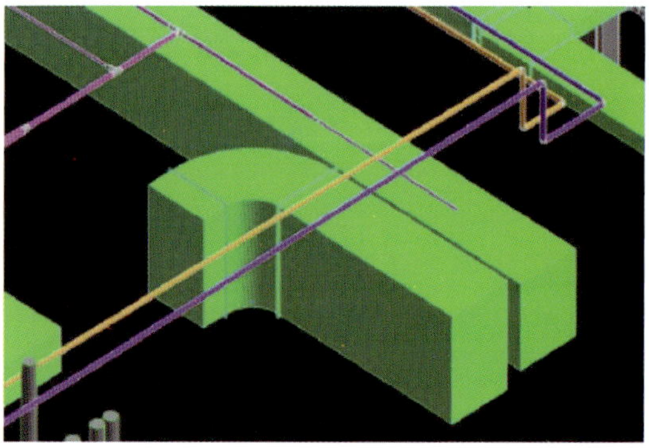

(b) 修改后

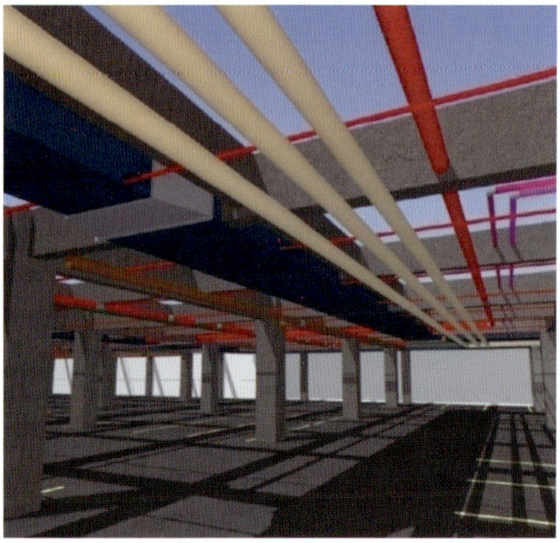

(c) 修改前

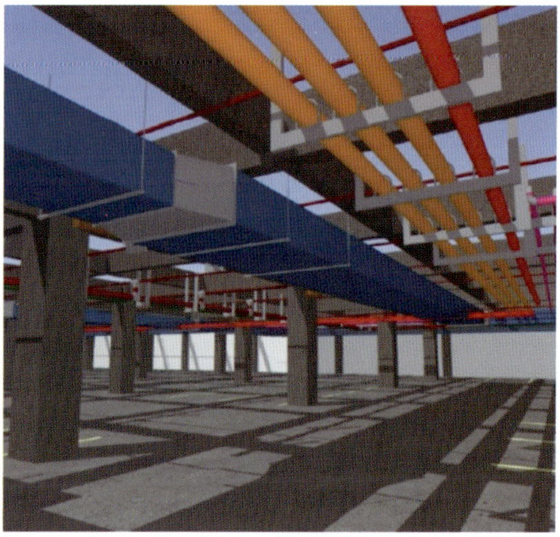

(d) 修改后

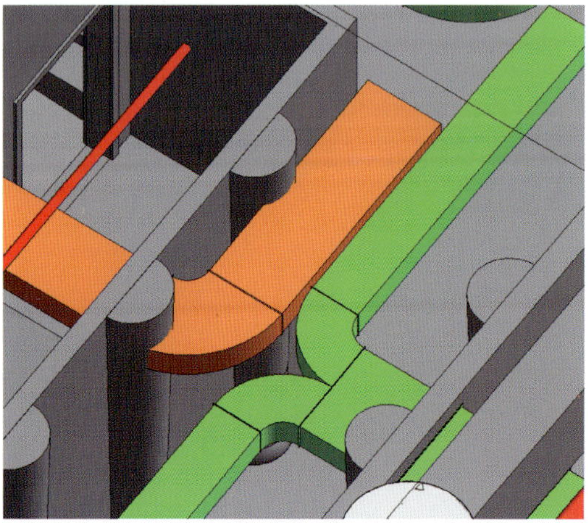

(e) 修改前

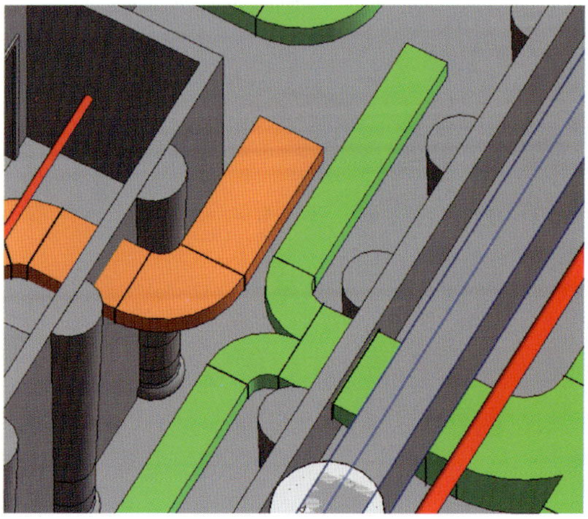

(f) 修改后

图 1-9　发现现场碰撞并整改

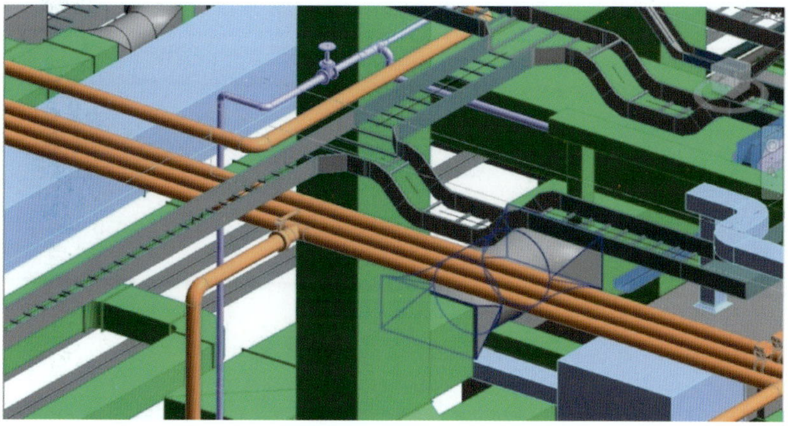

图 1-10 各专业集中在同一个平台下协同工作

(3)模拟性

模拟性并不是只能模拟设计出的建筑物模型,还可以模拟不能够在真实世界中进行操作的事物。在设计阶段,BIM 可以对设计上需要进行模拟的一些东西进行模拟实验,例如节能模拟、紧急疏散模拟、日照模拟、热能传导模拟等。在招投标和施工阶段可以进行 4D 模拟,从而确定合理的施工方案来指导施工(图 1-11),同时还可以进行 5D 模拟(基于 3D 模型的造价控制),从而实现成本控制。后期运营阶段可以模拟日常紧急情况的处理方式,例如地震人员逃生模拟及消防人员疏散模拟等。图 1-12 显示了地铁车站人员疏散模拟。

图 1-11 动态施工模拟

(4)优化性

整个设计、施工、运营的过程就是一个不断优化的过程,而优化主要受信息、复杂程度和时间因素制约。BIM 模型提供了建筑物实际存在的信息,包括几何信息、物理信息、规则信息,还提供了建筑物变化以后的实际存在。基于 BIM 的优化可做项目方案优化、特殊项目的设计优化、施工方案优化等，都可以带来显著的工期和造价改进。

图 1-12　地铁车站人员疏散模拟

（5）可出图性

BIM 并不是为了出日常多见的建筑设计图纸及一些构件加工的图纸，而是通过对建筑物进行了可视化展示、协调、模拟、优化以后，可以出综合管线图（经过碰撞检查和设计修改，消除了相应错误以后）、综合结构留洞图（预埋套管图）、碰撞检查报告和建议改进方案（图 1-13），利用数字模型可直接形成施工图。

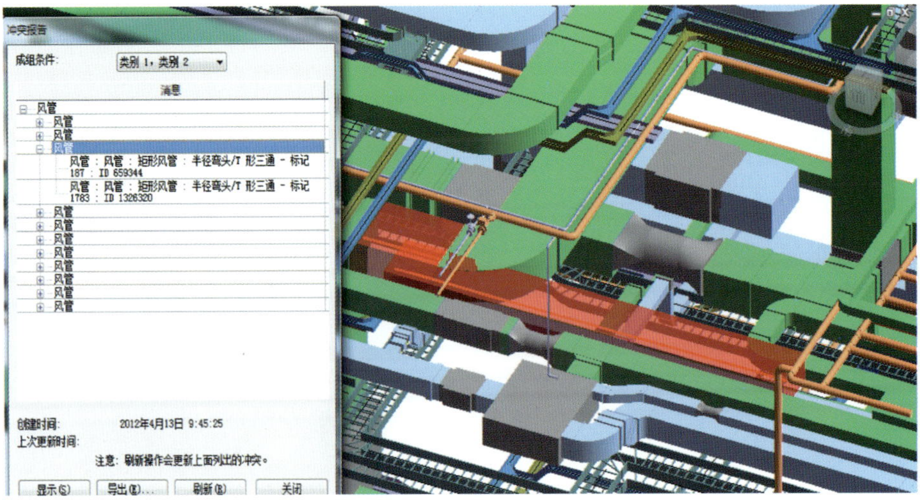

图 1-13　碰撞检测报告

1.1.3　BIM 的典型应用

利用 BIM 技术构建的三维模型能够广泛地应用到静态和动态干涉检查、性能仿真和模拟等领域。在设计前期对这些工作进行模拟和设置，可以有效地减少设计变更、错误和返工。更为重要的是，BIM 技术通过对项目构建可视化的数字建筑模型，可以实现施工进度模拟、装配模拟、物料跟踪等工作，对材料进场与人员、机械及环境进行高效配置，使得整个工程项目在设计、施工和运维等各个阶段都能够有效实现科学化、智能化管理，对项目的全生命周期进行数字化模拟。BIM的典型应用见表1-1。

表1-1　BIM的典型应用

序　号	应用内容	序　号	应用内容	序　号	应用内容
1	BIM模型维护	8	工程量统计	15	竣工模型交付
2	场地分析	9	管线综合	16	维护计划
3	建筑策划	10	施工进度模拟	17	资产管理
4	方案论证	11	施工组织模拟	18	空间管理
5	可视化设计	12	数字化建造	19	建筑系统分析
6	协同设计	13	物料跟踪	20	灾害应急模拟
7	性能化分析	14	施工现场配合		……

BIM能够应用到工程的全生命期中，按照工程的规划、设计、施工和运维四个阶段划分，根据表1-1列出的BIM在建筑全生命周期中的应用阶段分布如图1-14所示。

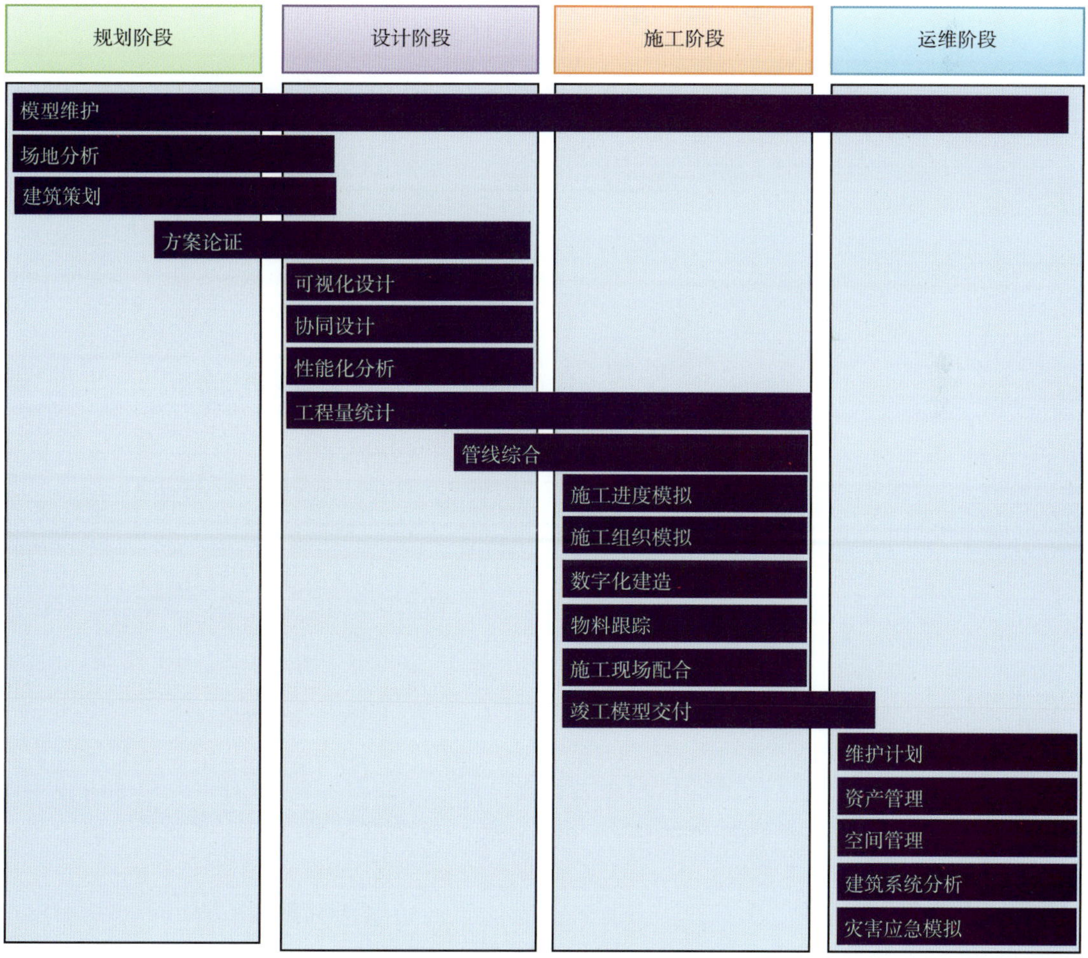

图1-14　BIM全生命周期中应用

1.2 BIM 技术在城市轨道交通中的应用

目前,BIM 技术已普遍应用于建筑业,并在铁路、公路、轨道交通等交通基础设施领域项目的设计、施工和运营中进行了成功的尝试。但是与建筑业相比,交通基础设施领域的 BIM 尚处于由二维设计向三维设计转变的过渡阶段。由于城市轨道交通工程的社会关注度高,建设及运营方担负了更多的社会责任与使命,因此也更加注重建设与运营水平的提升。BIM 技术的出现,为实现这一目标提供了技术支撑。

1.2.1 BIM 主要应用

城市轨道交通工程规模大,建设周期长,设计周期紧张,参与单位多,工程协调难度大。专业多,系统复杂,各专业联系密切,管线及设计接口的协调问题、施工组织问题、设备采购的后期调整不配套问题等经常会暴露出大量的矛盾,协调和解决这些矛盾会耗费大量的时间和精力。BIM 的优势有助于解决所面临的问题,提高设计效率,避免专业之间的冲突,有利于提高设计水平、建设水平和缩短建设工期。

城市轨道交通工程建设各阶段 BIM 应用内容见表 1-2[1]。

表 1-2　城市轨道交通工程建设各阶段 BIM 应用内容

序　号	阶　　段	BIM 应用内容
1	可行性研究	规划符合性分析
2		服务人口分析
3		景观效果分析
4		噪声影响分析
5		征地拆迁分析
6		地质适宜性分析
7		规划控制管理
8		其他
9	初步设计	设计方案可视化
10		控制因素分析
11		换乘方案模拟
12		设计方案比选
13		施工工法模拟
14		交通疏解、管线迁改模拟
15		其他
16	施工图设计	设计进度和质量管理
17		限界优化设计

续上表

<table>
<tr><th>序　号</th><th colspan="2">阶　　段</th><th>BIM 应用内容</th></tr>
<tr><td>18</td><td colspan="2" rowspan="5">施工图设计</td><td>管线碰撞检查</td></tr>
<tr><td>19</td><td>三维管线综合</td></tr>
<tr><td>20</td><td>预留预埋检查</td></tr>
<tr><td>21</td><td>工程量统计</td></tr>
<tr><td>22</td><td>其他</td></tr>
<tr><td>23</td><td rowspan="14">施工</td><td rowspan="7">施工准备</td><td>机电深化设计</td></tr>
<tr><td>24</td><td>装修深化设计</td></tr>
<tr><td>25</td><td>土建深化设计</td></tr>
<tr><td>26</td><td>大型设备运输路径检查</td></tr>
<tr><td>27</td><td>关键、复杂节点工序模拟</td></tr>
<tr><td>28</td><td>工程筹划模拟</td></tr>
<tr><td>29</td><td>其他</td></tr>
<tr><td>30</td><td rowspan="7">施工实施</td><td>标准化管理</td></tr>
<tr><td>31</td><td>进度管理</td></tr>
<tr><td>32</td><td>质量管理</td></tr>
<tr><td>33</td><td>安全风险管理</td></tr>
<tr><td>34</td><td>重要部位和环节条件验收管理</td></tr>
<tr><td>35</td><td>成本管理</td></tr>
<tr><td>36</td><td>验收管理</td></tr>
</table>

1.2.2　可行性研究阶段 BIM 应用

可行性研究阶段 BIM 应用主要包括以下内容[1]：

(1)规划符合性分析

利用 BIM 数据集成与管理平台集成城市轨道交通线/网方案设计模型,分析城市轨道交通工程与周边环境、建(构)筑物的位置关系、交通接驳关系、车站换乘关系、商业一体化开发关系等,实现城市轨道交通工程设计与城市规划协同,如图 1-15 所示。

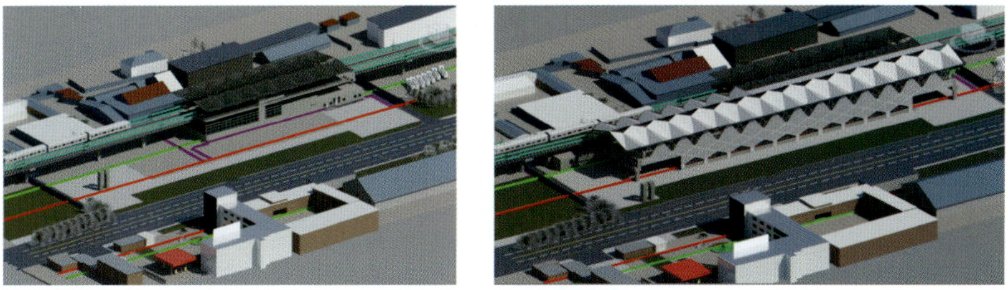

图 1-15　场地现状仿真

（2）服务人口分析

利用 BIM 数据集成与管理平台集成城市轨道交通线/网方案设计模型，并通过接入城市人口分布信息库获取人口的年龄、性别、职业等信息，快速统计车站周边指定范围内建筑物的人口信息，用于客流量和服务人口的预测分析。

（3）景观效果分析

利用 BIM 数据集成与管理平台集成城市轨道交通线/网方案设计模型，模拟城市轨道交通线路及周边环境，分析城市轨道交通建（构）筑物、设施与周边环境结合的景观效果（图 1-16）。

图 1-16　城市轨道交通线路周边环境

（4）噪声影响分析

利用 BIM 数据集成与管理平台集成城市轨道交通线/网方案设计模型和噪声影响分析软件输出的数据，在三维场景中展示噪声影响范围，统计分析城市轨道交通运行噪声影响区域内的建筑、人员等信息（图 1-17）。

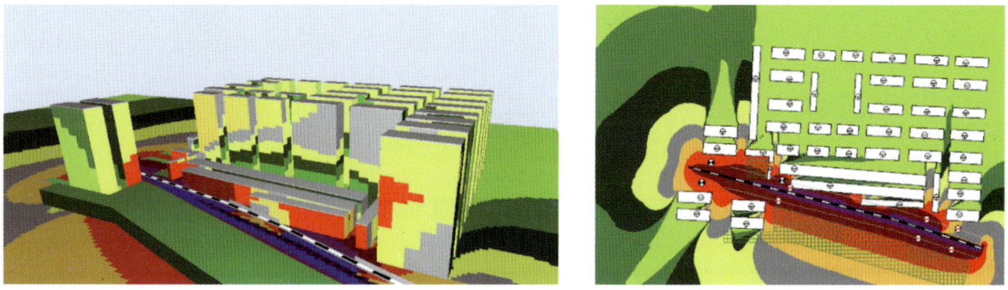

图 1-17　噪声影响评估

（5）征地拆迁分析

在场地模型中集成城市用地规划、建（构）筑物产权单位、建设年代、建筑面积、城市人口分布等信息，利用 BIM 数据集成与管理平台分析设计方案需要拆迁的建（构）筑物的数量、面积、产权单位和拆迁成本等（图 1-18）。

图 1-18　拆迁的建（构）筑物

(6)地质适宜性分析

利用BIM数据集成与管理平台集成城市轨道交通线/网方案设计模型,分析设计方案中线路穿越的地层、地下水和不良地质情况,提高方案分析和调整的效率(图1-19和图1-20)。

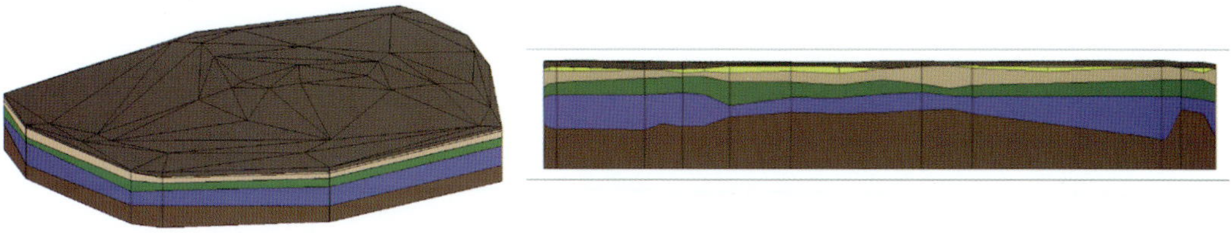

图1-19 BIM地质体模型

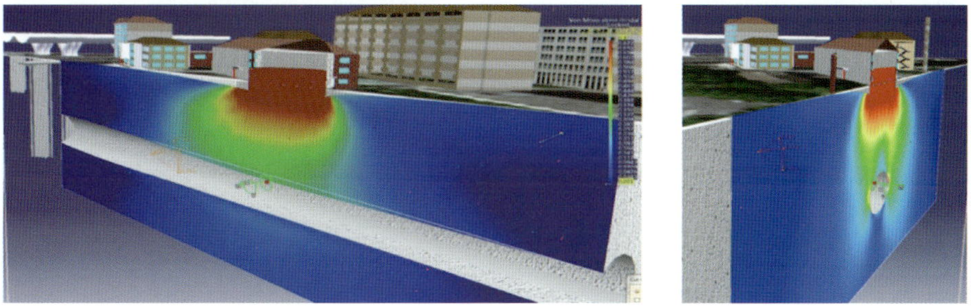

图1-20 地铁站地质环境分析

(7)规划控制管理

利用BIM数据集成与管理平台,集成城市轨道交通线/网方案设计模型和城市控/详规信息,建立包含完整环境模型信息的数字城区(图1-21),进行设计方案审查、规划控制,实现整个规划的动态应用管理,并可进行安全、施工空间、对环境影响等全面的可建性模拟分析。

图1-21 数字城市三维环境

(8)其他分析

包括投资估算分析、施工安全风险分析、设计方案可视化、控制因素分析等。

1.2.3 初步设计阶段BIM应用

初步设计阶段可应用BIM对设计方案或重大技术问题的解决方案进行综合分析,协调设计接口、稳定主要外部条件，论证技术上的适用性、可靠性和经济上的合理性。初步设计阶段宜利用初步设计模型（初步设计模型的创建范围见表 1-3）对建筑设计方案、结构施工方案、专项风险工程、交通影响范围和疏解方案、管线影响范围和迁改方案进行可视化沟通、交流、讨论和决策[1]。

表 1-3　初步设计模型的创建范围

序　号	专　业	模型应满足的最低要求
1	场地	能够初步表达城市自然地理现状、地形、地貌、施工占地情况等
2	地质	能够初步表达拟建场地的地质构造、不良地质和特殊岩土分布、场地土类别和场地类型、地下水类型等
3	车辆	能够初步表达车辆选型、编组形式、主要技术参数和来源等
4	限界	能够初步表达主要技术参数、各种设备及管线布置、线间距、建筑限界等
5	线路	能够初步表达线路的空间位置、车站站位、辅助线设计、附属结构分布、沿线现状及规划概况等
6	轨道	能够初步表达轨道结构选型及结构设计、铺轨基地与轨道施工方法等
7	路基	能够初步表达路基一般设计内容、主要加固和防护方案、路基排水设计、特殊线（路）段路基处理方案等

初步设计阶段 BIM 应用主要包括下列内容[1]：

（1）设计方案可视化

利用初步设计模型展现设计方案并进行方案分析，充分展示城市轨道交通与周边环境的空间关系、出入口位置等关键因素，进行方案沟通交流（图 1-22）。

图 1-22　地铁出入口与周边环境的空间关系

（2）控制因素分析

利用初步设计模型进行轨道交通线路与周边环境的协调性检查及环境影响分析，形成控制因素报告及模拟视频，直观展示城市轨道交通工程穿越的风险工程、涉及的一体化开发工程等控制因素，分析其对城市轨道交通工程的制约程度。图 1-23 展示了最终管线与车站之间的关系效果。

图1-23 最终管线与车站之间的关系效果

(3)换乘方案模拟

利用初步设计模型模拟客流、展示换乘方案等,直观、清晰地模拟分析车站换乘方案,形成换乘方案报告及模拟视频,实现换乘方案的高效决策,为方案讨论、宣传、公示等活动提供支撑。

(4)设计方案比选

建立设计方案比选模型,对各方案的可行性、功能性、美观性等方面进行分析,形成相应的方案比选报告,选择最优设计方案。

(5)施工工法模拟

利用初步设计模型模拟施工工法并形成模拟视频,清晰表达设计方案的施工工法、辅助措施等信息,辅助施工工法的论证和比选。

(6)交通疏解、管线改迁模拟

利用初步设计模型分阶段模拟并优化管线迁改和道路疏解方案,利用模拟视频清晰表达交通疏解、管线改迁方案随进度计划变化的状况,反映各施工阶段存在的重点难点,检查并优化方案,辅助工程筹划。管线改迁模拟如图1-24所示。

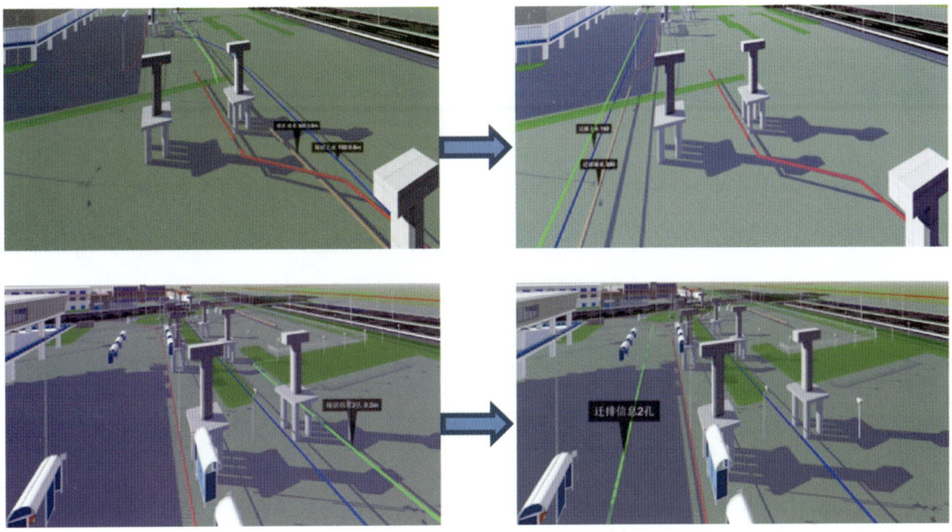

图1-24 管线改迁模拟

(7)其他应用

主要包括工程量统计、管线碰撞检查、三维管线综合(管线搬迁模拟)、限界优化设计、设计进度、质量管理等其他应用。冲突碰撞检查分析。建造前期对各专业的碰撞问题进行模拟,生成与提供可整体化协调的数据,解决传统的二维图纸会审耗时长、效率低、发现问题难的问题(图 1-25 和图 1-26)。

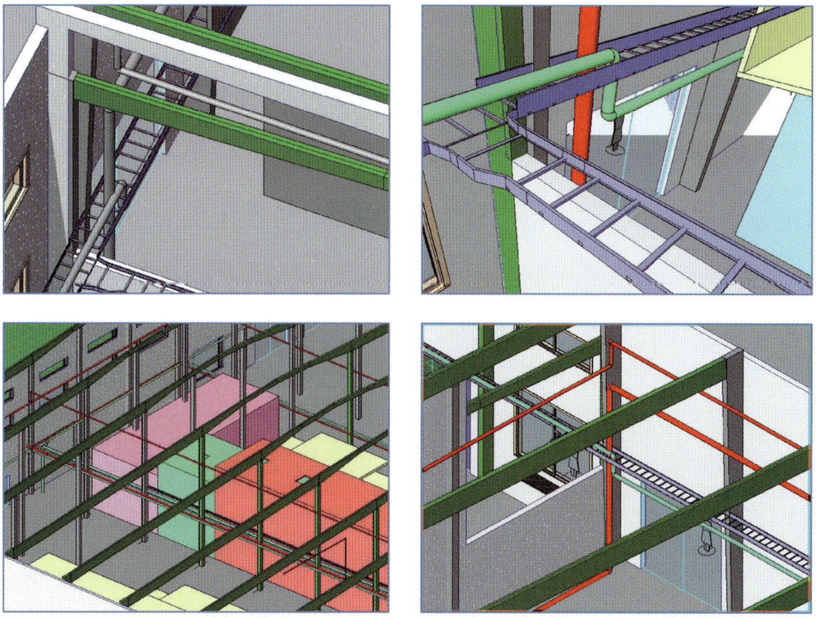

图 1-25　设计过程中预先发现的碰撞现象

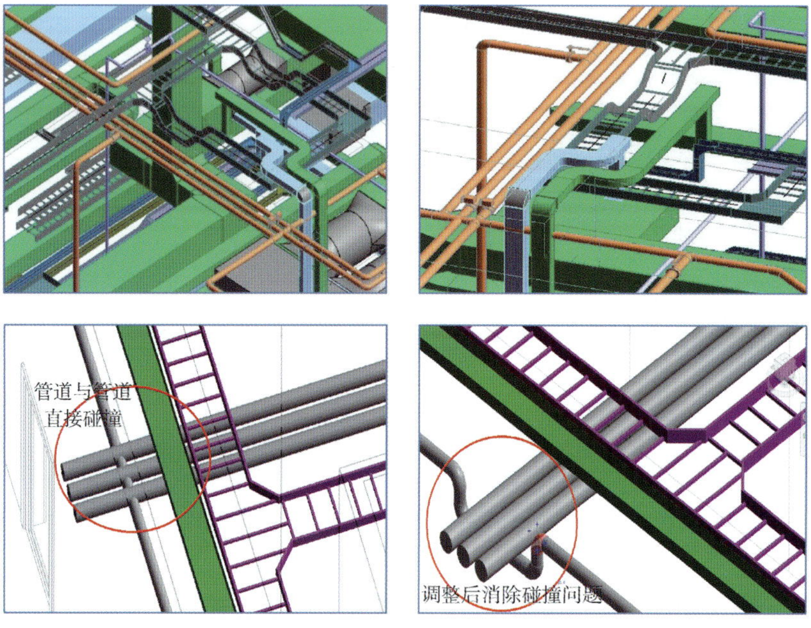

图 1-26　设计碰撞检查优化

1.2.4 施工图设计阶段 BIM 应用

施工图设计阶段可应用 BIM 对设计方案进行综合模拟及检查，优化方案中的技术措施、工艺做法、用料等，在初步设计的基础上辅助编制可供施工和安装阶段使用的设计文件。施工图设计阶段宜利用模型开展设计进度和质量管理、限界优化设计、管线碰撞检查、三维管线综合、预留预埋检查及工程量统计等方面的应用，提高设计质量。

施工图设计阶段 BIM 应用主要包括下列内容[1]：

(1)设计进度和质量管理

利用 BIM 数据集成与管理平台实现对设计图纸和 BIM 交付成果的集中存储与管理，保证交付数据的及时性与一致性，在 BIM 数据集成与管理平台中进行设计任务分配及模型管理，确保信息沟通及时准确，工作开展顺畅有序，提高设计效率和质量。

(2)限界优化设计

利用施工图设计模型，开展限界与土建、设备的碰撞检查，辅助车辆限界、设备限界和建筑限界设计，提高设计质量。

(3)管线碰撞检查

利用施工图设计模型检测专业之间或专业内部的设施设备空间布置是否碰撞、是否满足特定间距要求，形成碰撞分析报告，辅助优化设计(图 1-27)。

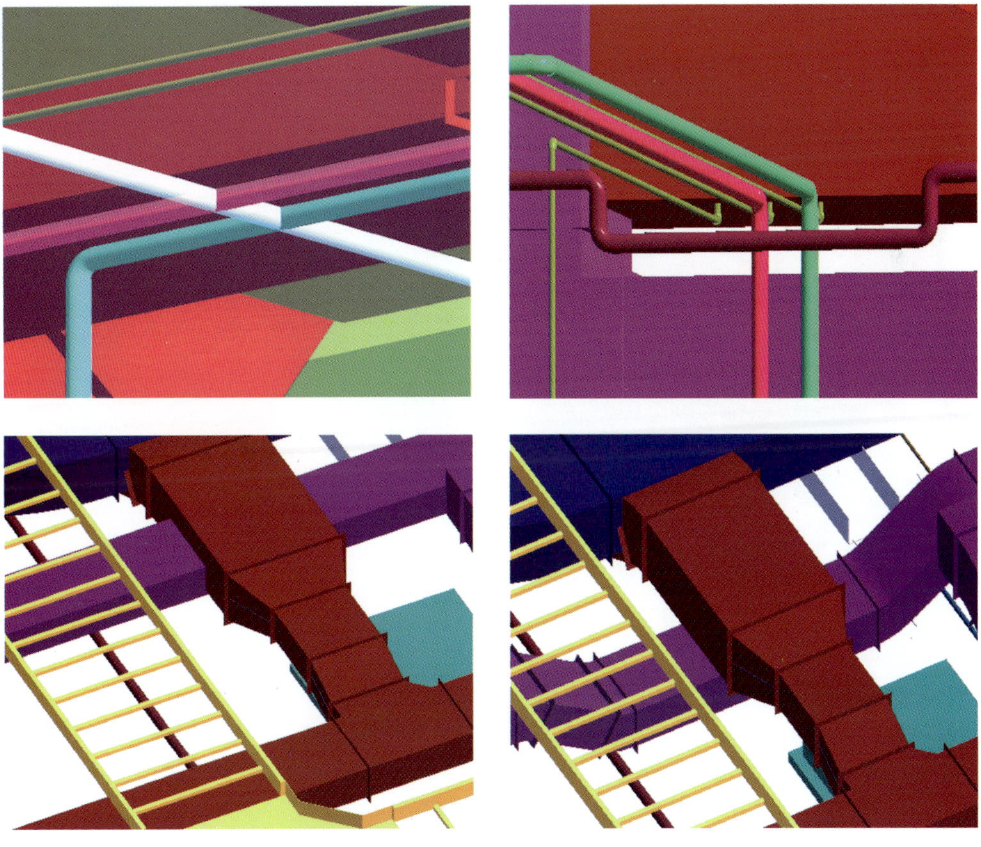

图 1-27 管线碰撞检查

(4)三维管线综合

根据碰撞分析报告和管线综合技术要求调整管线布置,从而优化设备及管线的空间排布,使其满足运输、安装、运行及维护检修的空间使用要求。同时,输出车站各层综合管线、车站关键节点部位等的三维模型视图,辅助设计交底(图 1-28 和图 1-29)。

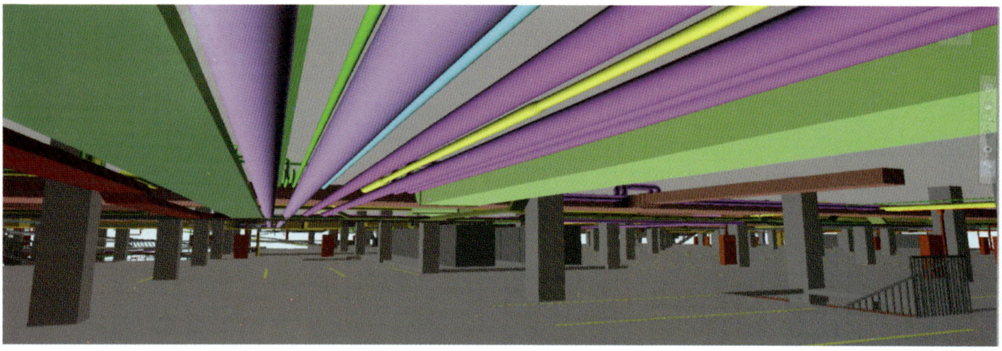

图 1-28　管线综合设计

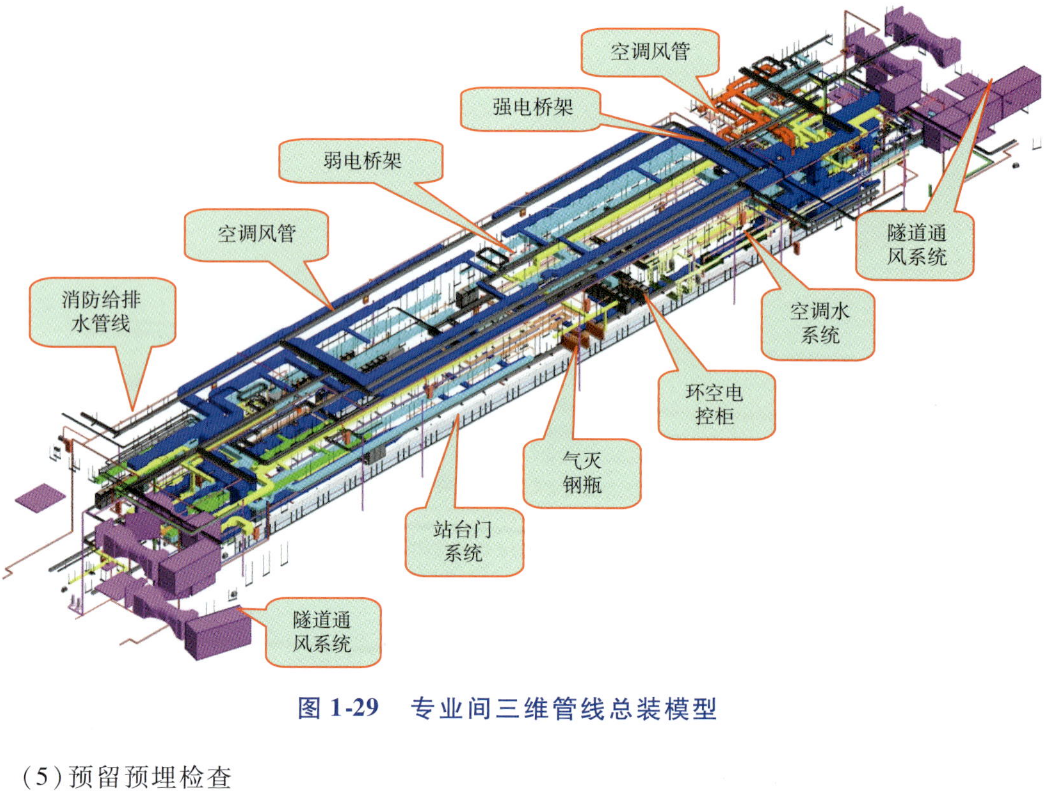

图 1-29　专业间三维管线总装模型

(5)预留预埋检查

根据管线综合后的施工图设计模型梳理墙、板,以及二次结构的孔洞预留和预埋件布置,输出预留孔洞图纸和预埋件布置图纸,实现预留孔洞和预埋件的提前检查,规避工期延误风险和质量隐患,如图 1-30 所示。

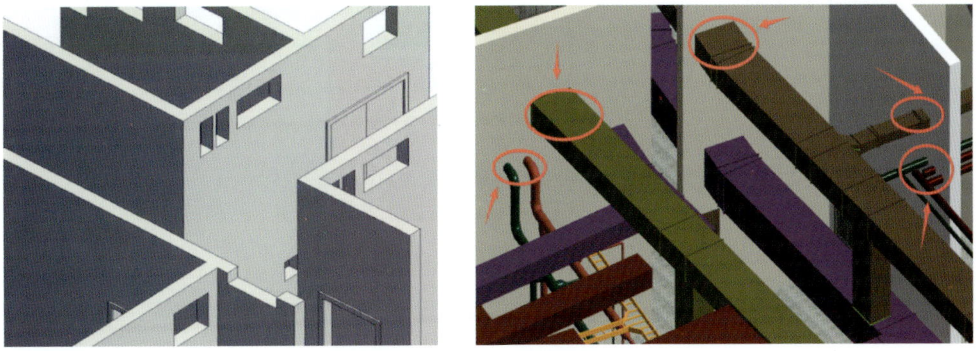

图 1-30　孔洞预留

(6)工程量统计

利用施工图设计模型输出各清单子目工程量与项目特征信息,根据工程量清单中的分部分项优化完善模型数据,保证清单项与构件一一对应,辅助编制、校核工程量清单,提高各阶段工程造价的计算效率与准确性。

(7)其他应用

包括建筑能耗分析、日照分析、结构计算分析、岩土工程分析、大型设备运输路径检查等。图 1-31 展示了围护结构局部模型。

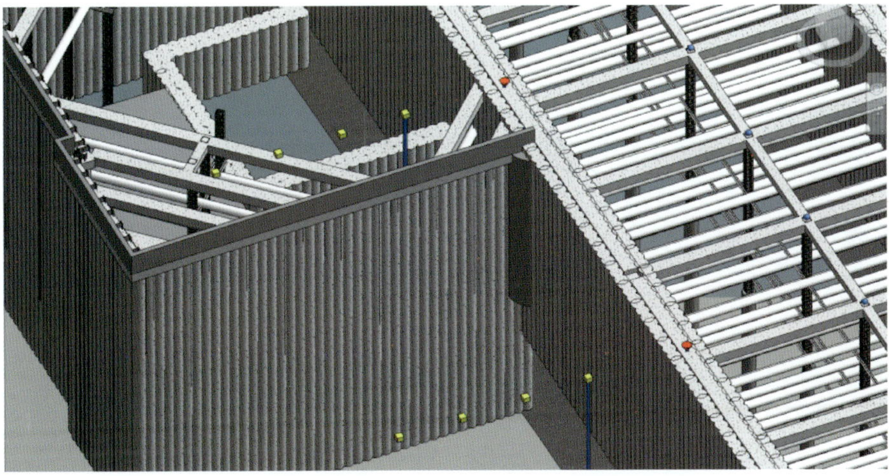

图 1-31　围护结构局部(坑底加固-水位观测-变形监测)

1.2.5　施工设计阶段 BIM 应用

施工设计阶段 BIM 应用包括施工准备和施工实施两阶段,其中施工准备是施工设计阶段 BIM 应用的重点。

(1)施工准备阶段

施工准备阶段可应用 BIM 结合施工工艺和现场情况,利用模型开展机电深化设计、装修深化设计、土建深化设计、大型设备运输路径检查、关键复杂节点工序模拟和工程筹划模拟等方面的应用，指导现场施工。施工准备阶段的 BIM 应用主要包括以下内容[1]：

①机电深化设计

利用深化设计模型，根据施工需要和规范要求对各系统的设备空间布置、墙面箱柜协调、支吊架设计及荷载验算等进行深化设计，利用深化设计模型输出管线排布、综合支吊架设计、设备机房布置等的三维模型视图，指导构件加工和现场安装，保障设备安装的材料节约、布置紧凑、使用方便和设计美观，如图 1-32 所示。

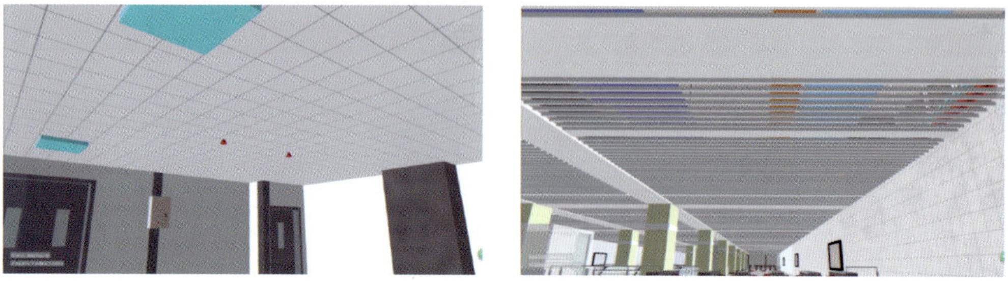

图 1-32　机电深化设计

②装修深化设计

利用深化设计模型，结合装修方案进行建筑和结构之间的影响分析、管线校核和标高控制，对各类设施的平衡进行检查，优化装修设计效果及空间位置关系，确保装修方案美观、合理、可行，利用深化设计模型输出建筑关键部位的三维模型视图，辅助论证装修方案，指导现场施工，如图 1-33 ~ 图 1-35 所示。

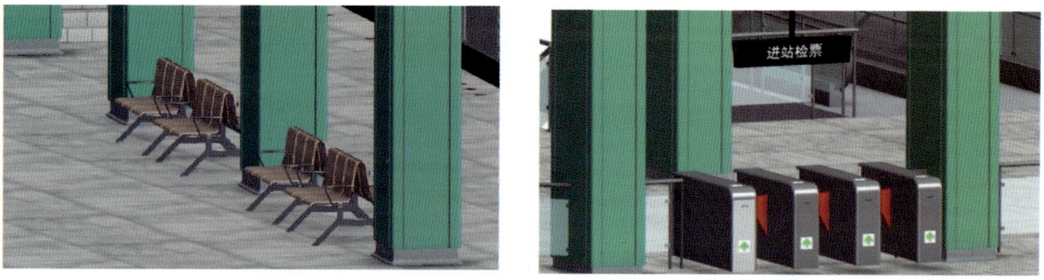

(a) 装饰构件　　(b) 闸机

(c) 站厅层入口　　(d) 站厅层通道

图 1-33　装修细部模型展示

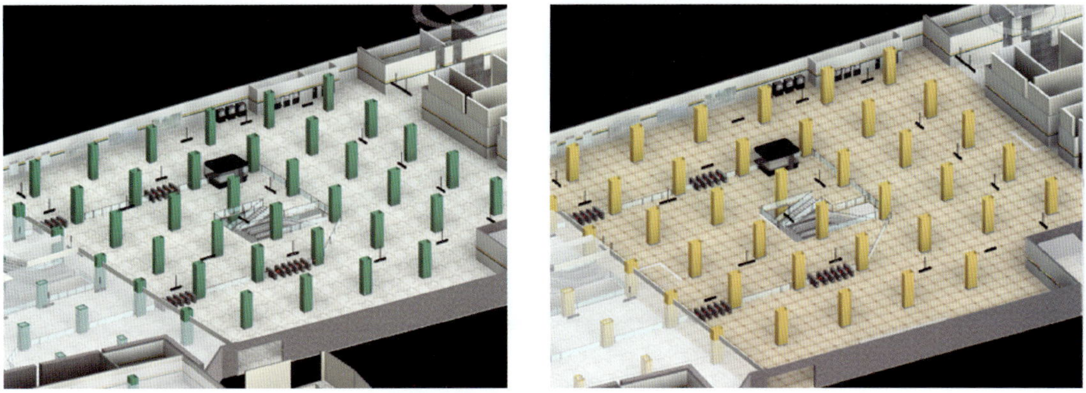

图 1-34 装修方案比选

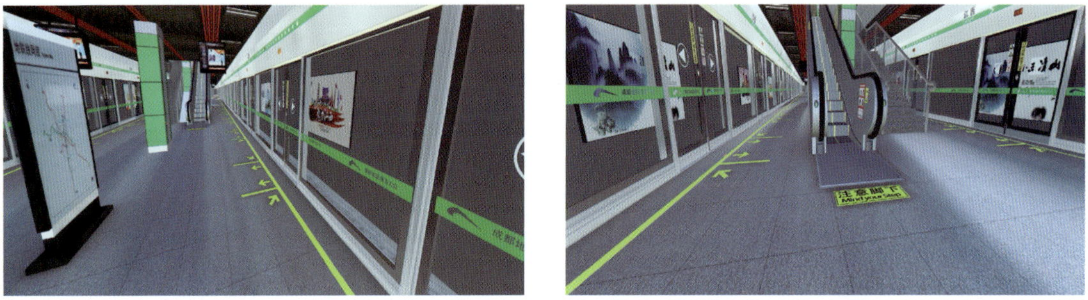

图 1-35 装修整体效果

③土建工程项目深化设计

利用深化设计模型，获取穿墙点相关管线与桥架构件的尺寸、位置和高度等信息，截取开孔剖面，以表格形式输出包含孔洞编号、尺寸和高度等信息的孔洞清单，指导施工现场孔洞预留，利用深化设计模型在预埋件布置部位获取类型、规格、位置和高度等信息，截取包含尺寸标注的预留预埋布置图，指导施工现场预埋件布置，避免由于错、漏导致的管线拆改、封堵孔洞、重新开凿和重新埋设等，达到节约材料和工期的目的。

④大型设备运输路径检查

利用深化设计模型模拟风机、机柜等大型设备的运输、安装和检修方案，检查运输方案并形成问题报告，说明运输过程的碰撞点位置、碰撞对象，指导运输方案的优化，输出可实施的大型设备运输路径模拟视频，指导施工阶段的设备运输和安装。图 1-36 展示了施工机械场地布置模拟。

⑤关键、复杂节点工序模拟

利用深化设计模型对施工工艺复杂、结构形式特殊、专业施工交叉密集及施工风险突出的工程关键点进行施工工序模拟，生成模拟视频，利用模型和模拟视频进行三维可视化交底，提高施工质量，减少返工（图 1-37）。

图 1-36　施工机械场地布置模拟

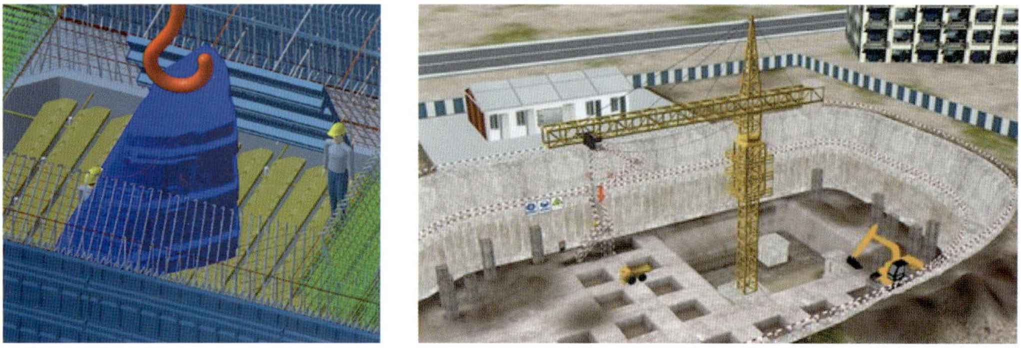

图 1-37　BIM 施工仿真

⑥工程筹划模拟

利用深化设计模型对施工场地布置、周边环境及构筑物改迁、施工方案及施工资源配置进行动态模拟，优化施工方案，保证工程筹划的合理性（图 1-38 和图 1-39）。

图 1-38　基坑开挖方案

图 1-39 挖机工作区域

⑦其他应用

包括钢结构深化设计、混凝土预制构件生产、钢结构构件加工等。

(2)施工实施阶段

施工实施阶段可应用 BIM 创建虚拟现场,利用 GIS、物联网、移动互联等技术开展标准化管理、进度管理、安全风险管理、质量管理、重要部位和环节条件验收、成本管理、施工仿真模拟、施工数据监测三维可视化等方面的应用,实现对工程项目的精细化管理[1]。

例如,在 3D 模型基础上增加施工进度(4thD-Time)及成本(5thD-Cost),形成多维技术实施,进行直观的 5D 施工管理。施工模型和工程进度的链接,可以分析并得到更有效的工程进度方案;施工模型与成本的结合,可以生成费用列表用于财务分析,保持最新的、准确的造价计算;施工模型与成本、时间结合,可以准确地获得工程量、时间及成本信息,并将信息分解到生产过程,生成预定的采购计划,确定更加合理的施工工序。动态施工模拟和施工质量现场监控如图 1-40 和图 1-41 所示。

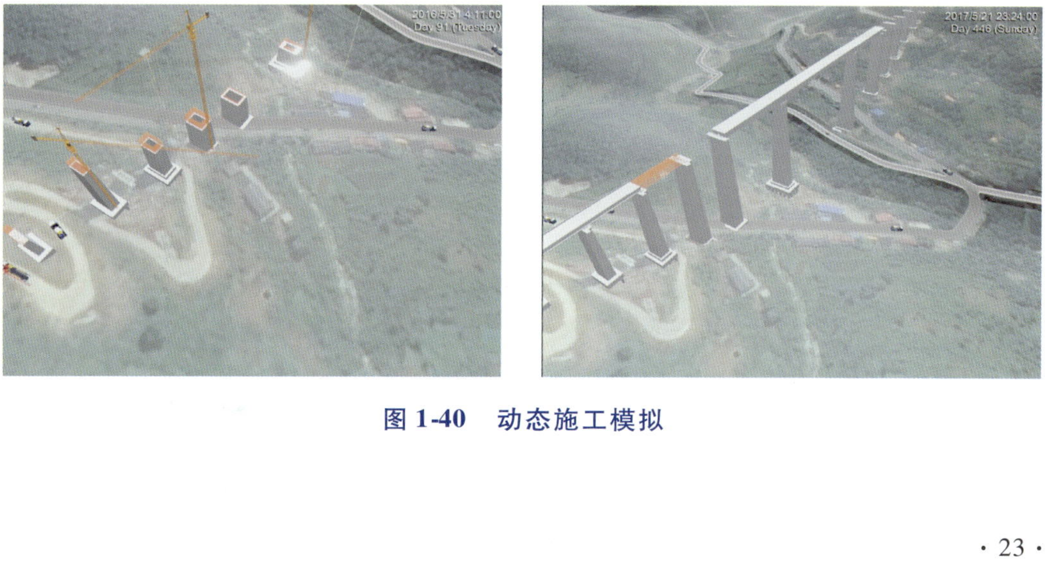

图 1-40 动态施工模拟

图 1-41　施工质量现场监控

1.3　国内外 BIM 发展现状

1.3.1　国外 BIM 发展现状

BIM 最初源于 20 世纪 70 年代，美国、英国、新加坡、日本、韩国、挪威、丹麦、瑞典和芬兰等国家陆续发布了一系列推广 BIM 技术应用的相关政策措施，掀起了 BIM 技术应用的热潮，在诸多项目中得到成功应用并产生良好效益。美国陆军工程兵团（USACE）于 2006 年发布了为期 15 年的 BIM 发展路线规划，承诺未来所有军事建筑项目都将使用 BIM 技术。美国建筑科学研究院（BSA）下属的美国国家 BIM 标准项目委员会专门负责美国国家 BIM 标准的研究与制定，目前 BIM 标准已发布第三版，正准备出第四版。美国总务署 3D-4D-BIM 计划推行至今，超过 80% 建筑项目已经开始应用 BIM。2017 年 5 月，俄罗斯政府建筑合同开始增加包含应用 BIM 技术的条款要求。到 2019 年，俄罗斯要求政府工程中的参建方均要采用 BIM 技术。韩国政府 2016 年前实现了全部公共工程的 BIM 应用。英国政府一直强制要求使用 BIM，提出 2016 年前企业实现 3D-BIM 的全面协同。新加坡建筑管理署要求所有政府施工项目都必须使用 BIM 模型，在 BIM 技术的传承和教育方面，鼓励大学开设 BIM 相关课程。日本建筑信息技术软件产业成立国家级国产解决方案软件联盟，建筑学会积极发布日本 BIM 从业指南，对 BIM 从业者进行全方位的指导和交流。

1.3.2　国内 BIM 发展现状

我国工程建设行业从 2003 年开始引进 BIM 技术，BIM 应用起步慢，但发展快。最初应用以设计和施工企业为主，各类 BIM 咨询公司、培训机构，政府及行业协会也开始越来越重视 BIM 的应用价值和意义，出现了一批 BIM 应用的标杆项目，BIM 的发展逐渐得到政府的大力推动。2011 年住建部发布《2011-2015 年建筑业信息化发展纲要》，第一次将 BIM 纳入信息化标准建设内容，2013 年推出《关于推进建筑信息模型应用的指导意见》，2016 年发布《2016-2020 年建筑业信息化发展纲要》，BIM 成为“十三五”建筑业重点推广的五大信息技术之首，2017 年陆续发布了《建筑工程设计信息模型交付标准》《建筑信息模型施工应用标准》等，在《建设项目过程总承包管理规范》中明确建设单位对采用 BIM 技术的投标人适当设置加分项；国家和地方加大 BIM 政策与标准落地，《建筑业十项新技术 2017》将 BIM 列为信息技术之首。随着国务院、交通运输部、住建部陆续发布 BIM 相关政策、规范、标准等,北京、广东、陕西、上海、广西、浙江、河南、四川等地陆续出台了地方 BIM 相关政策,积极响应推动 BIM 技术应用落地。以市场需求为牵引、企业为主体,通过政策和技术标准引领和示范推动,在建筑领域普及和深化 BIM 技术应用,提高工程项目全生命周期参与方的工作质量和效率,实现建筑业向信息化、工业化、智能化转型升级,已经成为业内共识。

2013 年,中国铁路总公司紧跟时代发展,确立了以铁路工程设计、建设、运营全生命周期管理为目标,以标准化管理为抓手,以 BIM 技术为核心的新一轮铁路工程建设信息化。2013 年 12 月,由中国铁路总公司工程管理中心等 8 家单位共同发起,中国铁路 BIM 联盟成立。联盟统筹考虑铁路工程规划、勘察设计、建设管理、工程施工、运营维护等的需要,在 Bentley、Autodesk、Dassau1t 等国际知名 BIM 软件厂商的支持下,组织编写并发布《铁路工程实体结构分解指南》《铁路工程信息模型分类和编码标准》《铁路工程信息模型数据存储标准》《铁路工程信息交换模板编制指南》等 13 项铁路 BIM 标准和指南。同时,基于 BIM 技术的铁路工程的系列试点研究在 2016 年全面展开,全部试点项目于 2019 年年底成功完成验收,为 BIM 技术在国内铁路行业应用奠定了坚实基础。在铁路工程领域,越来越多的工程实践证明,BIM 的研究和应用可有效提升建设项目设计、施工及运营的科学技术水平,实现建设项目全生命周期管理信息化,具有巨大的应用价值和广阔的应用前景。

1.4 城市轨道交通 BIM 应用现状

1.4.1 国外城市轨道交通 BIM 应用现状

在国外,特别是欧美发达国家,BIM 技术正逐步成为城市轨道交通工程领域内一项必备的技术手段,逐渐应用于 3D 设计、施工管理、物资信息管理、模拟分析等各个方面[2]。

2009 年 5 月,英国 Crossrail 项目正式启动,2018 年底竣工通车(已改名伊丽莎白线 Elizabeth Line)[3]。该项目是欧洲最大单体工程项目,总投资 148 亿英镑,总线路长 118 km,连接了伦敦东部和西部区域,覆盖了 10 座车站、42 km 的地下隧道。Crossrail 项目中,工程人员运用 BIM 创建了庞大的信息资源网络,不仅满足工程建设需求,也为地铁运营提供信息支持。该项目很好地反映了欧美地区应用 BIM 的理念、目标和重点。

BIM 的理念:注重工程信息"内容"管理,注重掌控工程信息变动性与及时性;BIM 属于信息整合领域,不是狭义的 3D 建模软件。BIM 用来处理项目各参与方之间信息的工作流程;成功执行 BIM,关键在于信息的沟通整合。

BIM 实施目标:建立一体化的设计,促进各专业合作,且贯穿整个项目生命周期,BIM 转为资产运维管理系统的基础。

BIM 应用重点:3D 设计、协同工作及信息管理和流程管理。

美国洛杉矶 Westside 地铁延长线工程包括 9 英里地铁,新建 7 个地铁站,总投资 51 亿美元。工程采用 DB 交付模式,业主将 BIM 应用条款纳入承包方合约,要求以 BIM 为核心规划管理整个建造过程[4]。

加拿大多伦多 Spadina 地铁扩建工程中,参建各方基于 BIM 软件进行 3D 设计协同,取得了很好的应用效果,该项目也因此获得 Bentley 公司的 BeInspired Awards 奖。

此外，德国的 Emsch + Berger Gmb H、荷兰的 Arcadis Infra 等城市轨道交通项目，均较为广泛地运用 BIM 技术进行规划、设计、建造与运维阶段中的全生命周期管理。

1.4.2 国内城市轨道交通 BIM 应用现状

目前，我国 BIM 技术的研究和应用都主要集中在建筑设计行业，其他行业包括轨道交通行业均处在积极探索阶段[5]。各个铁路设计院也陆续展开了 BIM 工作的探索和试点[6]，试图通过 BIM 技术提高工程集成化程度，提高工作效率，创造新的效益。

香港与台北是我国最早将 BIM 技术运用到城市轨道交通项目中的城市。香港地铁沙中线区段是 BIM 应用于香港地铁的典型项目，该项目全长约 17 km，共涉及 10 座车站，预计 2020 年完工。项目 BIM 团队根据建模标准文件，考虑城市规划、周边建筑以及地质等影响因素精准地创建隧道模型，应用该模型进行碰撞检测，并实现隧道漫游，为施工提供了很多指导。

台北捷运万大线工程全面引入 BIM 技术，主要应用在以下几个方面：①设计优化与细部设计：应用 3D 协同设计检查，减少过去二维设计的人为错误；②施工优化与工程进度检测：将各项进度计划连接至模型进行 4D 模拟分析，将可能的误差进行检查，提高施工进度管理能力；③设施资源管理：在 BIM 中将重要组件与厂商相关数据关联起来，可在发现问题的第一时间，实时调阅相关资料，有效减少了运营设备问题的延误处理时间；④防灾与逃生分析：使用 BIM 模型模拟突发事件发生时高龄者和正常使用者的避难状况分析，利用现有设施设备进行低成本安全对策方案。

国内其他城市轨道交通行业的 BIM 技术应用处于蓬勃发展的阶段。短短几年内，北京、上海、广州、深圳、宁波、武汉、无锡、长沙、南宁、厦门、石家庄、南京、西安、杭州、苏州、沈阳、大连等地的地铁项目中均在一定程度地应用 BIM 技术。目前，大部分城市地铁主要集中于模型的视觉效果展示、管线综合设计等点式应用。

(1) BIM 部分阶段的应用

无锡市地铁 1 号线落霞路站等三站利用 BIM 技术进行深化设计工作，具体要求为：提供车站建筑模型，利用模型进行管线综合，基本解决管线碰撞问题，并对车站三维综合管线的成果进行展示。西安市地铁 4 号线 11 标 BIM 试点项目利用 BIM 技术实现了现场施工的车站结构和临时场地布置三维可视化、关键工艺施工仿真、施工作业指导、施工现场数据和计划进度管理等。

武汉市地铁 2 号线建设工程利用 BIM 技术在方案选择阶段对地铁车站客流进行三维动态仿真模拟，在施工阶段利用建设安全预警系统实现地铁工程监测管理与报警和施工风险预警与控制。

长沙市地铁 2 号线与 3 号线项目借助 BIM 技术进行可视化交底，优化施工流程，提升质量和进度。据统计，在机电安装施工中，BIM 技术为地铁节省施工费用 5% ~ 8%，施工效率提高 20% 左右。

南京市地铁项目采用了传统设计与 BIM 设计相结合的方式进行，BIM 成果将传统二维管线综合图纸和三维管线综合模型进行协调，通过碰撞检查等应用减少了设计变更，控制了工期，降低了工程造价。

深圳市地铁人民南站项目通过引入 BIM 技术进行综合管线间、管线与建筑结构间的建模,将各专业系统整合,减少设计变更,优化施工资源使用效率,从而降低工程造价。

石家庄市地铁1号线西王站项目通过构建3D综合信息模型,并与施工进度表关联,进行施工模拟,提前发现施工中可能出现的问题,避免各施工段出现交叉矛盾,为后期施工提供指导。

除此之外,沈阳、大连、杭州、苏州、郑州等城市也积极地将BIM技术引入轨道交通工程中,主要集中在碰撞检查、管线综合等应用点,需要进一步提升其BIM的应用水平。

(2)BIM全生命周期的应用

随着BIM理念的逐步深入,部分城市(如上海、北京、广州、厦门、南宁和宁波等地)轨道交通项目的BIM技术应用突破点式的基础应用,开始探索BIM全生命周期应用目标,通过4D、5D模型模拟施工,合理配置资源,进行约束理论下的进度控制与成本控制,实现了精益建造和运营维护管理,以达到项目全生命周期效益最大化。

北京市地铁在2012年的10号线二期项目中,开始运用BIM进行全生命周期的管理,BIM应用点主要集中在管线综合出图、碰撞检查、工程量统计、施工模拟、信息管理等。

上海市地铁从2011年开始应用BIM技术,如今已经积累了较多的应用经验。城市轨道交通9号线延伸线、12号线、13号线、14号线、17号线等项目都采用了BIM技术来辅助项目的设计和施工。应用点包括3D设计、性能化分析、管线综合、4D模拟、5D算量、动态筹划与资源管理、记录模型以及基于BIM的运营维护系统开发等,总体围绕项目全生命周期BIM应用的目标。

厦门市地铁1号线2013年启动BIM实施计划,并采用“业主主导-专业咨询-各方实施”模式进行全生命周期BIM应用,目前其BIM应用主要体现在渲染表现、漫游模拟、施工模拟、碰撞检查、设计方案的效果检验等几个方面。

同年,宁波市开始把运用BIM全生命周期管理理念引入该市轨道交通项目中。依托BIM技术提出了轨道交通信息模型的全生命周期管理,并构建了综合信息管理平台以进行地铁管网协同设计、现场安装即时调整、运维信息快速更新及查询,实现协同设计、维管线综合设计、三维施工检测、碰撞分析、站点运营管理等功能。

总体来看,国内城市轨道交通行业的BIM技术应用和研究仍处于起步阶段,因此,重视BIM技术应用点的突破、完善BIM技术实施体系、加强BIM组织环境的建设仍然必要且应长期坚持的一项任务。

1.5 常用BIM软件

1.5.1 总体介绍

进入21世纪,BIM研究和应用得到突破性进展,随着计算机软硬件水平的迅速发展,软件开发商都推出了自己的BIM软件。按照完成不同功能来分,可分为建模类软件、可持续分析软件、造价管理软件、模型综合碰撞检查类软件等,如图1-42所示。

在图1-42中,最重要的一类软件称为BIM核心建模软件,也是BIM的基础,其他软件通过不同的数据交换格式与核心建模软件使用,完成特定的分析、审核工作。

BIM时代的软件和信息互用关系如图1-43所示。

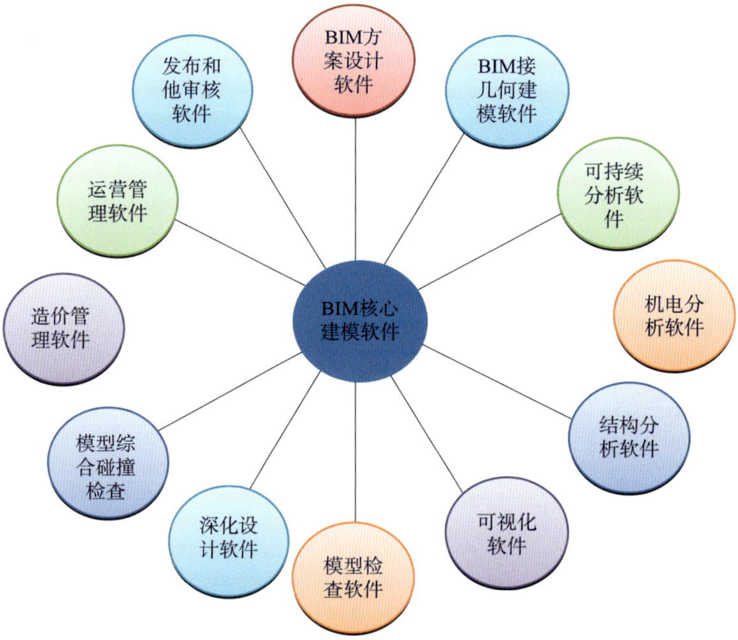

图 1-42　BIM 软件分类

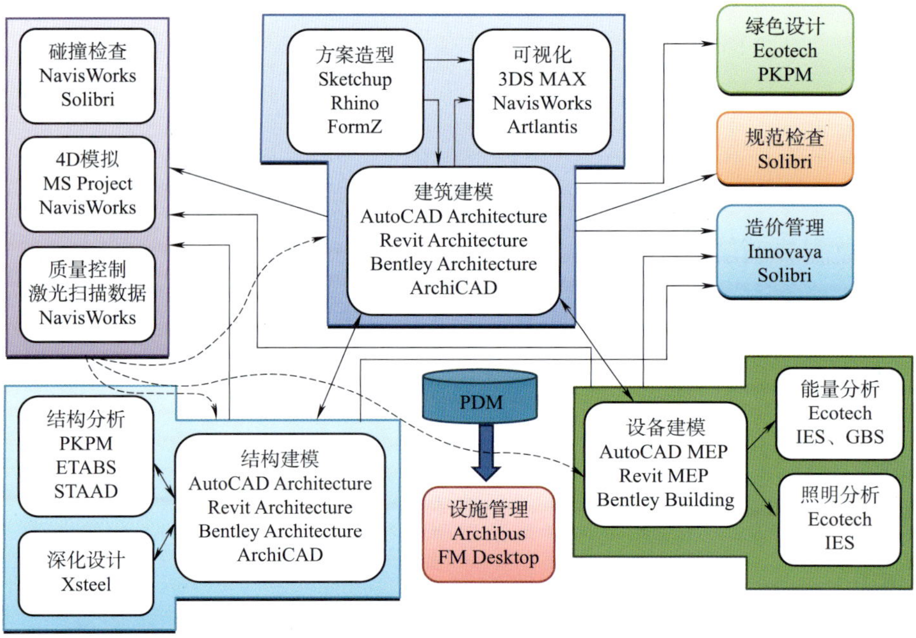

图 1-43　BIM 软件和信息互用关系

1.5.2　Autodesk 系列

Autodesk 公司推出了一系列的 BIM 系统软件，如图 1-44 所示。

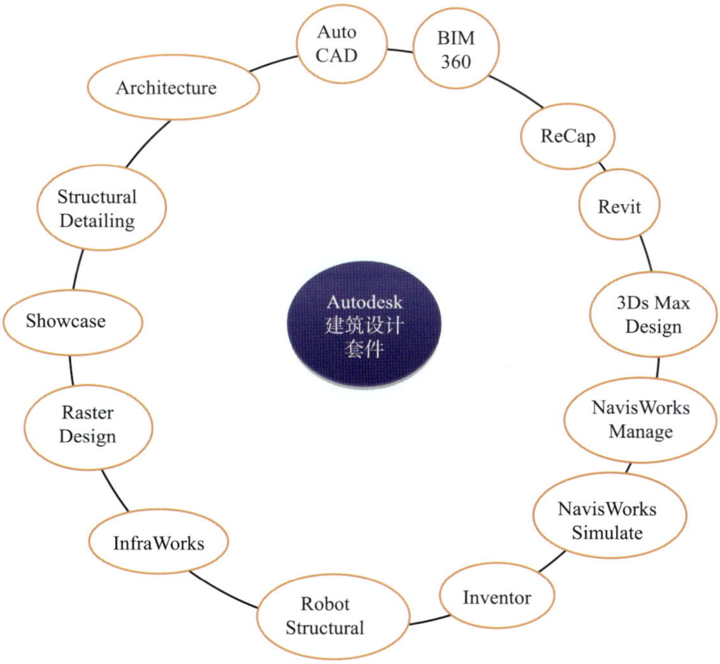

图 1-44　Autodesk 公司的 BIM 系统软件

(1) Revit

Revit 是 Autodesk 公司一套系列软件的名称，包括 Revit Architecture、Revit MEP 和 Revit Structure 软件的功能，分别进行建筑设计、结构分析及管线设计，是我国建筑业 BIM 体系中使用最广泛的软件之一。Autodesk Quantity Takeoff(数量计算)、Autodesk Navisworks(施工排程)、Autodesk Robot Structural Analysis(结构分析)、Autodesk Ecotect Analysis(能源分析)等均可与 Revit 结合，以达到完全整合建筑模型信息的目的。借助 BIM360 Design，设计和施工团队可以随时随地协作处理 Revit 项目。图 1-45 展示了 Revit 2018 版软件界面。

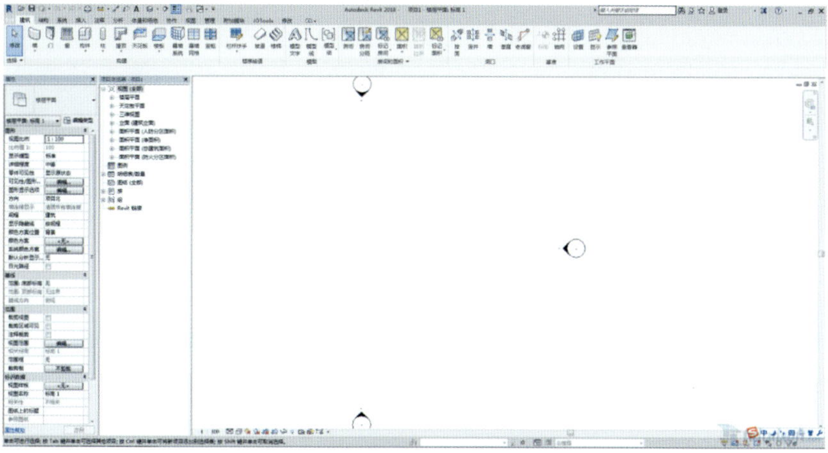

图 1-45　Revit 软件界面(2018 版)

(2)AutoCAD Civil 3D

AutoCAD Civil 3D 软件是 Autodesk 面向土木工程行业的 BIM 解决方案,可以完成公路和铁路、堤坝、管网等设计。还整合了完整的 Map 3D,可以进行地形分析、绘制地图等;整合了完整的 Survey,可以连接全站仪或 GPS 进行放样。Civil 3D 软件支持 BIM 工作流,可以更高效地进行土木工程设计和施工文档编制。Civil 3D 将设计与文档编制衔接起来,提高了设计效率和工作效率,并且改善了决策和项目成果。Civil 3D 软件界面如图 1-46 所示。

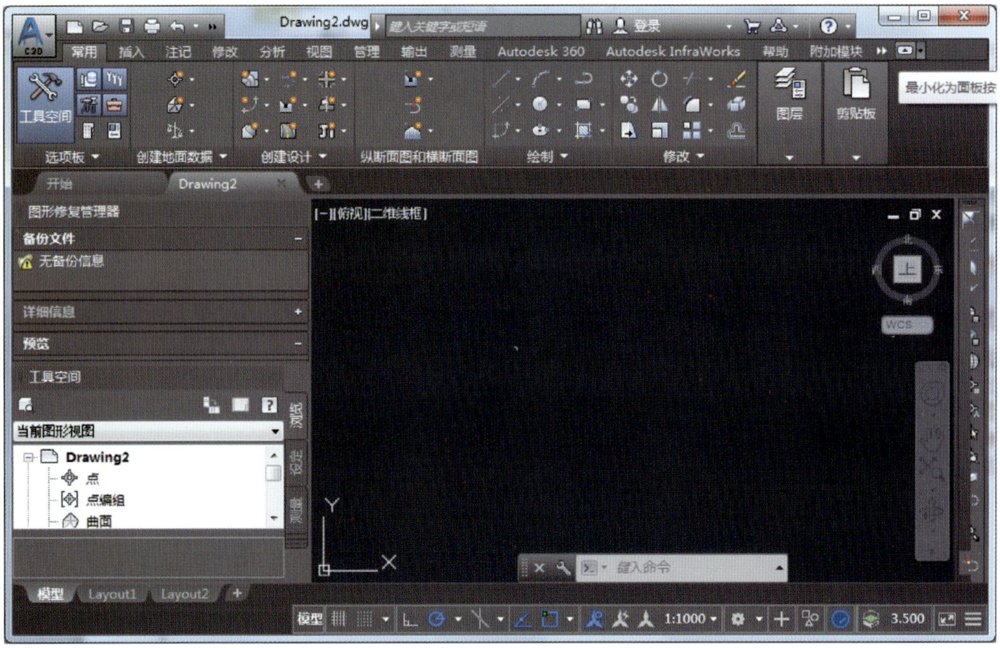

图 1-46　AutoCAD Civil 3D 软件界面

(3)Autodesk Navisworks

Autodesk Navisworks 是一套专业化辅助设计工具,包括 Navisworks Manage、Navisworks Freedom 和 Navisworks Simulate 三种版本。其中 Navisworks Manage 包涵 Navisworks Freedom 和 Navisworks Simulate 所有功能。Navisworks 支持 5D 模拟、协调、分析及交流设计意图和可施工性,拥有可升级的,灵活的和可编程的用户界面,支持 3ds、nwd、dwg、dxf 等主流 CAD 制图软件所有的数据格式,支持项目设计与建筑专业人士将各自的成果集成至一个同步的建筑信息模型中。Navisworks Manage 将精确的错误查找功能与基于硬冲突、软冲突、净空冲突与时间冲突的管理相结合,快速审阅和反复检查由多种三维设计软件创建的几何图元,对项目中发现的所有冲突进行完整记录。检查时间与空间是否协调,在规划阶段消除工作流程中的问题。

图 1-47 展示了 Autodesk Navisworks Manage 界面,图 1-48 展示了 Navisworks 动态施工仿真效果。

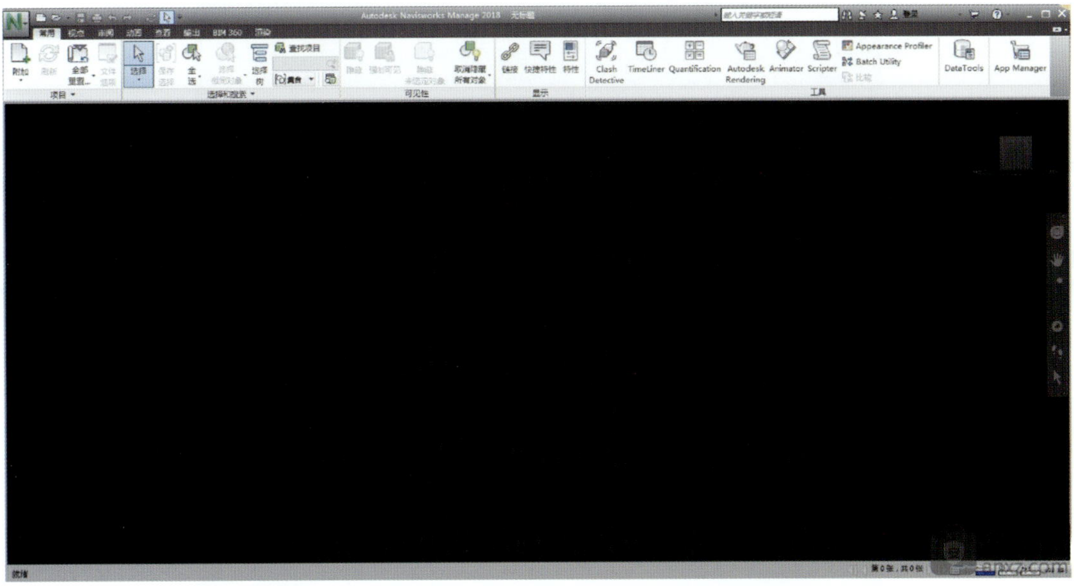

图 1-47　Autodesk Navisworks Manage 界面

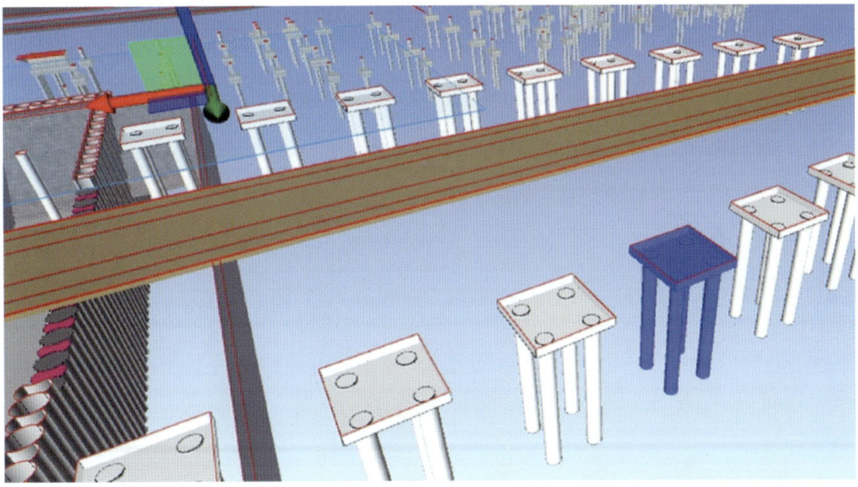

图 1-48　Autodesk Navisworks 动态施工仿真

(4) InfraWorks

InfraWorks 是土木基础设施概念设计软件，适用于前期方案设计和后期设计成果整合、展示，具备创建基础模型、方案设计及分析、漫游浏览及展示三个主要功能。InfraWorks 能够在建筑和自然环境的真实世界环境中对设计概念进行建模、分析和可视化，从而改善决策制定和项目成果。它能够无缝整合设计与地理空间 GIS 数据和 Civil3D 数据，创建并进行基础设施设计演示。对建筑和自然环境的现有条件进行建模，创建真实世界环境模型，通过逼真的可视化效果优化设计。图 1-49 展示了 InfraWorks 创建真实世界环境模型，图 1-50 展示了 InfraWorks 创建的桥梁模型。

图 1-49 InfraWorks 创建真实世界环境模型

图 1-50 InfraWorks 创建桥梁模型

1.5.3 Bentley 系列

Bentley 是全球领先的多行业集成的全信息模型(BIM)解决方案厂商,产品被广泛地用于道路、桥梁、场地工程开发、铁路、城市设计与规划、机场与港口及给排水工程。

(1) MicroStation

MicroStation 是一款由 Bentley 精心打造的实用型 BIM 建模工具,集二维制图和三维建模于一体的图形平台,具有强大的数据和分析功能、照片级的渲染功能和专业级的动画制作功能,是所有三维专业设计软件的基础平台,适合公路和铁路、桥梁、建筑、给排水管网、公用事业系统等各类型工程建模使用。此外,它还能以全面的广度和深度整合来自各种 CAD 软件和工程格式的工程几何线形和数据,确保用户与整个项目团队实现无缝化工作。MicroStation 软件界面如图 1-51 所示。

(2) Bentley ProjectWise

Bentley ProjectWise 在 MicroStation 基础上针对智能三维全信息模型应用的功能扩展,将项目周期中各个参与方集成在一个统一的工作平台上,为工程项目内容的管理提供了一个集成的协同环境。它可以精确有效地管理各种 A/E/C (Architecture/Engineer/Construction)文件内容,并通过良好的安全访问机制,使项目各个参与方在一个统一的平台

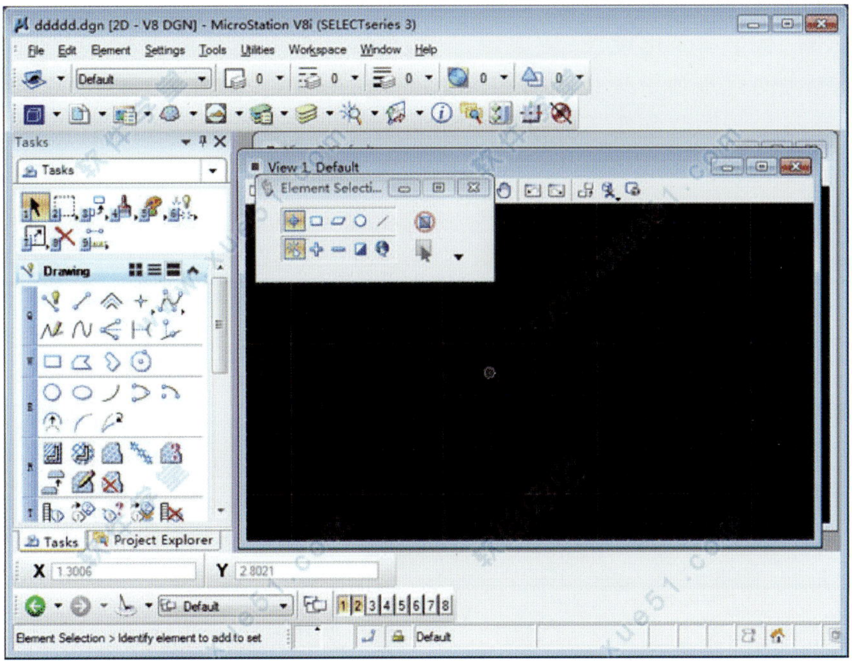

图 1-51 MicroStation 软件界面

上协同工作。Bentley ProjectWise 改变了传统的分散的交流模式，实现信息的集中存储与访问，从而缩短项目的周期时间，增强了信息的准确性和及时性，提高了各参与方协同工作的效率。Bentley ProjectWise 界面如图 1-52 所示。

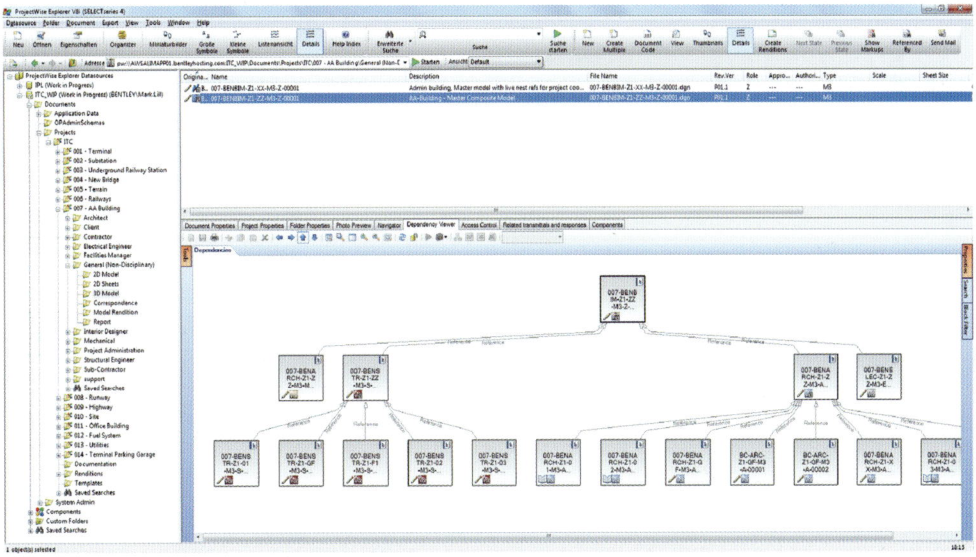

图 1-52 Bentley ProjectWise 界面

(3) Bentley Architecture

Bentley Architecture 是专业建筑应用软件，是基于 Bentley BIM 技术的建筑设计系统，具备具有面向对象的参数化创建工具,贯穿建筑设计各个阶段——概念设计、方案设计、初步设计、建筑表现、施工图深化设计,从设计、工程内容文件管理到施工阶段甚至项目后期运营维护来全程协助建筑师呈现设计思想。Bentley Architecture 通过创建 BIM 模型,将建筑设计流程中生成的各种散落在不同阶段和位置的工程信息内容以唯一正确性方式进行统筹管理。Bentley Architecture 界面如图 1-53 所示。

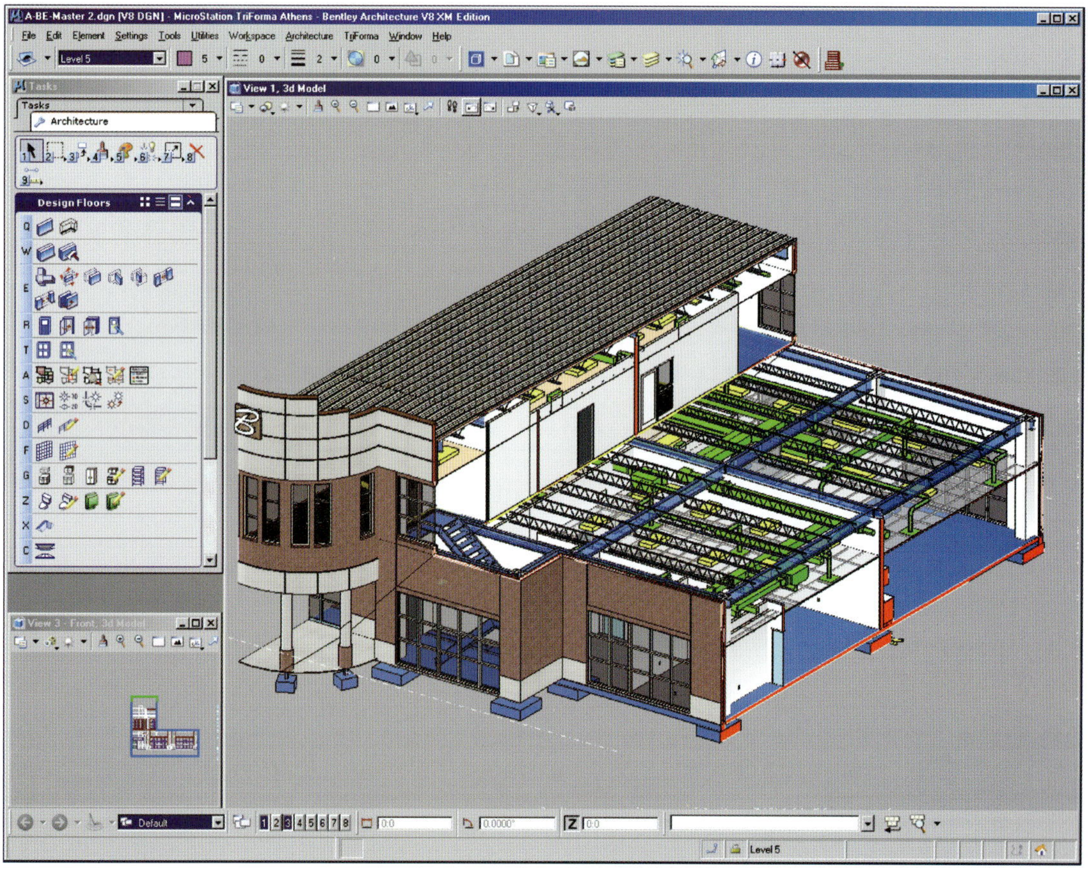

图 1-53　Bentley Architecture 界面

(4) Bentley Structural

Bentley Structural 是专业结构建模软件,适用于各类混凝土结构、钢结构等各类信息结构模型的创建。结构模型可以连接结构应力分析软件(如 STAAD. Pro 等)进行结构安全性分析计算,从结构模型中可以提取可编辑的平、立面模板图,并能自动标注杆件截面信息。

(5) Bentley Interference Manager

三维模型碰撞检查模块,嵌入 BentleyNavigator 或 MicroStationTriForma 软件中,能实现不同文件格式的三维模型自身或相互间的碰撞检查(模型硬碰撞和软碰撞的检测、查看和管理),产生详细的碰撞结果报告及碰撞位置详图,应用于所有专业。Bentley Interference Manager 还可以对其他各种商业软件所创建的 3D 模型进行碰撞检测。如果已经有从其他设计软件得到的数据,例如 PDS、AutoPLANT 或者其他相关的 MicroStation 或 AutoCAD 应用程序,都可以使用 Bentley Interference Manager 对这些数据进行检测。

(6) Bentley OpenRail

OpenRail 的核心是 Bentley 的互联数据环境(CDE),同时提供 ProjectWise 协作服务和 AssetWise 运营服务,OpenRail 目前通过数字化工作流程将数字组件和数字环境相融合,按照行业既定工作流设计和维护铁路基础设施,同时提高工作效率并节省时间。OpenRail 包括 OpenRail ConceptStation 和 OpenRail Overhead Line Designer。

①OpenRail ConceptStation

OpenRail ConceptStation 将 OpenRail 的数字组件与数字环境相结合,将 BIM 的功能扩展至铁路概念规划和布局。在将地理坐标实景网格作为铁路线数字环境的三维设计环境中,可以访问 Components Center,将数字组件拖放至设计中,快速完成铁路线、桥梁、架空线路、信号、隧道等结构的布局。

OpenRail ConceptStation 利用地形环境和数字组件的智能功能,快速计算概念设计所需的包括轨道、道砟、枕木、接线和吊索线、设备、桥面、混凝土和钢筋,以及土方挖填等铁路元素的数量,并通过交互方式生成项目可行性评估所需的成本估算数据。利用数据采集、实景建模和概念设计消除铁路网项目初步规划阶段存在的高成本、高风险项目。概念设计方案中的所有设计信息、组件和环境都可以在 OpenRail Designer 的数据工作流程中重复利用,用于铁路基础设施的详细设计。图 1-54 ~ 图 1-56 显示了 OpenRail ConceptStation 的部分功能。

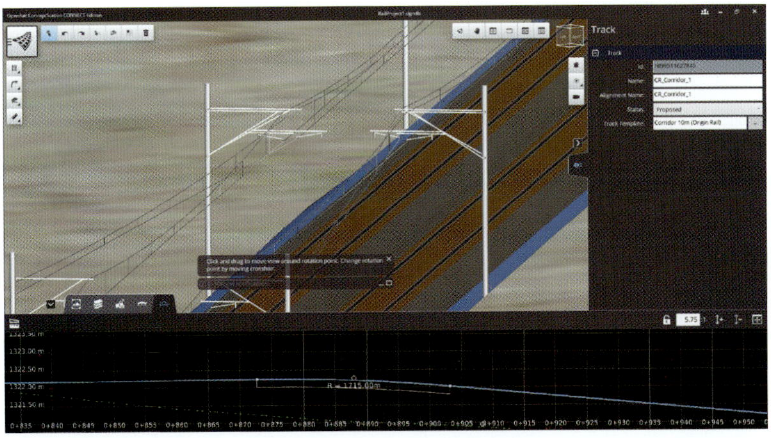

图 1-54　概念性轨道设计

图 1-55　合并包括实景网格的现有环境信息

图 1-56　电气化系统设计

②OpenRail Overhead Line Designer

OpenRail Overhead Line Designer 为铁路架空线路和轨道设计引入了全新的综合建模环境。它由 Bentley 软件公司和 Siemens Mobility 联合开发，集成了 OpenRail Designer 和西门子 Sicat Master。OpenRail Overhead Line Designer 利用可定制的设计标准以及线路和结构的三维建模对架空线路电气化系统进行设计；使用 Siemens Sicat Master 功能进行高级架空线路分析；使用 OpenRail Designer 进行轨道和廊道模型的设计。能够从点阵云、三维实景模型、地形数据、图像和地理空间信息等各种来源快速收集环境数据，建立具有真实感的三维设计环境。图 1-57 和图 1-58 显示了 OpenRail Overhead Line Designer 部分功能。

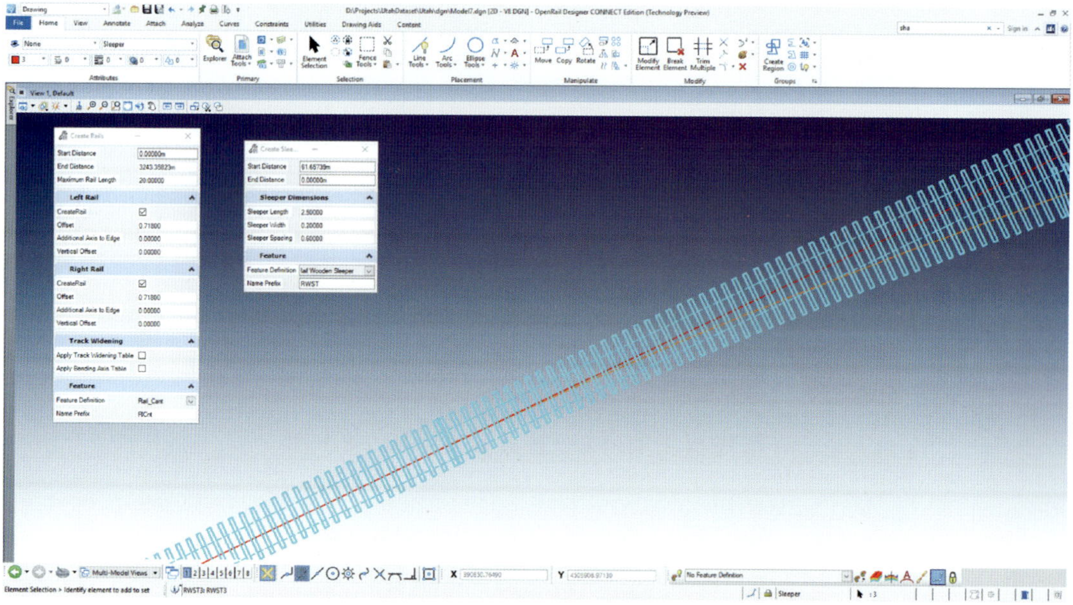

图 1-57　分析钢轨和轨枕的布置

(7) OpenBuildings Station Designer

OpenBuildings Station Designer 是设计、分析、可视化和模拟铁路车站和地铁站软件系统，通过优化车站建筑的功能空间布局和行人的出行路径，提高设计质量，可设计、分析、可视化和模拟各种规模、形式和复杂性的铁路和地铁站。它能够创建行人模拟方案，以提高车站设计和设施运营的质量，提供了建筑信息模型（BIM）的改进，可以更快地交付车站设计项目，有效地传达设计意图，并消除建筑规范与地理位置分散的团队之间的障碍。图 1-59 ~ 图 1-61 显示了 OpenBuildings Station Designer 的部分功能。

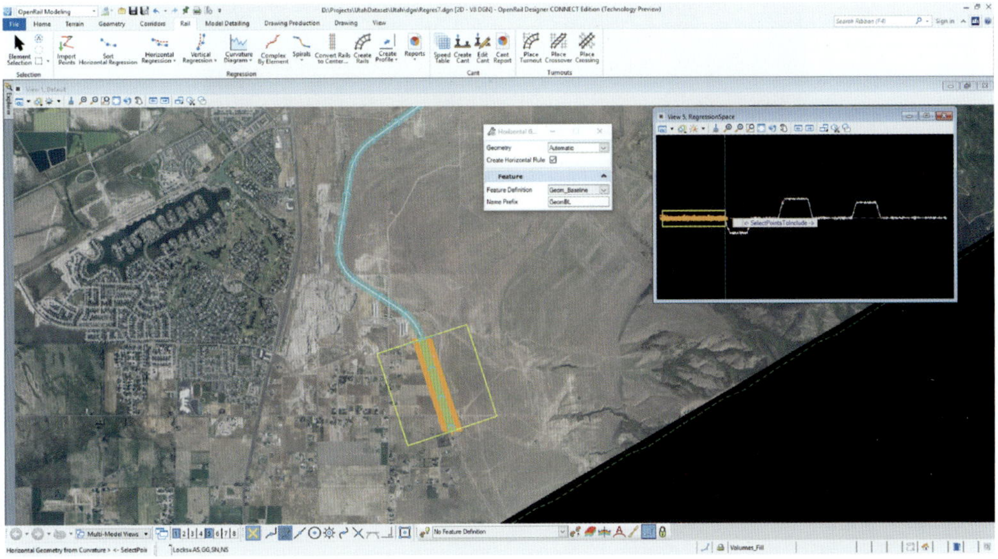

图 1-58　铁路轨道空间分析

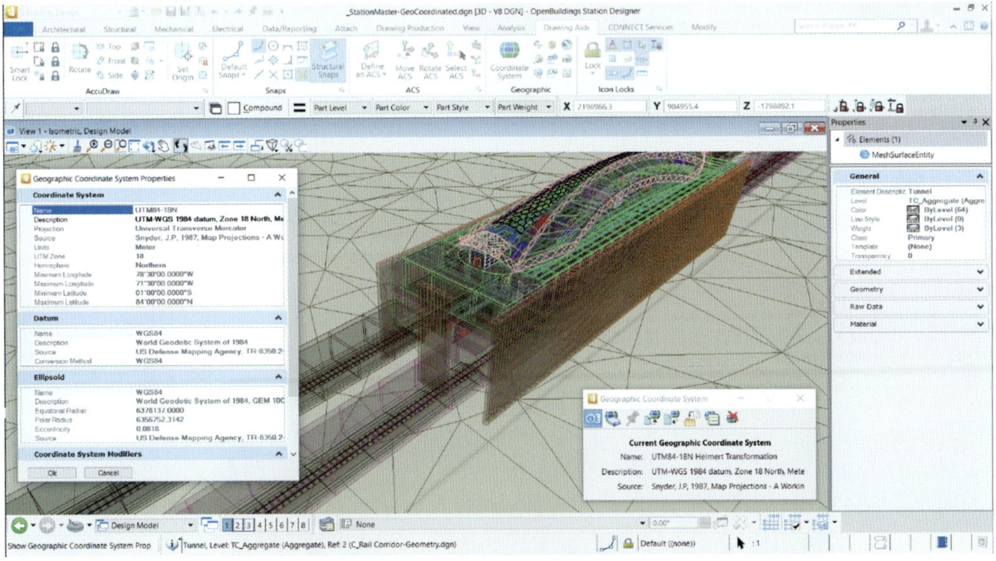

图 1-59　车站与地形环境协调

（8）OpenRoads Designer

OpenRoads Designer 是一款功能完善、全面详细的道路设计 BIM 软件，适用于勘测、排水、地下设施和道路设计，引入了全新的综合建模环境，提供了以施工驱动的工程设计，统一从概念到竣工的设计和施工过程。OpenRoads Designer 可以快速从各种数据源收集背景数据，例如点云、三维实景网格、地形数据、图像和地理信息，将真实背景融入项目。OpenRoads Designer

具有高级数据互用性,可访问 Bentley 的土木工程应用程序数据,并且与 Bentley 的桥梁设计和分析应用程序无缝链接。图 1-62 ~ 图 1-64 显示了 OpenRoads Designer 部分功能。

图 1-60　车站可视化建筑设计

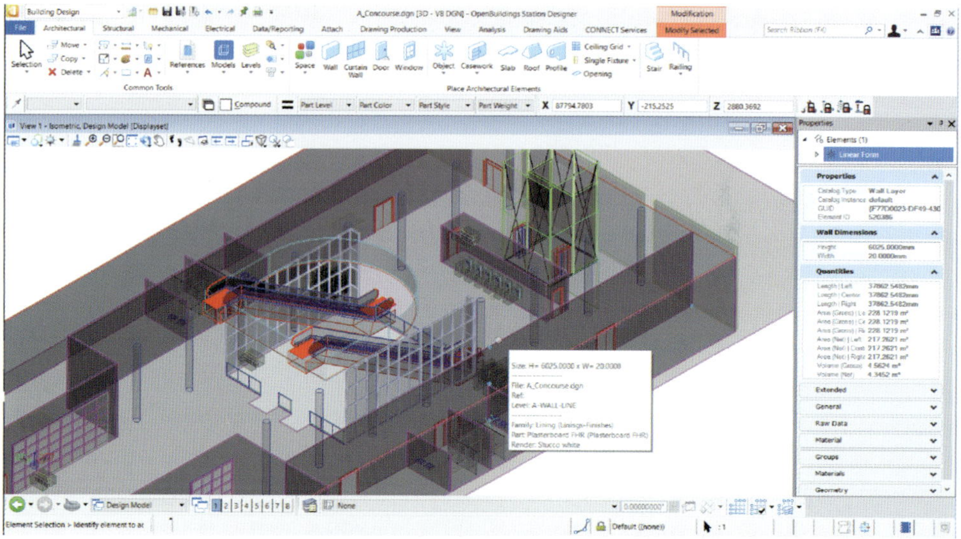

图 1-61　车站和设施设计

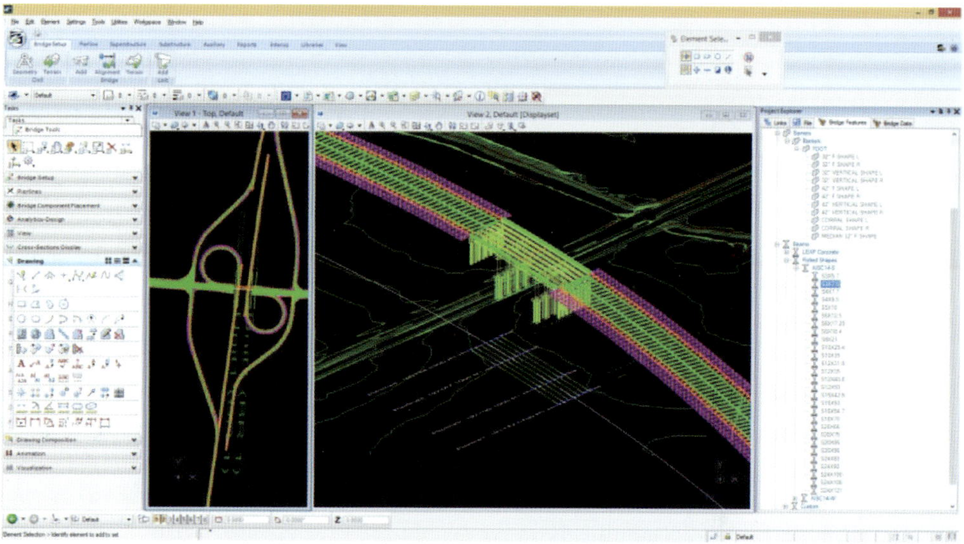

图 1-62　采集道路几何图形和地形数据

图 1-63 创建智能三维参数化桥梁模型

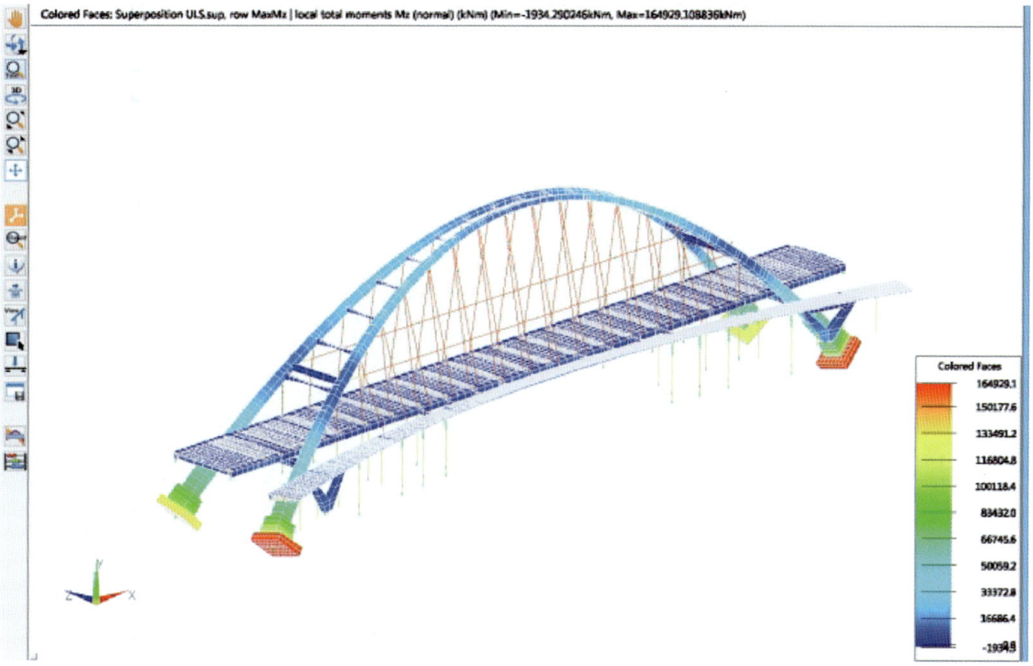

图 1-64 设计和分析复杂桥梁

(9) OpenRoads ConceptStation

OpenRoads ConceptStation 提供公路和桥梁设计功能，通过快速创建概念设计、改善决策过程加速项目进程，帮助道路和土地开发工程师创建符合环境的智能模型，浏览包含真实的数据和成本分析的概念设计备选方案，提高项目成效。OpenRoads ConceptStation 通过与数据采集、实景建模和概念设计互相结合，帮助识别基础设施项目初步规划阶段存在的高成本、高风险的项目。使用简单易用的工程草图功能快速概念化设计公路和桥梁基础设施来简化三维建模，如图 1-65 所示。

(10) OpenBridge Modeler

OpenBridge Modeler 是三维桥梁建模软件，可在整体交通运输项目环境中开发智能三维桥梁模型，完成迭代计算设计，能够与 Bentley 的桥梁分析应用程序进行完全互操作。图 1-66 ~ 图 1-68 显示了 OpenBridge Modeler 部分功能。

图 1-65　高质量实时渲染设计方案

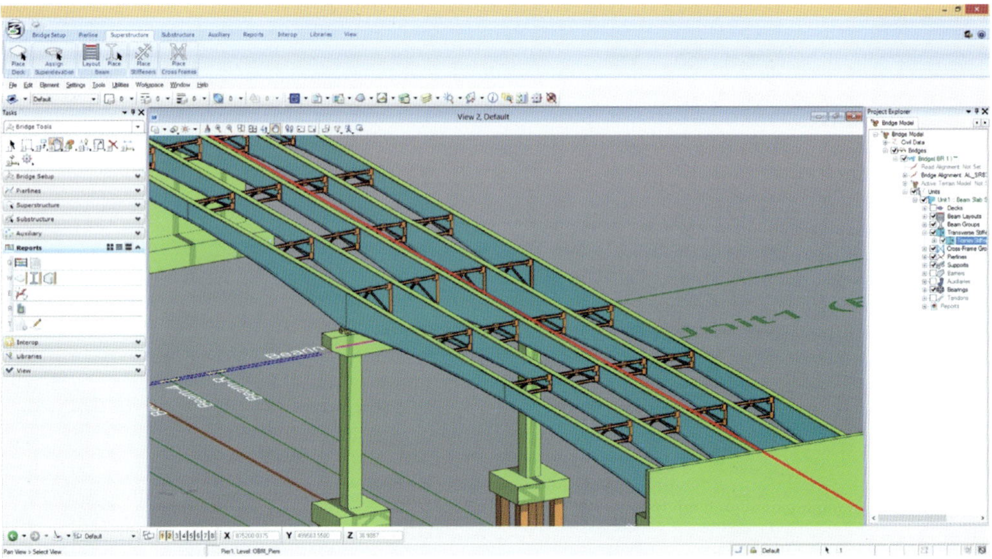

图 1-66　设计桥梁并建模

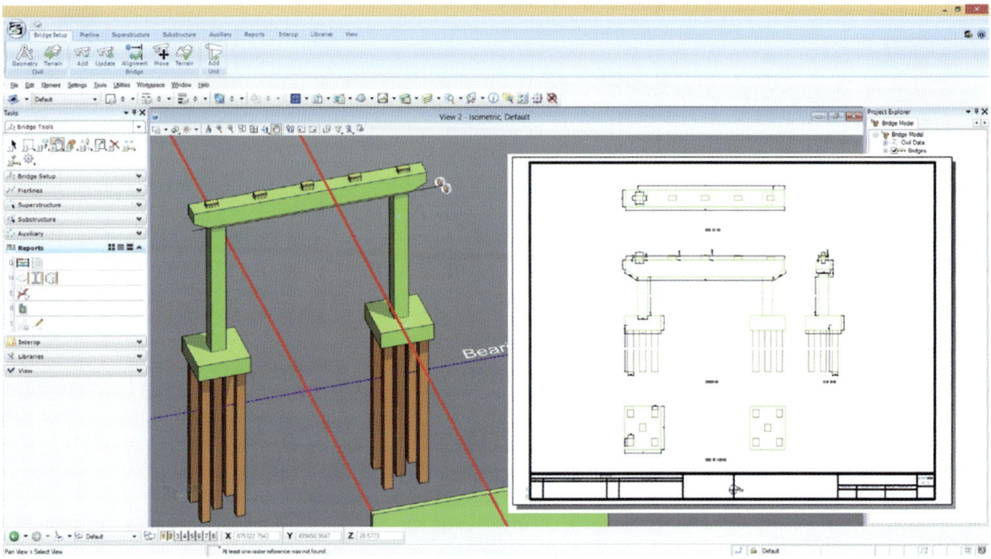

图 1-67　生成桥梁项目交付成果

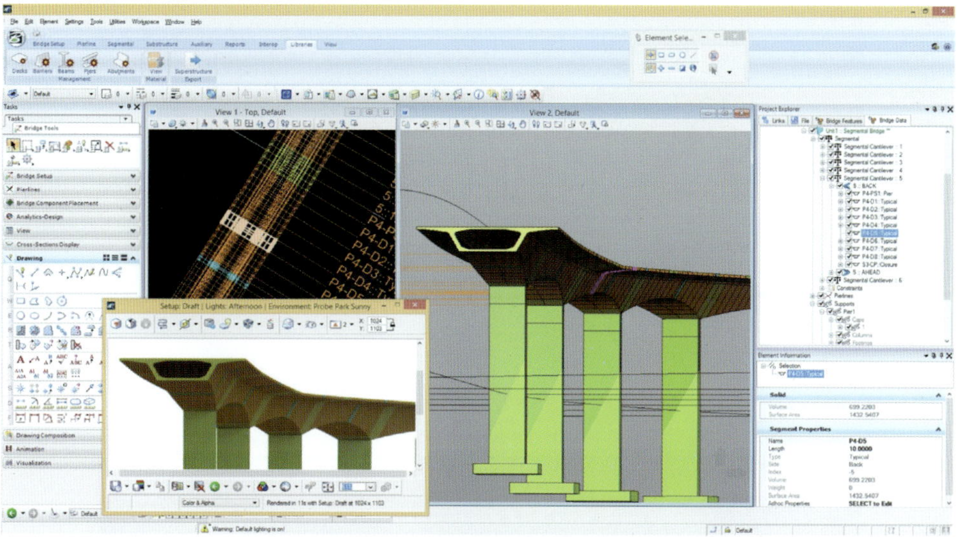

图 1-68 管理桥梁项目变更

1.5.4 Dassault 系列

(1)CATIA 软件

Dassault 公司的 CATIA(Computer Aided Tri-Dimensional Interface Application)是全球最高端的机械设计制造软件,包含 CAD/CAM/CAE 模块,具有先进的混合建模技术,所有模块具有全相关性,提供了完备的设计能力。从产品的概念设计到最终产品的形成,以其精确可靠的解决方案提供了完整的 2D、3D、参数化混合建模及数据管理手段。该软件拥有高效的零件编程、变更管理、产品设计等功能,在航空、航天、汽车等领域具有接近垄断的市场地位。应用到工程建设行业,无论是对复杂形体还是超大规模建筑,其建模能力、表现能力和信息管理能力都比传统的建筑类软件有明显优势,而与工程建设行业的项目特点和人员特点的对接问题则是其不足之处。CATIA 软件界面如图 1-69 所示,图 1-70 ~ 图 1-72 显示了 CATIA 在铁路工程的部分应用。

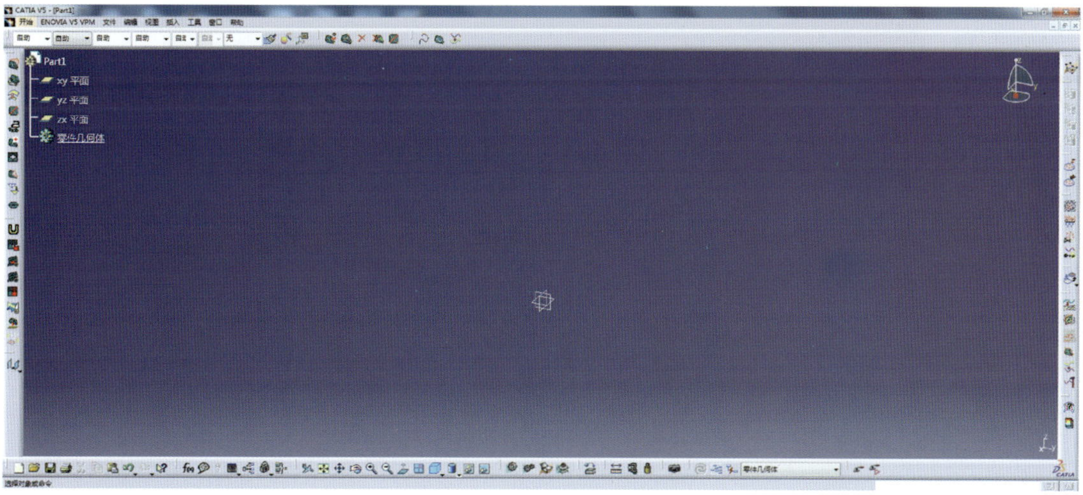

图 1-69 CATIA 界面

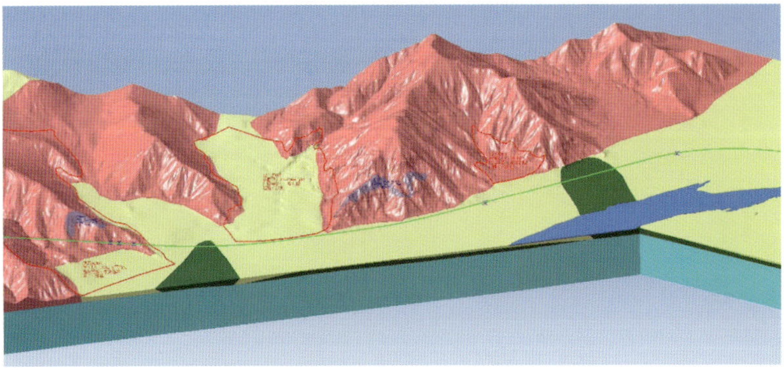

图 1-70　CATIA 建立的三维地形

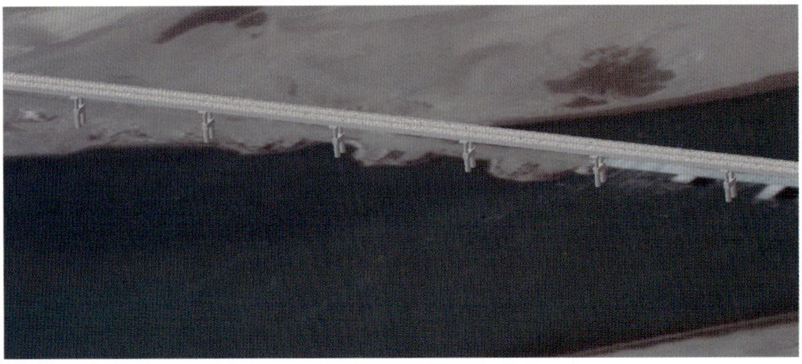

图 1-71　CATIA 桥梁建模效果

图 1-72　CATIA 线路建模效果

(2)Digital Project

Digital Project 是 Gery Technology 公司在 CATIA 基础上开发的一个面向工程建设行业的应用软件,是强大 3D 建筑信息建模(BIM)和管理工具,是全新的数字化建筑学软件平台,从设计、项目管理到实施现场,为工程项目提供完整的生命周期数字化环境。整个软件套装包含两个基础产品,Viewer 和 Designer,以及几个附加产品:Primavera Integration,MEP/Systems Routing, Imagine & Shape, Knowledgeware, Specialized Translators 和 Photo Studio。Digital Project 提供了大量图纸构建工具,可以通过建筑元件快速创建模型的样式,利用三维的光照分析系统,模拟建筑环境的阳光效果。Digital Project 软件界面如图 1-73 所示。

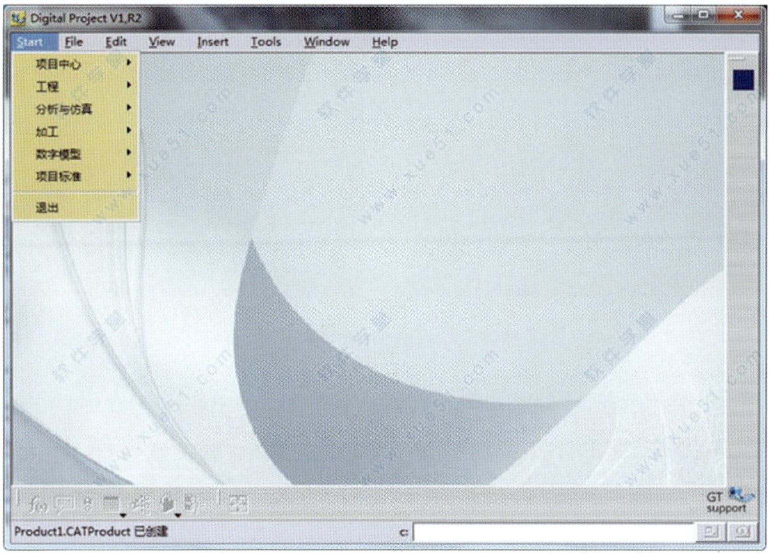

图 1-73 Digital Project 软件界面

1.5.5 三维渲染建模软件

随着展现 BIM 模型的要求越来越高,需要更多功能强大的可视化渲染建模软件,其中 Lumion 和 Fuzor 软件应用最为广泛。

(1) Lumion

Lumion 是荷兰 Act 3D 公司开发的新一代 3D 可视化工具,是在先进的即时 3D 技术的基础上,配合 3D 设计软件所创建的模型,成为当今建筑设计、景观设计以及城市规划设计的最佳动画表现平台,可在很短的时间内做出惊人效果的建筑规划、园林景观、虚拟城市等静帧和动画作品。Lumion 提供了方便快捷的 3D 动画制作功能,适用于建筑设计和规划等领域。作为一款建筑师的可视化 BIM 软件,Lumion 不仅仅能够快速将三维模型设计成为更好的视频与图片,还可以通过添加环境效果、材料材质、环境光以及各种所能想象到的自然景观来配合设计。Lumion 渲染效果如图 1-74 所示。

图 1-74

图 1-74　Lumion 渲染效果

(2) Fuzor

Fuzor 由美国 Kalloc Studios 打造的一款虚拟现实级的 BIM 软件平台，首次将最先进的多人游戏引擎技术引入建筑工程行业。与 Revit、ArchiCAD 等建模软件的实时双向同步是 Fuzor 独有的突破性技术。其对主流 BIM 模型的强大兼容性为 AEC 专业人员提供了一个集成的设计环境，以实现工作流程的无缝对接。Fuzor 将 BIMVR 技术与 4D 施工模拟技术深度结合，能够让 BIM 模型转化成带数据的生动 BIMVR 场景，让所有项目参与方都能在这个场景中进行深度的信息互动。Lumion 软件界面如图 1-75 所示，Fuzor 动态施工效果如图 1-76 ~ 图 1-81 所示。

图 1-75　Fuzor 软件界面

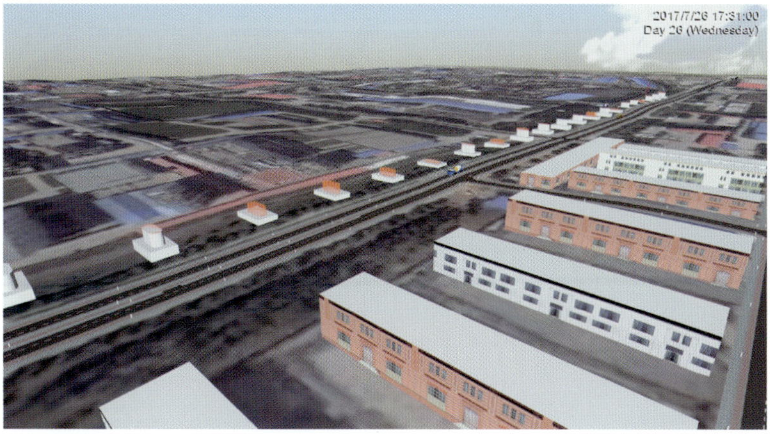

图 1-76 Fuzor 动态施工效果 1

图 1-77 Fuzor 动态施工效果 2

图 1-78 Fuzor 动态施工效果 3

图 1-79　Fuzor 动态施工效果 4

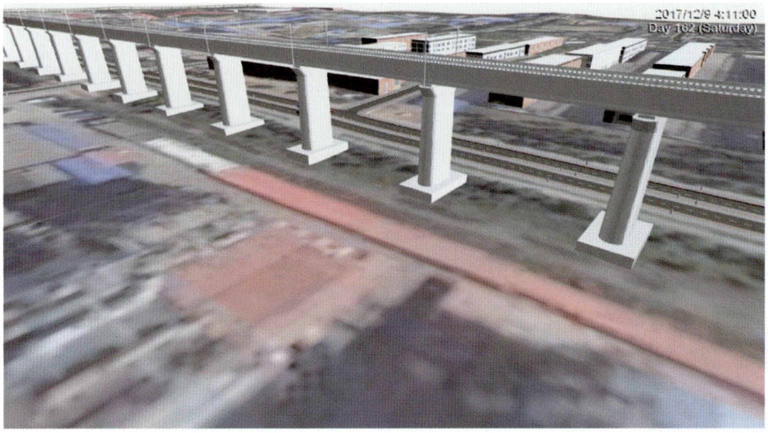

图 1-80　Fuzor 动态施工效果 5

图 1-81　Fuzor 动态施工效果 6

第2章 城市轨道交通三维城市场景建模

城市轨道交通线路多在城市中穿行，建立直观的城市三维场景，能够直观地展示城市中城市道路、高架桥梁、建筑物、河流等对象的空间位置、几何形态，对于提高城市轨道交通线路规划设计效率以及线路方案的优化具有重要意义。InfraWorks 支持关联的 BIM 流程，能够进行有效的 BIM 和 GIS 的集成，对建筑和自然环境的现有条件进行建模，草绘铁路、公路、水域、建筑及园林等基础设施，创建真实城市场景模型，并在该环境中对设计概念进行快速建模、分析和可视化。

2.1 InfraWorks 城市三维场景建模流程

2.1.1 InfraWorks 城市场景建模的数据格式

InfraWorks 作为一款集成化的软件，包括了三维建模、概念设计、工程分析、方案比选、漫游展示等实用功能模块。利用 InfraWorks 提供的专业的城市基础设施要素绘制功能，可以根据城市场景要求进行参数化编辑，实现城市基础设施三维模型的快速创建。InfraWorks 可以绘制和编辑的要素主要有道路、建筑、土地区域、铁路、树排、交叉路口、管线、河流、树木、道路隔离带、水域等十四项内容。

InfraWorks 兼容多种不同的数据格式，如图 2-1 所示，为逼真的城市三维场景快速创建，以及在此基础上进行城市轨道交通线路规划设计提供了基础。

2.1.2 城市三维场景建模流程

基于 InfraWorks 的核心功能，快速地构建现状环境及方案设计对象的三维数据模型，其建模过程及各部分数据格式如图 2-2 所示。

2.2 城市三维地形建模方法

三维地形建模是建立城市三维场景的基础，城市中的道路、桥梁、建筑物、河流等要素的三维建模和定位都需要地形信息的支持。在 InfraWorks 平台中，具有多种三维地形建模方法。

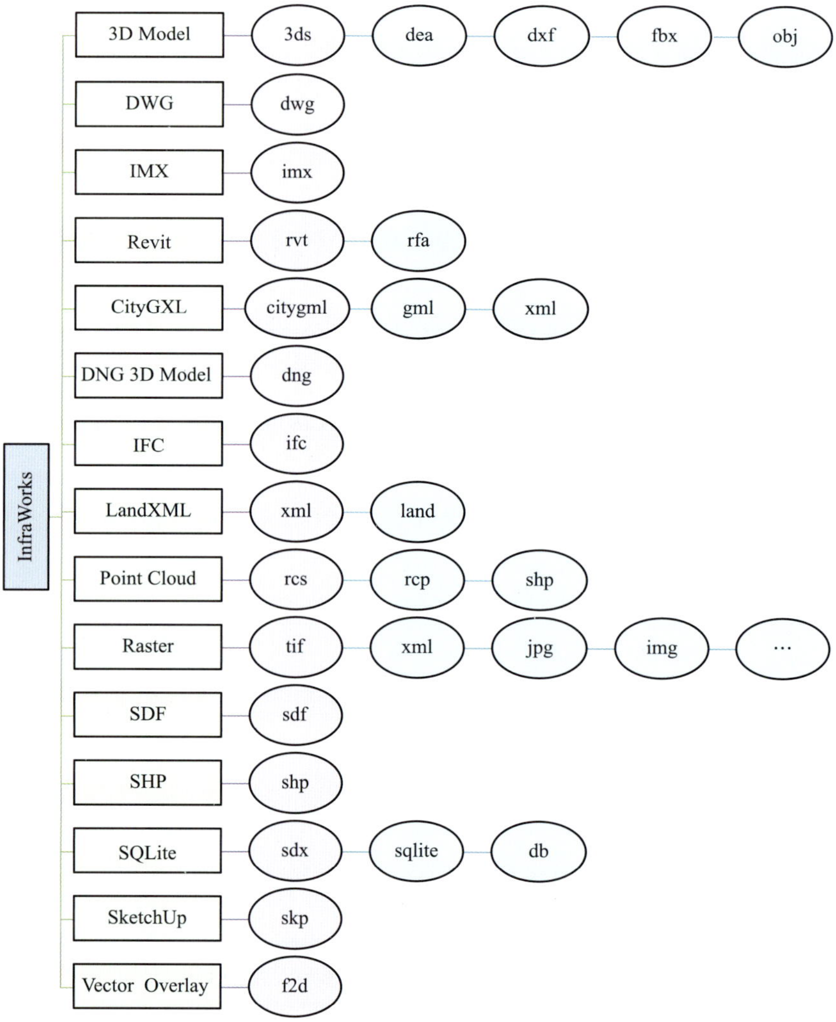

图 2-1　InfraWorks 支持的数据格式

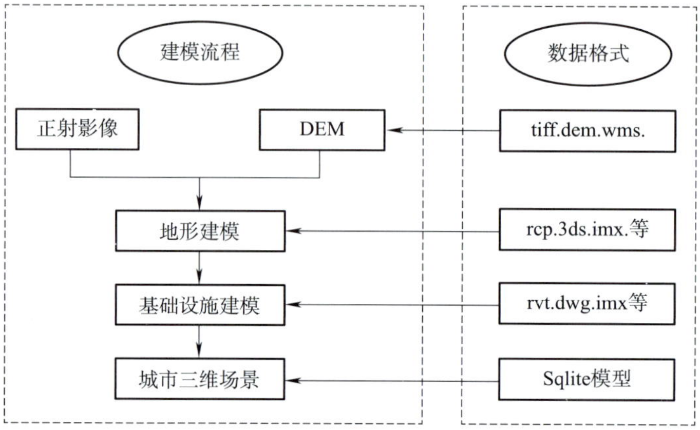

图 2-2　城市三维场景建模流程及数据格式

2.2.1　模型生成器创建地形

InfraWorks 自带的模型生成器有免费的低精度的地形图数据(精度取决于必应地图的精度),使用云来查找数据图层,然后针对指定的区域快速构建三维地形。模型生成器中的数据包括道路、铁路、建筑、图像、标高、水。其中,道路、铁路、建筑和水的数据来自于 OpenstreetMap 数据集,可以直接在模型中创建部分道路和铁路要素;图像来自微软必应地图的卫星图像,可以将其自动覆盖在三维地形上[11]。模型生成器支持面积最高 200 km^{2}或者纬度或经度方向长度最长 200 km 的地形。模型生成器的优势在于一些建筑、道路、高架等基于 GIS 数据可以准确定位,并直接加载,在方案设计阶段可以快速地创建模型。

在 InfraWorks 模型生成器中的地图里搜索需要的地形区域,在搜索位置中输入需要的位置名称或者经纬度坐标,为即将创建的地形命名后,就可以创建三维地形,如图 2-3 所示,创建好的地形如图 2-4 所示。

图 2-3　模型生成器界面

图 2-4　地形创建

2.2.2　导入外部数据创建地形

由于模型生成器创建地形最多只支持 200 km^{2}范围,因此,如果城市轨道交通项目地形超过范围限制,可通过提供免费高程数据 ASTER GDEM、"地理空间数据云"、"SRTM"等网站,根据城市轨道项目所在区域的经纬度,利用下载软件下载地形数据和影像数据,从而在 InfraWorks 中建立三维地形环境。

(1)地形和影像下载

以 LocaSpace Viewer(LSV)下载软件为例,作为集成 Google Earth 影像和地形、百度地图和影像、微软地图和影像等多种在线地图资源,具有方便的影像和高程数据下载功能。它可以快速地浏览、测量、和标注三维地理信息数据,同时也可以根据需要添加 TIF 图层、SHP 图层、KML 图层等多种格式数据。LocadSpace Viewer 中地形和影像的下载是分开的,选择地形绘制的范围,记录选择区域,用于匹配影像的下载,然后下载该区域的影像。LocaSpace Viewer 地形和影像下载如图 2-5 所示。

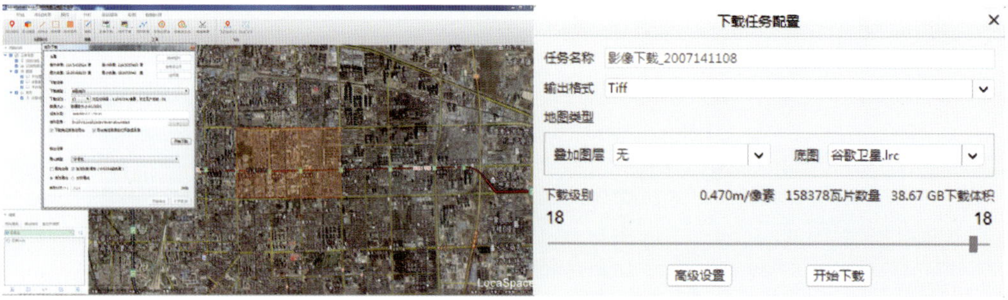

图 2-5 LocaSpace Viewer 地形和影像下载

(2)InfraWorks 创建三维地形

新建 InfraWorks 项目,将下载完成的地形和影像数据导入。在导入时选择 Raster 类型,首先导入地形数据,进行刷新之后如图 2-6 所示,以同样的方法加载影像图,加载完成的地形如图 2-7 所示。

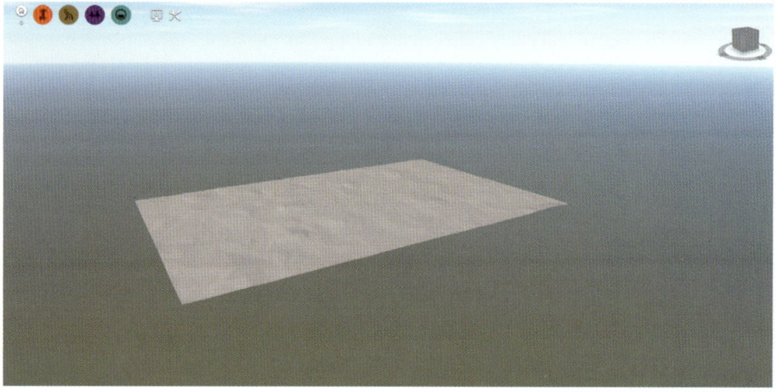

图 2-6 InfraWorks 地形加载

这一地形建模方法的优势在于,影像相对模型生成来说,可以选择等级,更新也相对及时,清晰度更高,地形范围大小的下载没有限制。但是 InfraWorks 对于所下载的影像图上的道路、水域等对象无法直接识别创建,增大了城市三维场景建模难度。

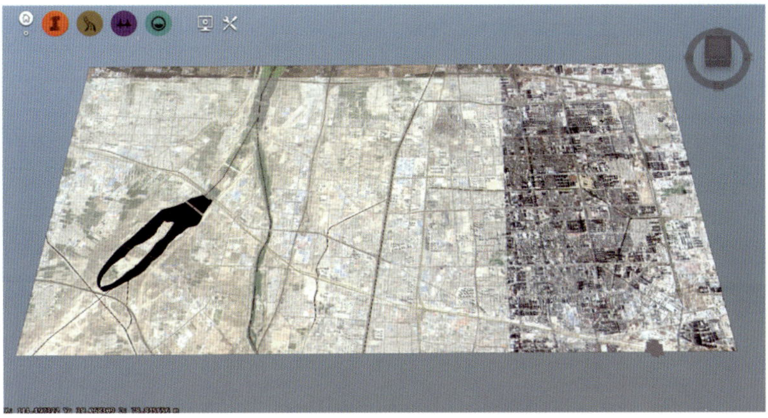

图 2-7　InfraWorks 影像匹配

2.2.3　InfraWorks 与 Civil 3D 协同设计进行地形建模

Civil 3D 同样作为 Autodesk 公司推出的一款面向基础设施行业的主流软件，能够方便快速地创建三维数字地形。在 Civil 3D 中，可以通过多种数据快速创建地形，如点文件、多段线、AutoCAD 块、GIS 数据等。

采用测量等方式获取的地形点数据进行地形建模，点文件的地形数据示例见表 2-1。

表 2-1　数据点点文件示例(m)

序　号	X 坐标	Y 坐标	Z 坐标
1	487 989.686 4	3 308 343.105 6	136.562 7
2	487 863.902 0	3 308 350.366 1	139.082 7
3	487 904.281 9	3 308 213.708 4	134.646 1
4	487 926.555 2	3 308 154.103 3	138.006 1
5	487 875.290 6	3 308 082.414 4	139.266 1
6	487 852.661 5	3 308 304.128 8	133.084 3
7	487 781.788 4	3 308 239.016 8	137.032 3
8	487 726.933 6	3 308 133.626 8	141.462 3
9	487 732.479 8	3 308 141.496 3	141.630 3
10	487 776.032 9	3 308 225.548 5	138.186 3
11	487 755.318 2	3 308 130.155 0	141.710 3
12	487 712.281 4	3 308 345.434 5	132.913 5
13	487 714.634 7	3 308 330.838 0	132.913 5
14	487 678.120 0	3 308 408.749 5	133.501 5
15	487 934.205 2	3 308 062.683 3	135.790 8

续上表

序　号	*X* 坐标	*Y* 坐标	*Z* 坐标
16	488 261.861 2	3 308 245.801 6	131.991 8
17	488 237.224 2	3 308 422.925 7	137.999 4
18	488 114.826 1	3 308 444.515 6	137.495 4
19	488 131.240 5	3 308 427.082 6	136.907 4
20	488 317.883 2	3 308 351.437 8	136.699 9
21	488 334.040 6	3 308 323.814 0	137.035 9
22	487 782.445 6	3 307 963.392 0	147.391 2
23	487 682.612 5	3 307 944.756 2	143.443 2
24	487 514.550 1	3 307 914.582 8	140.419 2
25	487 535.107 0	3 307 947.618 6	142.183 2
26	487 420.582 0	3 307 944.530 5	145.863 0
27	487 324.315 2	3 308 137.292 3	140.177 4
28	487 381.164 1	3 308 136.335 6	139.673 4
29	487 363.240 5	3 307 996.894 1	142.336 8
30	487 319.354 5	3 308 036.958 6	142.420 8
31	487 054.950 8	3 307 925.965 5	144.493 3
32	487 154.340 9	3 308 070.686 8	141.298 2
33	487 266.795 4	3 307 871.275 6	142.441 2
34	487 257.848 4	3 307 918.133 0	139.588 9
35	487 265.092 7	3 307 912.874 6	139.588 9
36	487 316.282 5	3 307 947.323 6	140.371 6
37	487 203.969 9	3 307 962.208 7	140.203 6
38	487 246.575 1	3 307 931.867 8	138.775 6
39	487 250.054 7	3 307 964.850 6	139.783 6
…	…	…	…

加载点数据文件，使用创建地形曲面，如图 2-8 所示，创建完成的地形如图 2-9 所示。对创建完成的地形可先设置一个坐标系，以防导入 InfraWorks 时因坐标问题而发生错误。使用 Autodesk 公司专门为 Civil 3D 提供的一款插件 Raster Tools 为创建完成的地形匹配影像，Raster Tools 主要用来导入影像和调整影像坐标。对影像需要使用 Raster Tools 生成一个定位文件，这是对影像的坐标设定，插入影像并匹配后如图 2-10 所示。匹配影像完成的地形选择导出为 .IMX 格式，这种数据格式能够在 Civil 3D 和 InfraWorks 之间进行数据无损传递。在 InfraWorks 中加载地形及影像，如图 2-11 所示。

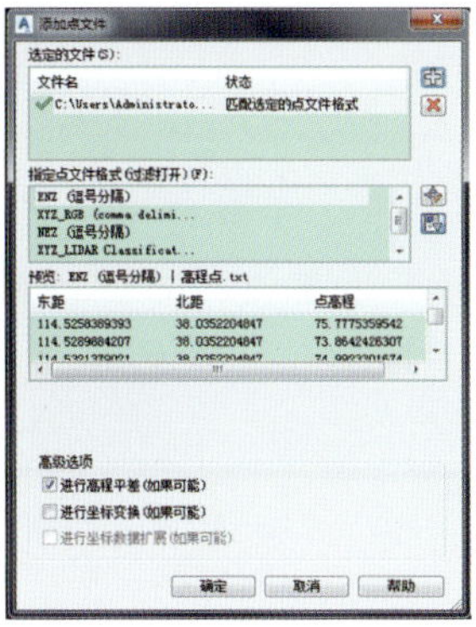

图 2-8　加载点文件

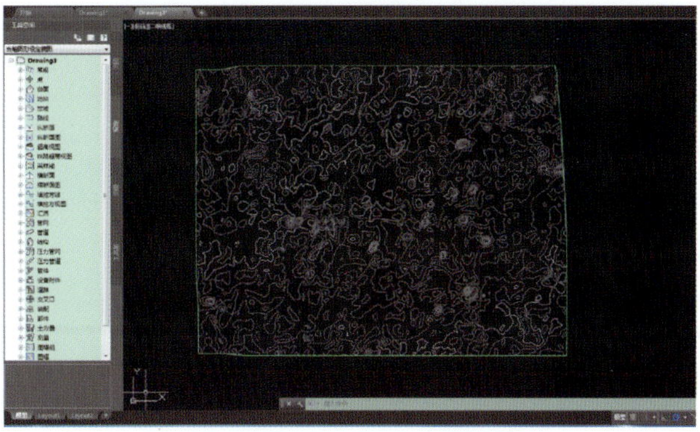

图 2-9　Civil 3D 曲面创建

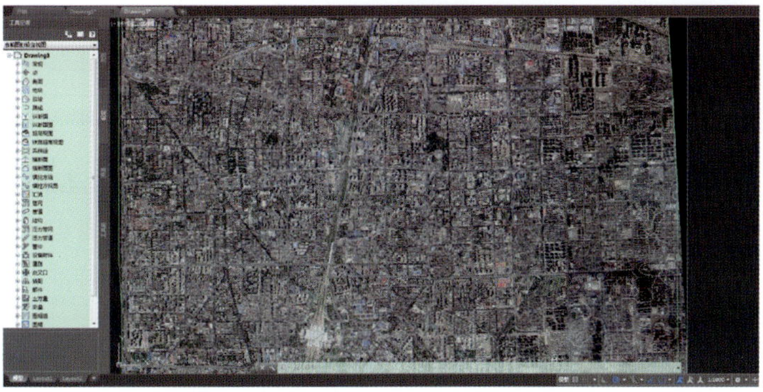

图 2-10　Civil 3D 地形匹配影像

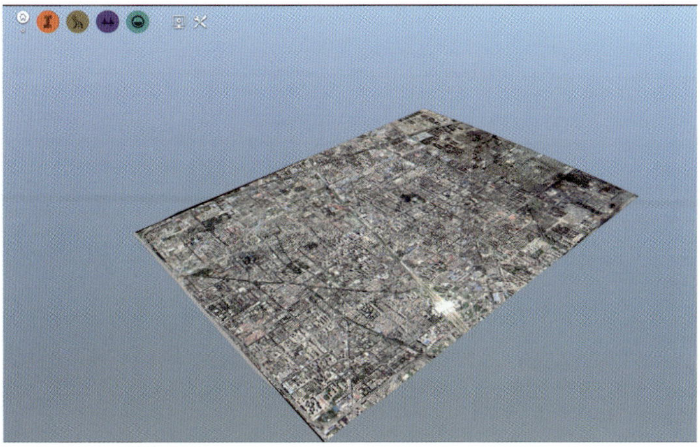

图 2-11　InfraWorks 地形创建

InfraWorks 与 Civil 3D 协同进行地形建模的优势在于，使用测量数据创建的地形比模型生成器和网站下载的地形更接近真实地形，精度更高，而且 Civil 3D 可以对创建的地形进行分析处理，使地形更加规范。但是 InfraWorks 无法直接识别地形上的要素，只能根据影像重新创建模型，部分建筑和道路位置可能出现偏差，这降低了建模效率。

2.3 InfraWorks 桥梁参数化建模

城市交通中的高架桥梁往往占有一定的比例，InfraWorks 提供了非常便捷的桥梁设计功能，支持“预制工字型大梁”和“钢板大梁”两种类型，这两种类型都支持不同的桥面、桥台、桥墩、大梁和支座类型。InfraWorks 中的桥梁组件如图 2-12 所示，桥梁组件分级如图 2-13 所示。

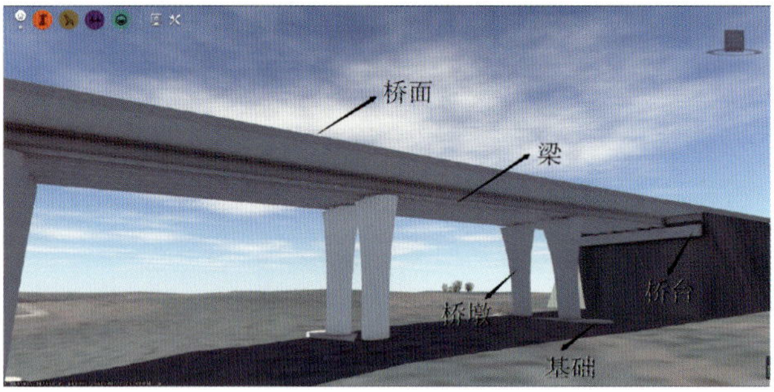

图 2-12　InfraWorks 中桥梁组件

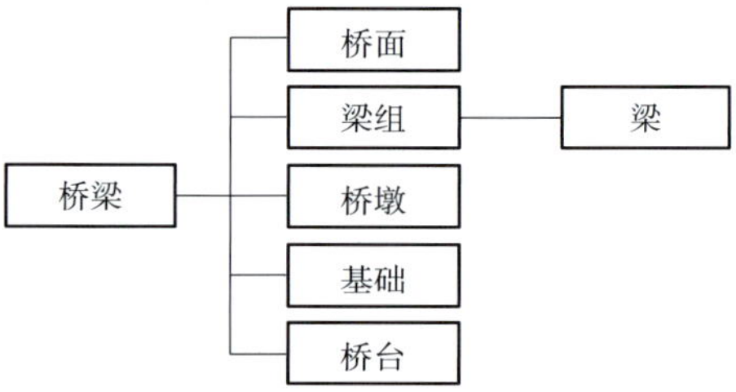

图 2-13　InfraWorks 中桥梁组件分级

InfraWorks 中支持了多种形式的桥梁参数化组件，建模时可选择其中一种常见的参数化模型。桥面、桥台、桥墩、梁和基础参数化模型如图 2-14 ~ 图 2-18 所示。通过修改每个零件尺寸列的属性，可以为参数化组件创建桥梁多个构件模型。

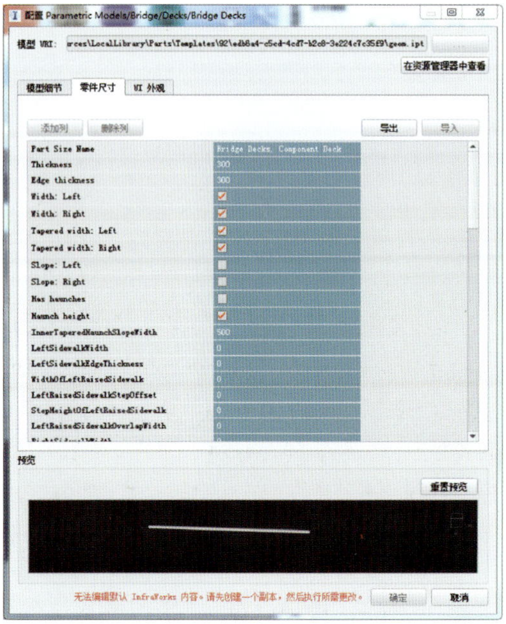

图 2-14　桥面参数化模型

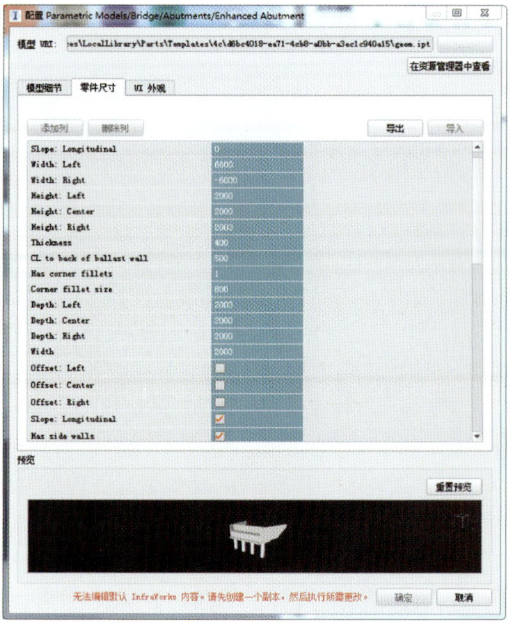

图 2-15　桥台参数化模型

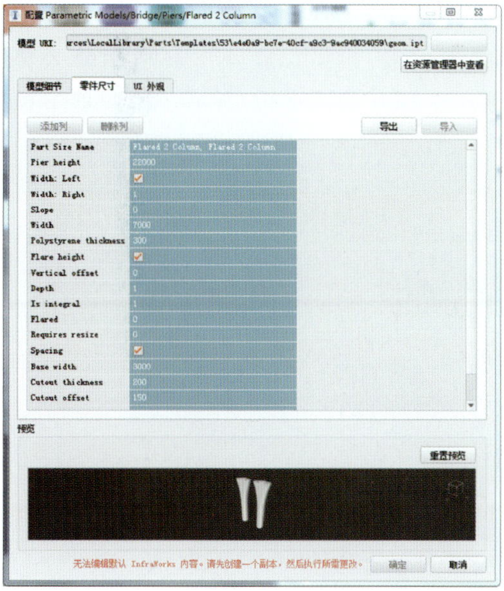

图 2-16　桥墩参数化模型图

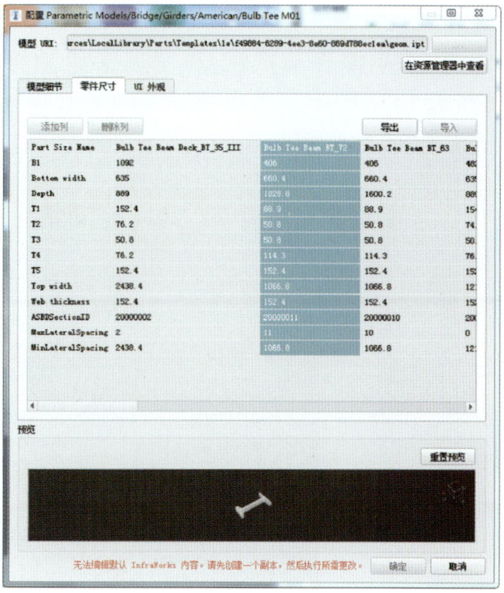

图 2-17　梁参数化模型

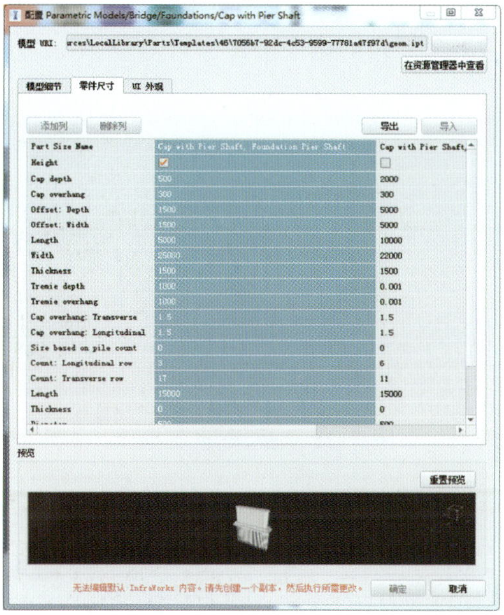

图 2-18　基础参数化模型

InfraWorks 中桥梁建模具体操作步骤如下：

(1)选择组件道路。根据组件道路部件的配置方式，可以设定组件道路内桥梁任意路面样式，也可以将规划道路转换为组件道路。

(2)单击鼠标右键，然后选择“添加结构”—“桥梁”。

(3)从“选择样式”对话框中选择桥梁样式，InfraWorks 支持预制混凝土大梁、钢大梁和常规桥梁样式。

(4)将光标悬停在道路上方，并使用滑块夹点来选择桥梁起点桩号的位置，单击鼠标，放置起点桩号。

(5)沿道路移动光标，然后单击以放置桥梁终点桩号，也可以在小工具栏中输入精确值，如图 2-19 所示。完成的桥梁地上和地下模型如图 2-20 和图 2-21 所示。桥梁地下模型放大图如图 2-22 所示。

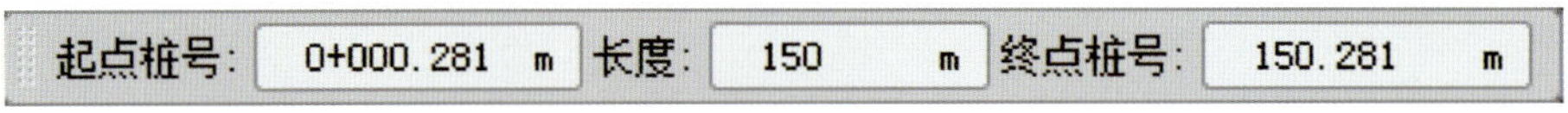

图 2-19　输入起终点桩号

图 2-20　桥梁地上模型

图 2-21　桥梁地下模型

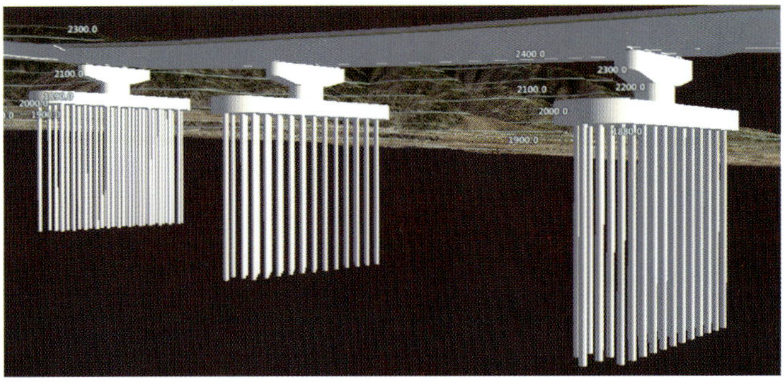

图 2-22　桥梁地下模型放大图

对于在 InfraWorks 中建好的桥梁模型，可修改相应参数改变桥梁模型样式。

（1）可以更改桥梁的设计标准和桥墩数目；

（2）通过更改起点和终点桩号的位置，可以修改桥梁长度；

（3）在支座选项卡可以编辑支座的高度、间距、偏移、座板和底板属性；

（4）对于桥梁间隙的修改，可以通过“显示封套”来完成。

桥梁参数见表 2-2，设置效果如图 2-23 所示。

表 2-2　桥梁参数

类　别	参　数	单　位	示例数据
属性	设计标准	—	AASHTO LRFD
	桥墩数目	个	10
几何图形	长度	m	370. 299
支座	左偏移		0. 0
	右偏移		0. 0
	间距		0. 0
	圆支座	—	是/否
	高度	m	0. 1
	宽度		0. 4
	深度		0. 4
	底板高度		0. 05
	底板宽度		0. 5
	底板深度 1		0. 25
	底板深度 2		0. 25
	砌体板高度		0. 04
	砌体板宽度		0. 04
	砌体板深度 1		0. 25
	砌体板深度 2		0. 25
间隙包络	显示封套	—	是/否
	起点偏移	m	167. 649
	终点偏移		202. 649

图 2-23　桥梁参数设置效果

桥面参数见表 2-3,设置效果如图 2-24 所示。

表 2-3　桥面参数

类　别	参　数	单　位	示例数据
属性	混凝土强度	MPa	35.0
	叠加恒荷载	kN/m	3.0
	磨损面	m	0.05
	左边缘到路缘		0.0
	右边缘到路缘		0.0
	连线性	—	桥面和大梁
	带有拱腋	—	是/否
	拱腋高度	m	0.1
截面尺寸	厚度		0.3
	边缘厚度		0.3
	宽度:左		12.921
	宽度:右		12.921
	锥形宽度:左		0.001
	锥形宽度:右		0.001
	坡度:左	%	0.0
	坡度:右		0.0
材质	材质体积	—	场铸混凝土/预制混凝土/钢结构
	纹理		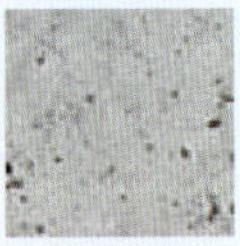
几何图形	长度	m	370.299
	宽度:起点		25.843
	宽度:终点		25.843
寿命	创建日期	—	06-07-2019
	终止日期		06-07-2020

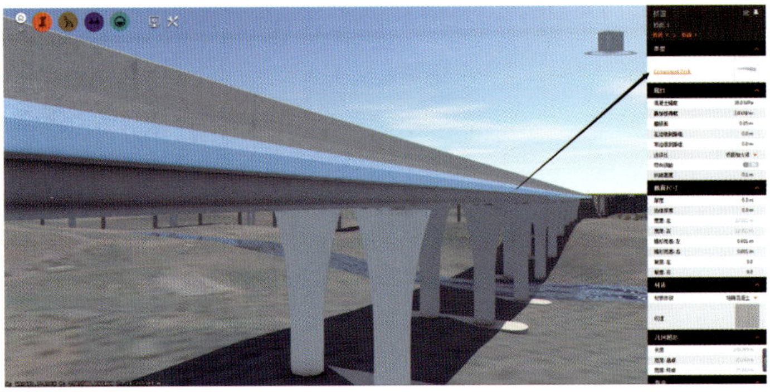

图 2-24　桥面参数设置效果

梁参数见表 2-4,设置效果如图 2-25 所示。

表 2-4　梁参数

类　　别	参　　数	单　　位	示例数据
属性	梁数量	个	6
几何图形	公称长度	m	35.0
	起点桩号		0 + 167.469
	终点桩号		0 + 206.249
	起点间距 1		0.0
	终点间距 1		0.0
	起点间距 2		2.612
	终点间距 2		2.612
	平面中的梁	—	笔直
寿命	创建日期	—	06-07-2019
	终止日期	—	06-07-2020
材料特性	强度(最终)	MPa	55.0
	强度(转换)	MPa	40.0
	筋强度	MPa	1 860.0
	初始预应力	%	75.0

图 2-25　梁参数设置效果

桥墩和基础参数见表 2-5,设置效果如图 2-26 和图 2-27 所示。

表 2-5　桥墩与基础参数

类　　别	参　　数	单　　位	示例数据
属性	离地高度	m	0.05
	横向偏移		0.1
	纵向偏移		0.1
	倾斜	°	0.0

续上表

类　别	参　数	单　位	示例数据
材质	材质体积	—	场铸混凝土/预制混凝土/钢结构
	纹理		
桩	计数:纵向行	个	3
	计数:横向行		12.0
	桩长度	m	15.0
	直径		0.5
	间距比例:横向	—	3
	间距比例:纵向		3
墩帽	长度	m	5.0
	宽度		22.0
	深度		1.50
	悬挑:横向		2.0
	悬挑:纵向		2.0
寿命	创建日期	—	06-07-2019
	终止日期	—	06-07-2020

图 2-26　基础的参数设置效果

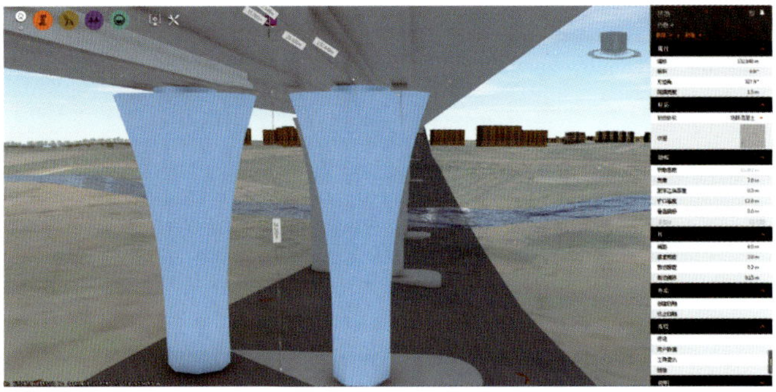

图 2-27　桥墩参数设置效果

桥台参数见表 2-6,设置效果如图 2-28 所示。

表 2-6　桥台参数

类　别	参　数	单　位	示例数据
属性	偏移	m	0.0
	左悬垂		0.0
	右悬垂		0.0
	倾斜	°	0.0
支座	宽度	m	1.6
	深度:左		2.0
	深度:中		2.0
	深度:右		2.0
粗碴墙	高度		2.009
	厚度		0.4
翼墙	高度:左		1.0
	高度:右		1.0
	厚度		0.3
	长度:左		6.0
	长度:右		6.0
	剪切长度:左		4.0
	剪切长度:右		4.0
材质	材质体积	—	场铸混凝土/预制混凝土/钢结构
	纹理		
几何图形	宽度:左	m	-12.921
	宽度:右		12.921
	支座中心线		1.0
寿命	创建日期	—	06-07-2019
	终止日期	—	06-07-2020

图 2-28　桥台参数设置效果

最终桥梁建模效果如图 2-29 ~ 图 2-31 所示。

图 2-29　桥梁建模效果 1

图 2-30　桥梁建模效果 2

图 2-31　桥梁建模效果 3

基于 InfraWorks 和 Revit 良好的数据接口，可以利用 InfraWorks 提供的"发送到 Revit"功能，将创建好的桥梁参数化模型完整地输出到 Revit，如图 2-32 所示。对于输出之后的桥梁模型在 Revit 中其桥墩、桥台、基础等每一部分都是独立的模型，都可以进行深化设计，以满足实际的需要。

图 2-32　桥梁模型发送到 Revit

2.4　城市轨道交通地上三维场景建模

2.4.1　城市基础设施矢量数据获取

城市矢量数据一般通过记录坐标的方式尽可能将地理实体的空间位置表现准确，通常包括道路、建筑（含楼层高度）、水域、桥梁等，矢量数据反映了这些要素在创建三维场景时需要的空间几何信息。对于城市建筑，建立三维模型就需要建筑物平面数据、建筑物高度数据和建筑物表面纹理数据三种基础数据[7]。

城市三维地上场景建模的第一项重要任务就是城市建筑矢量数据的获取，这些矢量数据的来源包括：城市数字地图和 2DGIS 数据库、规划建筑物的设计图纸及文档资料、摄影测量数据、遥感数据等。此外，各种地图下载器具备了下载城市矢量数据的功能，并且支持导出多种文件格式，包括 KML、SHP、DXF、CSV、TXT 和 DAT 等，还可以进行 WGS84 经纬度坐标系、北京 54 投影坐标系、西安 80 投影坐标系等各种坐标系的投影转换。

本节矢量数据使用水经注万能地图下载器，下载建筑轮廓矢量数据、道路路网数据、交通设施数据和水系绿地数据，数据格式设置 shp 格式，这种格式可以直接导入 InfraWorks，如图 2-33 所示。下载的道路矢量数据如图 2-34 所示。

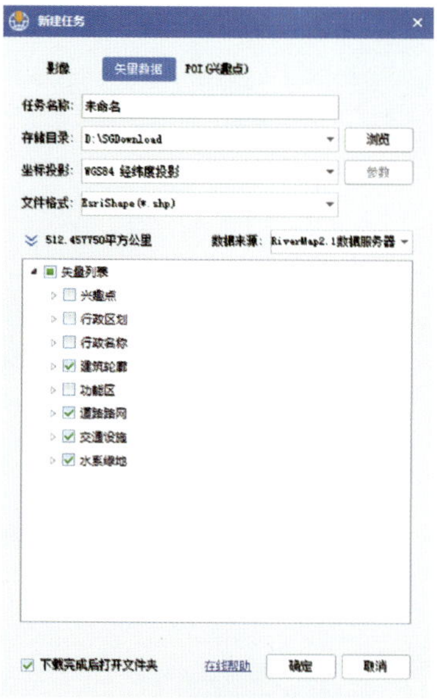

图 2-33 水经注矢量数据下载

图 2-34 下载的道路矢量数据

2.4.2 城市道路三维建模

在创建完成的地形上，可根据城市路网的矢量数据及影像进行城市道路模型的创建。InfraWorks 中道路分为规划道路和组件道路两种类型。规划道路是使用样条曲线几何图形的轻质道路，如图 2-35 所示，组件道路是可以配置的组件道路部件，如图 2-36 所示。

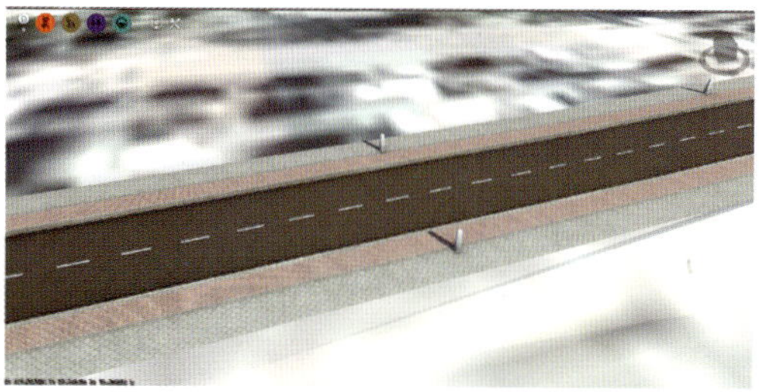

图 2-35 规划道路

图 2-36 组件道路

InfraWorks 的规划道路是模型生成器根据 OpenStreetMap 真实定位绘制的默认道路，可将规划道路添加到模型，或者输入道路数据作为规划道路。组件道路使用垂直和水平几何图形实现对道路几何图形和坡率的精确控制，它可以直接进行组件道路建模，或者将规划道路转换为组件道路。组件道路支持高级建模和分析功能，如道路和纵断面优化、视距分析、超高、线性道路过渡，以及交通和移动模拟。

这两种类型道路都有多种样式（图 2-37 和图 2-38），其参数设置也有所不同，规划道路和组件道路的主要参数设置见表 2-7 和表 2-8。

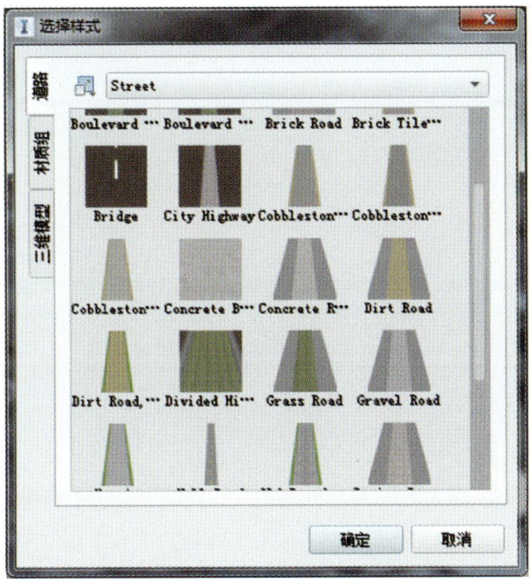

图 2-37　规划道路样式

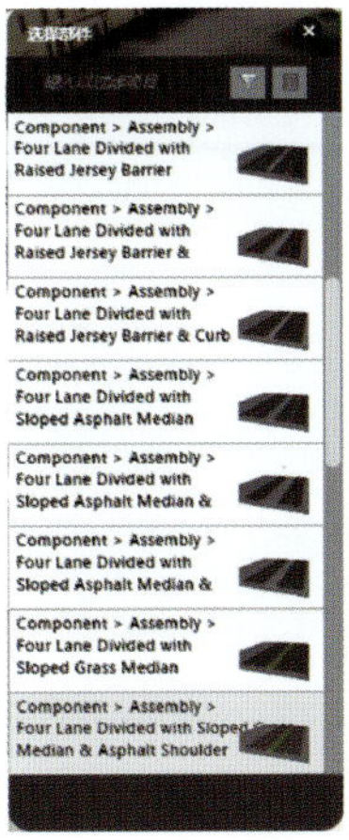

图 2-38　组件道路样式

表 2-7　规划道路主要参数

类　别	参　数	单　位	数　据
道路名称	规则样式	—	汇通路
类型	规则样式	—	
	材质组	—	
属性	函数	—	
	最大速度	km/h	80
	向前车道	个	3
	向后车道		3
几何图形	高程偏移	m	0
	高程偏移自	m	0
	高程偏移至	m	0
	最大坡度	%	2
	反转方向	是/否	
	起点处过渡段长度	m	0
	终点处过渡段长度	m	1.0
	堆叠顺序自	—	
	堆叠顺序至	—	

续上表

类　别	参　数	单　位	数　据
寿命	创建日期	—	06-07-2019
	终止日期	—	06-07-2020

表 2-8　组件道路主要参数

类　别	参　数	单　位	示例数据
道路名称	规则样式	—	槐安路
属性	函数	—	Freeway/Local/Arterial
	速度	km/h	40.0
	设计标准	—	AASHTO_Metric_2011
	超高	—	Local
	车道标记	—	
几何图形	长度	m	171.133
	高程范围	m	1 919.630～1 932.979
	坡度范围	%	2.17～9.48
放坡	放坡方法	—	固定坡度/固定宽度
	放坡限制	m	10.0
	挖方坡度	—	3.000∶1
	填方坡度	—	3.000∶1
寿命	创建日期	—	06-07-2019
	终止日期	—	06-07-2020

设置向前和向后车道数均为 3 的效果如图 2-39 所示。

图 2-39　设置向前和向后车道数均为 3 的效果

在进行道路建模的时候，如果地形创建不是选用的模型生成器，而是其他地形创建方法，可以选择导入 SHP 格式的矢量路网数据，这是快速创建城市道路的一种方法，避免手动创建道路模型的繁琐。

城市道路建模包括各个主干道如图 2-40 所示，次干道如图 2-41 所示，交叉口如图 2-42 所示，高架如图 2-43 所示，隧道如图 2-44 所示，铁路如图 2-45 所示。选中某条道路可以查看该道路的名称，可以随时修改道路的样式、材质，基于参数化设置道路的最大速度、车道数量等。对铁路来说，可以对其轨道、轨枕、道床、材质等进行设置，如图 2-46 所示。

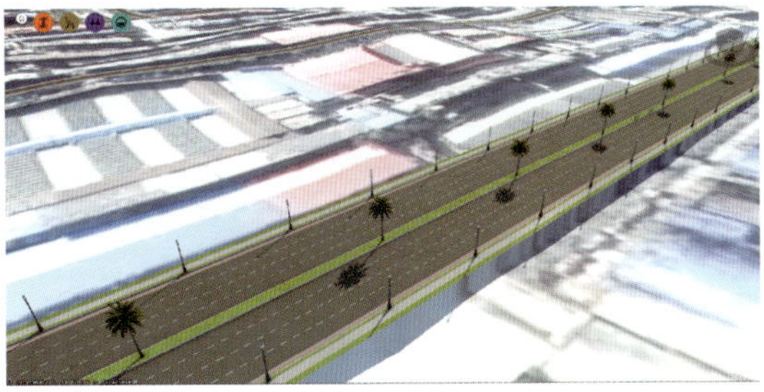

图 2-40　主干道

图 2-41　次干道

图 2-42　交叉口

图 2-43　高架

图 2-44　隧道

图 2-45　铁路

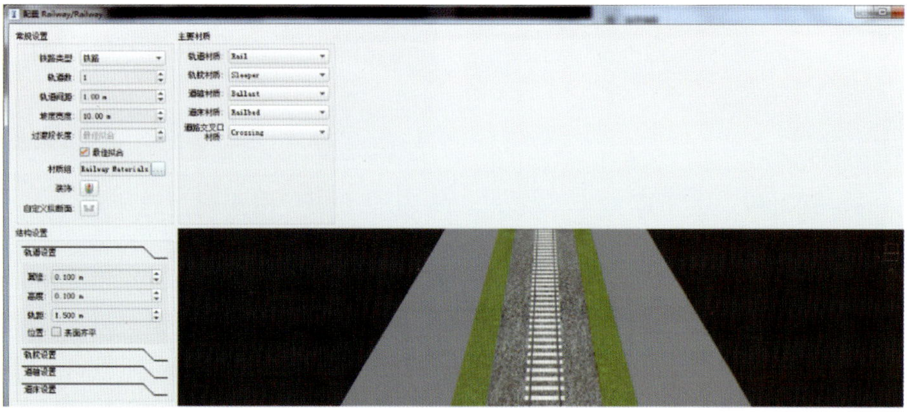

图 2-46　铁路参数设置

2.4.3　城市建筑三维场景创建

对于建筑模型的创建，可使用下载或已有的城市建筑轮廓矢量数据，避免手动创建建筑模型的重复操作。选择 SHP 矢量格式，加载数据后选择配置，如图 2-47 所示。

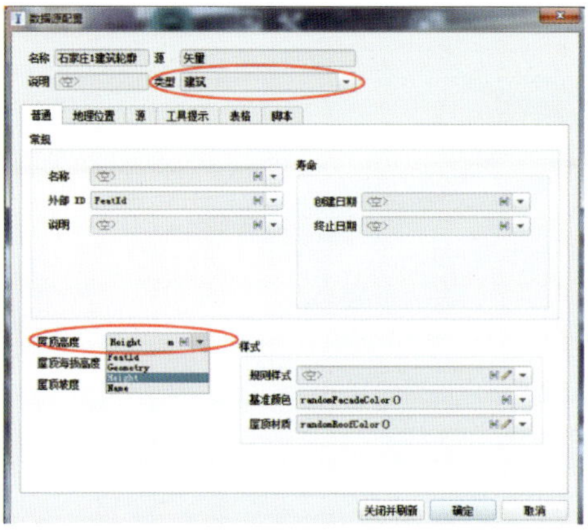

图 2-47　建筑数据配置

参数中的“屋顶高度”，若选择“Height”，则根据矢量数据中建筑的高度进行建模。对于建筑轮廓矢量数据中没有“Height”这个选项，可选择“Floor”，则根据建筑楼层数量进行建模。这两个选项都是建筑物建模的重点，决定了建筑的高度。InfraWorks 中也有许多建筑样式，如图 2-48 所示，在进行数据配置的时候可以选择，也可以在配置完成后单独修改。

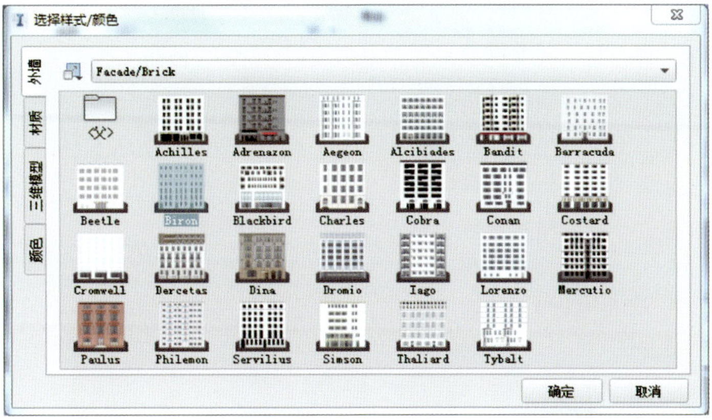

图 2-48　建筑样式

将建筑矢量数据配置完成后，关闭并刷新，可以查看建筑物建模效果，如图 2-49 所示。基于地形和建筑轮廓矢量数据相同的坐标系设置，创建完成的建筑模型位置就是其真实定位，可以对其样式、基准颜色、屋顶材质、几何图形等参数进行修改，见表 2-9。

图 2-49　建筑建模

表 2-9　建筑参数

类　别	参　数	单　位	示例数据
建筑名称	—	—	商业大楼
类型	手动样式	—	
	规则样式	—	
	基准颜色	—	
	屋顶材质	—	
几何图形	屋顶海拔高度	m	90
	屋顶坡度	°	2.0
	高程偏移	m	0.0
寿命	创建日期	—	06-07-2019
	终止日期	—	06-07-2020

2.4.4　建筑物精细化模型建模

InfraWorks 可以快速创建大范围建筑模型，但其精细化程度不高，只有建筑外立面和屋顶的基本贴图。为达到逼真的效果，可以选择导入 Revit、3DS MAX 或者 SketchUp 等建模软件建立的精细化模型。导入外部精细模型建模效果如图 2-50 ~ 图 2-54 所示。

图 2-50　商场

图 2-51　公寓

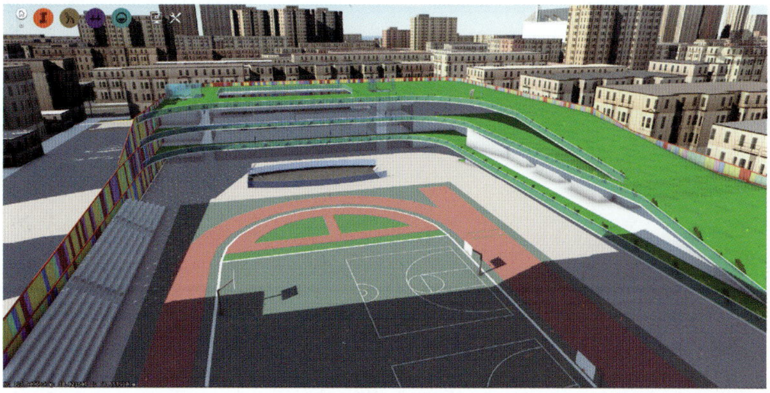

图 2-52　学校

图 2-53　展览馆

图 2-54　商业服务中心

2.4.5　城市三维场景创建

在完成城市内桥梁、隧道、道路和建筑物等场景建模后，添加草地、绿植、人群、路灯、行驶的汽车等要素后，利用 InfraWorks 集成在一起，建立起逼真的城市三维场景，如图 2-55 ~ 图 2-63 所示。

图 2-55　城市三维场景 1

图 2-56　城市三维场景 2

图 2-57　城市三维场景 3

图 2-58　城市三维场景 4

图 2-59　城市三维场景 5

图 2-60　城市三维场景 6

图 2-61　城市三维场景 7

图 2-62　城市三维场景 8

图 2-63　城市三维场景 9

第3章 基于BIM的城市地下管网三维可视化建模

随着BIM技术的快速发展和地下管线三维应用的不断深化，地下管线三维建模正朝着高精度自动化、局部更新快速化和地上地下一体化等方向发展。本章基于Civil 3D和InfraWorks BIM平台协同设计，研究地下管网自动化三维建模方法和技术。基于Civil 3D二次开发技术和数据库技术，对海量地下管网数据的自动加载方法和数据接口进行研究，建立基于BIM的三维管网模型，能够真实反映地下管网的空间分布状态，为城市轨道交通线路规划、设计提供可靠依据。

3.1 BIM城市地下管网三维建模优势分析

3.1.1 传统二维管网建模弊端

城市地下管线种类繁多、布局复杂，常出现各专业工程管线在水平或竖向空间位置上产生互相干扰碰撞，或者管线与其他管道附属构筑物冲突的情况，给城市轨道交通线路规划设计、施工带来麻烦和安全隐患。传统二维市政管线综合只是将各专业的平面管线布置图进行简单的叠加，按照一定的原则确定各种系统管线的相对位置，进而确定各管线的原则性标高，再针对关键部位绘制局部的剖面图。总的来说存在以下缺陷：

(1)图纸复杂、不够直观

城市地下管线种类繁多、布局复杂，传统多专业叠合的二维设计方案和图纸，复杂繁乱，不直观，仅靠经验理解图纸无法做到没有遗漏，管线交叉的地方靠人眼观察，难以进行全面的分析，很难充分表现城市地下管线不同层次管线的立体层次感，为设计和施工人员透彻理解图纸带来难度和困扰。

(2)部分标高缺失

管线标高多为原则性确定相对位置，仅局部绘制剖面的位置有精确定位，但大量管线没有全面和精确的确定标高。

(3)难以全面模拟

全面模拟包括资金预算、总体模型、局部模型、阶段性施工、施工细节等各个方面，在传统的市政工程管线设计中,设计人员往往只能专注于工程图纸,对资金和施工细节等难以进行模拟,这为施工准备阶段的工作带来了一定的困扰。

3.1.2 BIM 地下管网三维建模优势

基于地下管网复杂且隐蔽的特性,传统的二维平面图难以直观、准确地展示其空间位置关系及三维特征,导致施工过程中需处理大量的管线碰撞问题,严重影响线路规划工作的效率和质量。开展地下管线三维模型重建,能够直观再现地下管线间纵横交错、上下起伏的空间位置关系,解决传统二维管线空间关系不明晰、显示效果不直观等问题。针对城市轨道交通的规划设计,基于 BIM 的地下管网三维建模主要有如下优势:

(1)基于 BIM 的管线三维建模更直观,能够在三维空间立体直观地展现各种管线的空间布局和位置,解决了传统二维管线空间关系不明晰、显示效果不直观、建模效率低、与地上三维模型不能衔接一致等问题,为合理地进行城市轨道交通线路规划设计和施工的管线拆迁、改移提供了有效的技术支撑。

(2)BIM 模型集成了各种管线的信息数据,可以对管线数据及管线拆迁和改移进行精确的统计。可通过 LandXML、FBX、SKP、DWG 等数据文件和 InfraWorks、3dMax、Skyetchup 等软件交换信息和模型数据,数据交换和共享方便。

(3)BIM 管线模型可以进行浏览、漫游以及多种手段进行直观的表现。基于 BIM 技术的三维管线综合设计能够更深入和更高效地解决管线与结构标高碰撞问题。

(4)BIM 技术的发展使三维管线综合的设计方式得以实现,通过 BIM 协同设计可以直观表达各专业管线的设计意图,进而明确管线构筑物的复杂构造及管线之间的相互空间关系,方便进行碰撞与干涉检查和实时调整,实现元素级别的协同。

(5)BIM 在整合工程信息方面有较高的自由度和共享流通能力,可以借助多种手段(如 gbXML、IFC、Excel 及 ODBC 数据库等)进行输入、输出和保存地下管线信息。

3.2 Civil 3D 管网三维建模方法

3.2.1 Civil 3D 管网建模功能

Civil 3D 具有强大的管网建模功能,在管网建模或者拆迁改移时,有时需要定制管道、检修孔、滤污器以及端壁等零件的尺寸。Civil 3D 的零件目录提供了存放为项目定制的零件尺寸的功能,这些数据可以共享在其他项目中。Civil 3D 提供了创建零件列表的完整目录,可以通过 CreateNetworkPartslistFull 命令创建 Civil 3D 支持的全部管道和结构类型,如混凝土管道、铸铁管道等。Civil 3D 还具有碰撞检查功能,若管道或结构存在物理碰撞或者彼此过于接近,都可以及时检测到。创建管网之后,可以通过 LandXML、SDF 等各种数据格式的导出并提取所需数据。

3.2.2 Civil 3D 的二次开发技术

对于城市地下管网来说,涉及的地下管网种类和数量多,手动建模不仅工作繁琐,而且效率低下,容易出错。基于已有的地下管线数据,采用 Civil 3D 提供的 API(主要在 AeccDbMgd.dll 和 AeccPressurePipesMgd.dll 文件中),利用 C#、C++等编程语言对 Civil 3D

进行二次开发，来完成数据读取和实现地下管网自动建模，能够有效提高建模效率。Civil3D 主要有两种 API：COM 和 .NET，Civil 3D 二次开发推荐使用的是 .NET API。因此，采用 .NET API 进行二次开发，实现管网的自动建模。Civil 3D 版本为 2018 版，.NET 平台选择对应的 Visual Studio 2015。

Civil 3D 二次开发加载程序方式[16]：

(1)手动加载方式：较为简便，在命令行输入 NetLoad 命令，浏览选择 DLL 文件后，直接键入该程序相应的命令即可运行。

(2)自动载入方式：在注册表中添加相应的键值，从而实现按需加载程序的功能。具体操作如下：首先浏览到储存信息的 HKEY_LOCAL_MACHINE 下，然后在 Civil 3D 相应版本下的 Application 项下通过编写注册表文件创建一个新项，设置以下四个键值：DESCRIPTION——.NET 程序集的描述；LOADCTRLS——控制 .NET 程序集的加载时间和加载方式；LOADER——规定需要加载的 .NET 程序集文件；MANAGED——确定加载文件的形式。具体键值设置内容及含义见表 3-1。

表 3-1　键值设置及含义

键值设置	含　义
"Description" = "程序测试"	描述 .NET 程序集
"LOADCTRLS" = dword:00000002	程序随 Civil 3D 启动时一起启动
"LOADER" = "D:\\Documents\\Visual Studio2015\\Projects\\Chapter8\\obj\Release\\Chapter08.dll"	指定存放 DLL 文件的路径
"MANAGED" = dword:00000001	托管程序

最后，将键值设置完成的注册表文件保存为 .REG 格式，双击文件以合并入系统注册表，当 Civil 3D 启动时，应用程序将自动加载。

3.3　管线特征与数据结构

通过 Civil 3D 二次开发技术和数据库技术，对海量地下管网数据的自动加载方法和数据接口进行研究，实现基于地下管网数据的自动化建模。因此，需要对管线特征与数据结构进行分析和设计。

3.3.1　地下管线特征分析

由于地下管网是由众多类型的管线构成，因此地下管线的空间结构和分布状态成为管网建模的重点。本章在建模时将各个类型的管线均抽象成由点和线段两种几何要素组成的矢量结构，所有管线的起点和终点都有空间坐标(X,Y,Z)，同时管线和管点都具有其各自的 ID。创建管线时，其空间位置由(X,Y,Z)坐标数据决定，起点和终点同时决定管线的方向。

地下管网由若干管线和管点相互连接而成，这种抽象化的表达更有利于表现管网的拓扑关系，如图 3-1 所示。地下管网的连接具有较强的逻辑关系，两个管点确定一段管段，多段管段连成一条管线，多条管线形成管网，逐渐构成了一个复杂的空间网络系统[9]。对于地下管网而言,网络性就是其最显著的特征。

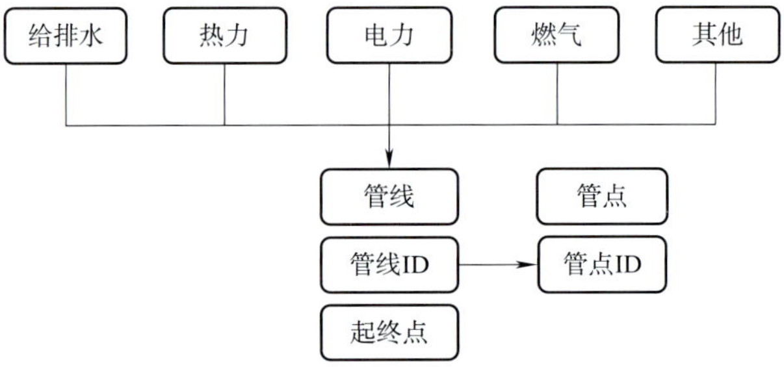

图 3-1　管网数据结构关系图

3.3.2　地下管网数据采集及数据库建立

进行城轨交通线路规划时,线路预计经过的区域往往已存在多条管线,此时需要采集已有的管点和管线数据。目前,采集地下管网数据主要依据以下三种方式:

(1)外业测量法。通过对地下管网的探测和管点控制测量,可较为准确地获取地下管线的空间位置、属性参数、线路走向以及材质、埋深等。该方法获得的数据具有较高精度[10]。

(2)数字化处理已有的管网图纸。通过对区域管网图进行数字化处理来获取管网数据。该方法的精度主要取决于管网图纸的保存情况和内业工作的精细程度,因此,相对外业测量法的精度较低。

(3)转换已有的系统数据。将已有的其他系统的管网数据依据本系统对数据的要求进行格式转换。与其他两种方式相比,该方法最容易操作。

获取的管网数据需要数据库来储存,关系型 Access 数据库既满足了管网数据存储的要求,也能方便 Civil 3D 二次开发和数据库的链接,因此选择 Access 数据库来存储数据。管线数据和管点数据如图 3-2 和图 3-3 所示。

管线数据表

管线ID	管线类型	管径	材质	起点X坐标	起点Y坐标	起点Z坐标	终点X坐标	终点Y坐标
1	电力	.4	铸铁	114.463011	38.042607	50	114.484234	38.0434
2	电力	.4	铸铁	114.469367	38.053909	50	114.47042	38.0315
3	电力	.4	铸铁	114.477343	38.051738	50	114.477343	38.0313
4	电力	.4	铸铁	114.477206	38.047654	50	114.489659	38.047
5	电力	.4	铸铁	114.477247	38.045464	50	114.473538	38.0454
6	电力	.4	铸铁	114.477332	38.035264	50	114.501533	38.0357
7	电力	.4	铸铁	114.470093	38.034995	50	114.466225	38.0246
8	热力	.5	铸铁	114.457377	38.034888	55	114.489956	38.035
9	热力	.5	铸铁	114.477197	38.035256	55	114.47744	38.0554
10	热力	.5	铸铁	114.477095	38.047747	55	114.457979	38.0482
11	热力	.4	铸铁	114.469916	38.03507	55	114.488246	38.0183
12	电信	.4	铸铁	114.452291	38.035109	45	114.501807	38.0358
13	电信	.4	铸铁	114.46919	38.054307	45	114.477504	38.0131
14	电信	.3	铸铁	114.470555	38.024575	45	114.436887	38.0243
15	电信	.3	铸铁	114.477208	38.024501	45	114.502002	38.0244
16	排水	1	铸铁	114.452392	38.03547	70	114.501719	38.0361
17	排水	1	铸铁	114.466528	38.035313	70	114.466446	38.0246
18	排水	1	铸铁	114.47787	38.055495	70	114.477562	38.0079
19	排水	.8	铸铁	114.477244	38.024641	70	114.502241	38.0244

记录: 第 22 项(共 22) 无筛选器 搜索

图 3-2　管线数据入库

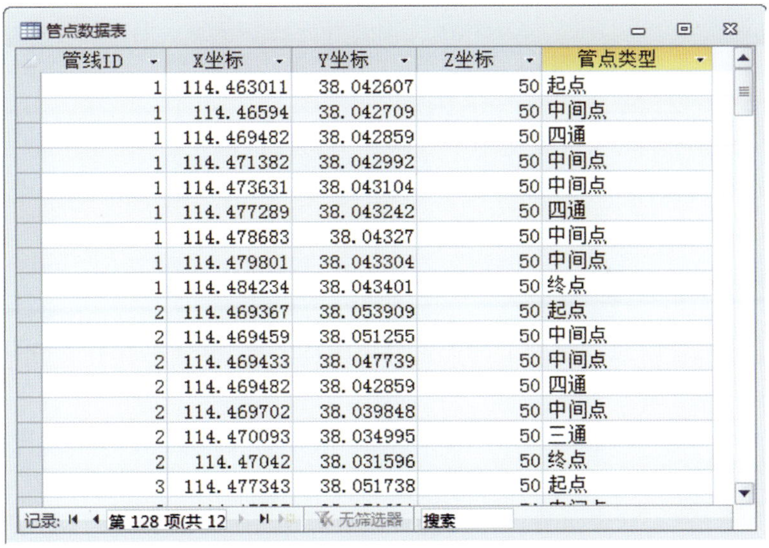

管点数据表

管线ID	X坐标	Y坐标	Z坐标	管点类型
1	114.463011	38.042607	50	起点
1	114.46594	38.042709	50	中间点
1	114.469482	38.042859	50	四通
1	114.471382	38.042992	50	中间点
1	114.473631	38.043104	50	中间点
1	114.477289	38.043242	50	四通
1	114.478683	38.04327	50	中间点
1	114.479801	38.043304	50	中间点
1	114.484234	38.043401	50	终点
2	114.469367	38.053909	50	起点
2	114.469459	38.051255	50	中间点
2	114.469433	38.047739	50	中间点
2	114.469482	38.042859	50	四通
2	114.469702	38.039848	50	中间点
2	114.470093	38.034995	50	三通
2	114.47042	38.031596	50	终点
3	114.477343	38.051738	50	起点

记录: 第 128 项(共 12　无筛选器　搜索

图 3-3　管点及数据入库

3.4　地下管网三维场景构建流程

为了给城市轨道交通线路规划设计提供三维可视化管网模型,并能较为流畅地浏览和使用大规模管网模型,建模时在不影响模型作用的前提下,可简化无关紧要的细节部分。

地下管网建模需要利用地形和道路数据,将在 InfraWorks 中创建完成的城市三维地形导出为.IMX 格式的地形曲面并载入 Civil 3D 中,加载完成的地形中包含等高线和道路名称等信息,不仅能够验证管线位置是否正确,还可以更好地展现地下管线和道路之间的相互空间关系。

结合地形数据,在 Civil 3D 中添加保存需要用到的管件,通过 Civil 3D 二次开发技术进行管网数据库读取并自动生成二维管网模型,再将其导出 SDF 格式的数据并载入 InfraWorks 中。由于 Civil 3D 和 InfraWorks 使用相同的地形,所以能够自动定位,无须调整坐标系。地下管网三维场景构建流程如图 3-4 所示。

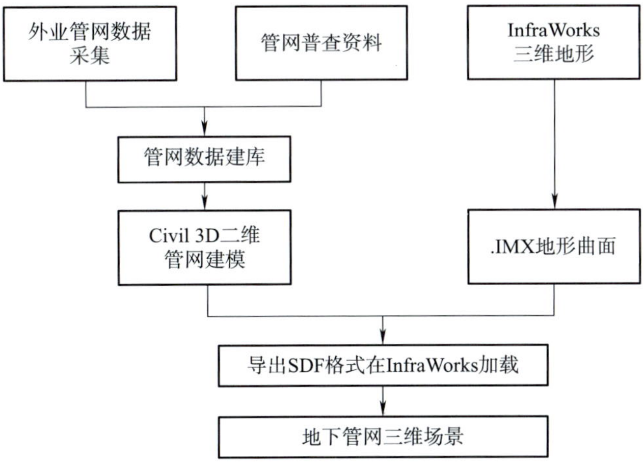

图 3-4　地下管网三维场景构建流程

3.5 Civil 3D 二维管网自动建模

对于城市地下管网来说，涉及的地下管网种类和数量都比较多，手工建模工作繁琐、效率低。而基于已有的地下管线数据，利用 C#语言对 Civil 3D 进行二次开发来完成数据读取，进而实现地下管网自动建模，可以有效提高建模效率。

3.5.1 管件添加方法

Civil 3D 在压力管网部分提供了弯头和三通两种管件，但实际还存在其他形状的管件。以四通为例，介绍其添加方法。

首先创建一个 DWG 格式的四通三维模型，模型必须具有中心线，因为中心线是压力管道的系统中所需要的等效线。此外，还需要执行 ACP 命令为模型创建连接点，连接点的作用是在成功添加管件后，确定该管件与压力管道连接的 3D 位置和方向，创建完成的四通模型如图 3-5 所示。

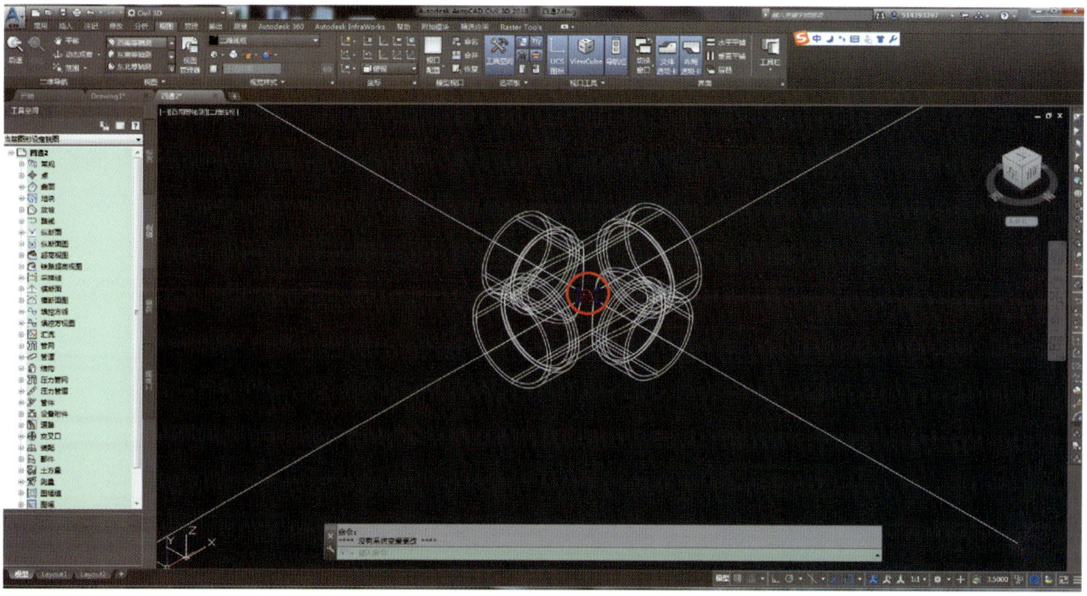

图 3-5　添加连接点的四通模型

具备以上条件后，在 Civil 3D 中使用 PUBLISHPARTCONTENT 命令，根据操作提示先后选取实体和中心线后，程序会自动读取模型中所创建的所有连接点，因此需要确保全部连接点都插入到模型中，否则将会丢失方向和位置数据。读取连接点后，再根据需要选择相应的单位和管件类型。完成上述步骤之后会创建一个 .content 文件，该文件包含三部分内容，分别是具有三维实体和中心线的 DWG 文件、具有管件连接点信息的 .XML 文件以及模型的预览图像 .PNG 文件。最后将创建的 .content 文件导入目录编辑器中，如图 3-6 所示。添加完成的管件可在 Civil 3D 中直接使用。

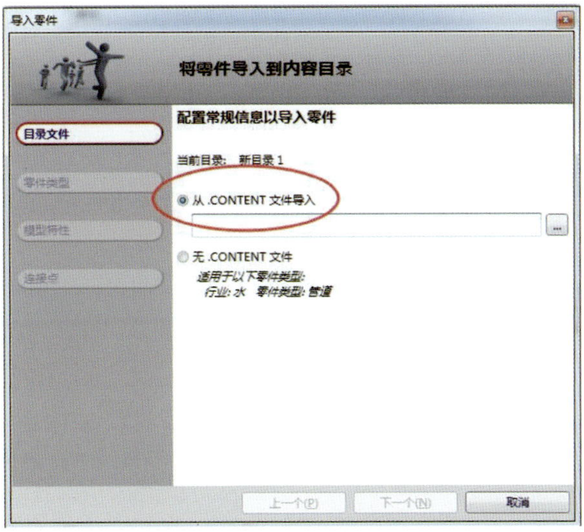

图 3-6　添加 . content 文件

3.5.2　二维管网自动建模

管网自动建模是通过 Civil 3D 二次开发技术，读取数据库中管网数据，自动绘制管线和管点，生成地下管网的二维平面图。具体过程主要包括以下五部分内容。

1. 管线样式设置

由于管线种类较多，在建模时采用不同颜色来区分不同的管线类型。Civil 3D 的所有管线样式都存储在 CivilDocument. PipeStyles 集合中，如图 3-7 所示。管线的普通外观属性可由四种显示方法和三种图案填充类型控制。

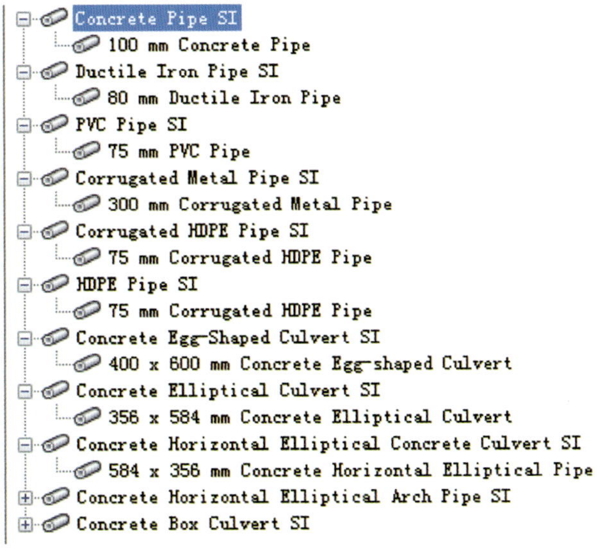

图 3-7　管线类型

管线样式设置流程如图 3-8 所示，关键代码如下：

```
oPipeStyle = trans.GetObject(oPipeStyleId, OpenMode.ForWrite)as PipeStyle;
//在平面视图中设置管道的显示尺寸。
oPipeStyle.PlanOption.EndSizeType = PipeEndSizeType.UserDefinedEndSize;
//使用测量值来确定管道的终点线，而不是根据实际的管道类型绘制。
oPipeStyle.PlanOption.EndSizeOptions = PipeUserDefinedType.UseDrawingScale;
//指定要使用的自定义大小。
oPipeStyle.GetDisplayStylePlan(PipeDisplayStylePlanType.OutsideWalls).Color = Color.FromRgb
(255,191,0);                    //橘色
oPipeStyle.GetDisplayStylePlan (PipeDisplayStylePlanType.InsideWalls).Color = Color.FromRgb
(191,0,255);                    //紫色
oPipeStyle.GetDisplayStylePlan(PipeDisplayStylePlanType.EndLine).Color = Color.FromRgb (32,
178,170);                       //蓝色
//在平面图中使用此样式修改管道的颜色。
oPipeStyle.GetHatchStylePlan().Pattern = "DOTS";
oPipeStyle.GetHatchStylePlan().HatchType = HatchType.PreDefined;
oPipeStyle.GetHatchStylePlan().UseAngleOfObject = false;
oPipeStyle.GetHatchStylePlan().ScaleFactor = 9.0;
oPipeStyle.GetDisplayStylePlan(PipeDisplayStylePlanType.Hatch).Color =
Color.FromRgb(0,255,191);//turquose, ColorIndex = 120
oPipeStyle.GetDisplayStylePlan(PipeDisplayStylePlanType.Hatch).Visible = true;
oPipeStyle.PlanOption.HatchOptions = PipeHatchType.HatchToInnerWalls;
//在平面图中使用此样式设置管线的填充样式。
```

2. 结构样式设置

Civil 3D 所有结构样式对象都存储在 CivilDocument.Styles.StructureStyles 属性中，在 Civil 3D 的结构创建工具中可以查看，如图 3-9 所示。结构样式有四种显示方法用于控制外观属性，可以创建多个尺寸的结构。

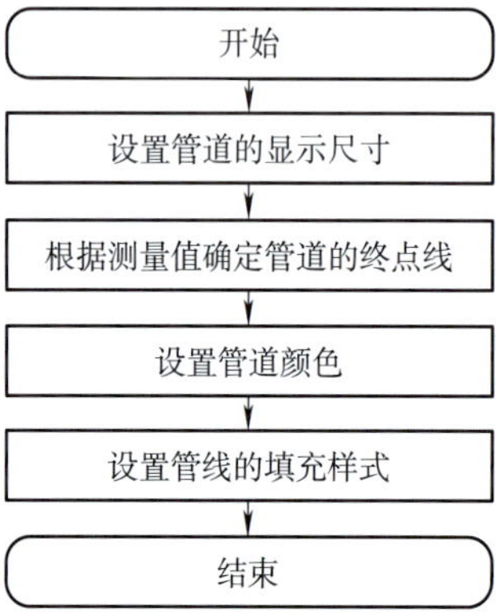

图 3-8　管线样式设置流程

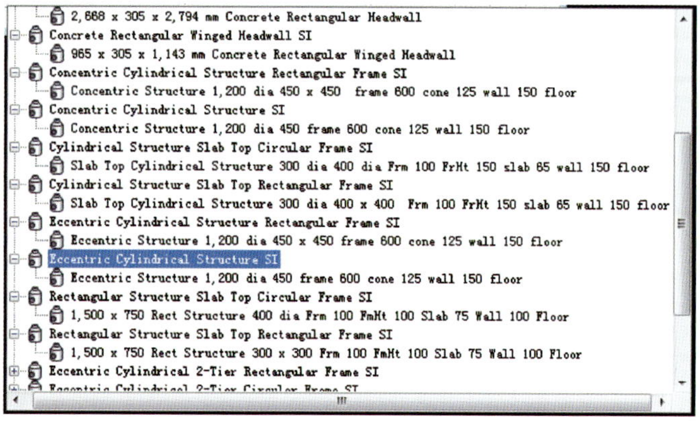

图 3-9　结构创建工具

结构样式设置流程如图3-10所示，关键代码如下：

```
oStructureStyle = trans.GetObject(oStructureStyleId, OpenMode.ForWrite)as StructureStyle;
oStructureStyle.GetDisplayStylePlan(StructureDisplayStylePlanType.Structure).Color = Color.FromRgb(255,191,0);
oStructureStyle.GetDisplayStylePlan(StructureDisplayStylePlanType.Structure).Visible = true;
oStructureStyle.PlanOption.MaskConnectedObjects = false;
oStructureStyle.PlanOption.SizeType = StructureSizeOptionsType.UseDrawingScale;
oStructureStyle.PlanOption.Size = 0.0035;
oStructureStyle.GetDisplayStyleSection(StructureDisplayStyleSectionType.Structure).Visible = false;
oStructureStyle.GetDisplayStyleSection(StructureDisplayStyleSectionType.StructureHatch).Visible = false;
oStructureStyle.GetDisplayStylePlan(StructureDisplayStylePlanType.StructureHatch).Visible = false;
oStructureStyle.GetDisplayStyleProfile(StructureDisplayStyleProfileType.Structure).Visible = false;
oStructureStyle.GetDisplayStyleProfile(StructureDisplayStyleProfileType.StructureHatch).Visible = false;
```

在平面图中设置结构的显示样式流程如图3-10所示。

3. 创建零件列表

各种管线和结构都拥有如大小、几何形状、设计和组合等多种特有的属性，而在标准管线和结构属性当中无法存储上述属性。由于PartDataField对象可表示单个属性，数据字段存储在Frtdtriachord类型的集合中。管线和结构对象从零件类的PartData属性继承，该属性可访问包含内部变量名、值的文本描述、用于标识字段的全局上下文、数据类型、数据值本身，以及其他属性的数据字段。因此，为了对各部分赋予相应的属性，使管线和结构对象具有一组动态属性，必须通过创建零件列表的方法来输入和输出这些属性信息。创建零件列表流程如图3-11所示。

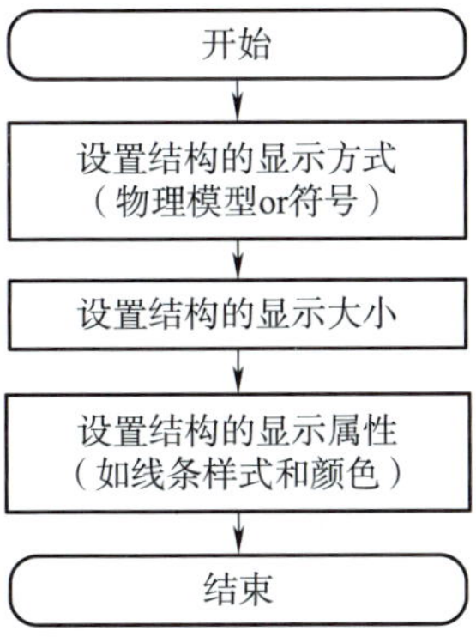

图3-10　结构样式设置流程

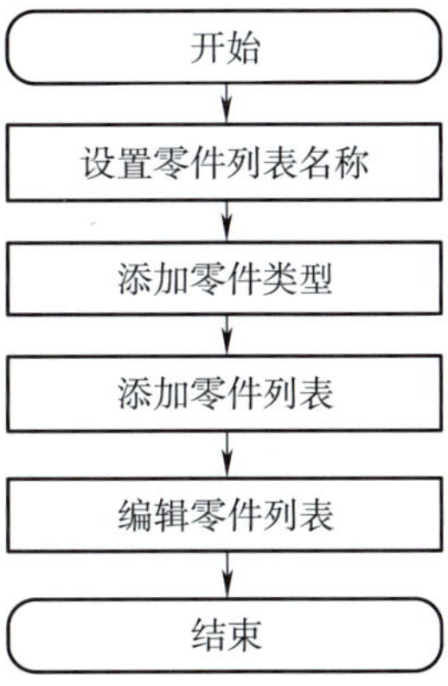

图3-11　创建零件列表流程

创建零件列表关键代码如下：

```
oPartsListId = oPartsListCollection [sPartsListName] ;
oPartsList = trans.GetObject(oPartsListId,OpenMode.ForWrite)as PartsList;
m_ed.WriteMessage("@ PipeSample:Create PartsList Successfully!" + Convert.ToChar(10));
//设置零件列表名称
try
{
oPartsList.AddPartFamilyByDescription(DomainType.Pipe,"Concrete Pipe");
oPartsList.AddPartFamilyByDescription(DomainType.Pipe,"PVC Pipe");
oPartsList.AddPartFamilyByDescription(DomainType.Pipe,"HDPE Pipe");
oPartsList.AddPartFamilyByDescription(DomainType.Structure,"CMP Rectangular End Section");
}
catch
{
try
{
m_sMode = METRIC_MODE;                    //在公制模式下打开 Civil3D
oPartsList.AddPartFamilyByDescription(DomainType.Pipe,"混凝土管道 SI");
oPartsList.AddPartFamilyByDescription(DomainType.Pipe,"PVC 管道 SI");
oPartsList.AddPartFamilyByDescription(DomainType.Pipe,"HDPE 波纹管道 SI");
oPartsList.AddPartFamilyByDescription(DomainType.Structure,"CMP 矩形端区段 SI");
}
catch(ArgumentException ex)
{
m_ed.WriteMessage(ex.Message);
trans.Commit();
return false;
}
}
//添加零件类型。
if(m_sMode == IMPERIAL_MODE)
opfPipeId = oPartsList ["Concrete Pipe"] ;
else if(m_sMode == METRIC_MODE)
opfPipeId = oPartsList ["混凝土管道 SI"] ;
if(opfPipeId == ObjectId.Null)
{
trans.Commit();
return false;
}
opfPipe = trans.GetObject(opfPipeId,OpenMode.ForWrite)as PartFamily;
osfrPipe = new SizeFilterRecord(opfPipe);
opfPipe.AddPartSize(osfrPipe);
```

```
if(m_sMode == IMPERIAL_MODE)
opfStructureId = oPartsList ["CMP Rectangular End Section"] ;
else if(m_sMode == METRIC_MODE)
opfStructureId = oPartsList ["CMP 矩形端区段 SI"] ;
if(opfStructureId == ObjectId.Null)
{
    trans.Commit();
    return false;
}
opfStructure = trans.GetObject(opfStructureId,OpenMode.ForWrite)as PartFamily;
osfrStructure = new SizeFilterRecord(opfStructure);
opfStructure.AddPartSize(osfrStructure);
//添加零件列表。
if(m_sMode == IMPERIAL_MODE)
oPartFamilyId = oPartsList ["CMP Rectangular End Section"] ;
else if(m_sMode == METRIC_MODE)
oPartFamilyId = oPartsList ["CMP 矩形端区段 SI"] ;
if((oPartFamilyId == ObjectId.Null))
{
    trans.Commit();
    return false;
}
else if((oPartFamilyId! = ObjectId.Null))
{
oPartFamily = trans.GetObject(oPartFamilyId,OpenMode.ForWrite)as PartFamily;
oPartSizeId = oPartFamily [0] ;
if((oPartSizeId == ObjectId.Null))
{
    trans.Commit();
    return false;
}
else if((oPartSizeId! = ObjectId.Null))
{
oPartSize = trans.GetObject(oPartSizeId,OpenMode.ForWrite)as PartSize;
oPipeStyleId = m_oDocument.Styles.StructureStyles [STRUCTURE_STYLE_NAME] ;
if((oPipeStyleId == ObjectId.Null))
oPipeStyleId = m_oDocument.Styles.StructureStyles.Add(STRUCTURE_STYLE_NAME);
oPartSize.PartStyleId = oPipeStyleId;
}
}
trans.Commit();
m_ed.WriteMessage("@ PipeSample:Create PartsList Successfully!" + Convert.ToChar(10));
```

```
return true;
}
```

4. 创建管网

Civil 3D 是通过 CivilDocument 对象访问管网的应用程序,CivilDocument object 包含了管网相关项的集合,如管线样式和碰撞检查。CivilDocument. GetPipeNetworkIds()方法返回所有管线网络的集合。PipeNetwork 包含管线集合和构成管网的结构集合。管网还可以通过 FindShortestNetworkPath()方法来确定两个管网部件之间的路径。创建管网的流程如图 3-12 所示。

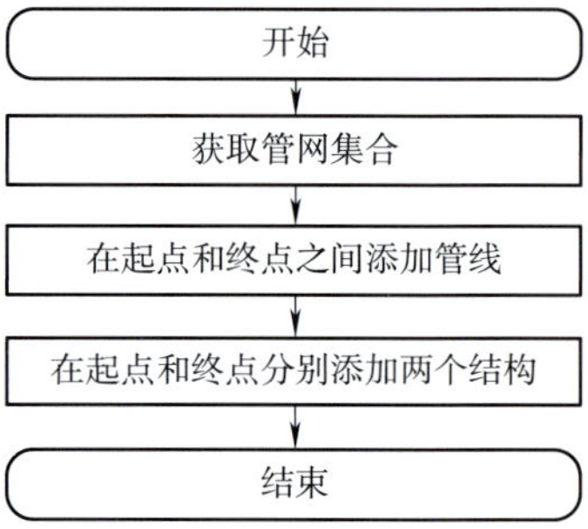

图 3-12　创建管网流程

创建管网关键代码如下:

```
public bool CreatePipeNetwork(string sNetworkName)
{
Transaction trans = m_tm. StartTransaction();
ObjectIdCollection oPipeNetworkIds;
ObjectId oNetworkId;
Network oNetwork;
oNetworkId = Network. Create(m_oDocument, ref sNetworkName);
//获取管网
try
{oNetwork = trans. GetObject(oNetworkId, OpenMode. ForWrite)as Network;}
catch
{trans. Commit();
return false;}
//添加管线和结构
oPipeNetworkIds = m_oDocument. GetPipeNetworkIds();              //获取管网集合
if((oPipeNetworkIds == null))
{trans. Commit();
return false;}
ObjectId oPartsListId = m_oDocument. Styles. PartsListSet [PARTS_LIST_NAME] ;
PartsList oPartsList = trans. GetObject(oPartsListId, OpenMode. ForWrite)as PartsList;
//在起点和终点之间添加管线
ObjectId oidPipe = new ObjectId();
if(m_sMode == METRIC_MODE)
oidPipe = oPartsList ["混凝土管道 SI"] ;
else if(m_sMode == IMPERIAL_MODE)
oidPipe = oPartsList ["Concrete Pipe"] ;
PartFamily opfPipe = trans. GetObject(oidPipe, OpenMode. ForWrite)as PartFamily;
ObjectId psizePipe = opfPipe [0] ;
Point3d startPoint = new Point3d(sx, sy, sz);
```

```
Point3d endPoint = new Point3d(ex, ey, ez);
LineSegment3d line = new LineSegment3d(startPoint, endPoint);
ObjectId oidNewPipe = ObjectId.Null;
oNetwork.AddLinePipe(oidPipe, psizePipe, line, ref oidNewPipe, true);
//在起点和终点分别添加两个结构
ObjectId oidStructure = new ObjectId();
if(m_sMode == METRIC_MODE)
oidStructure = oPartsList ["CMP 矩形端区段 SI"] ;
else if(m_sMode == IMPERIAL_MODE)
oidStructure = oPartsList ["CMP Rectangular End Section"] ;
PartFamily opfStructure = trans.GetObject(oidStructure, OpenMode.ForWrite)as PartFamily;
ObjectId psizeStructure = opfStructure [0] ;ObjectId oidNewStructure = ObjectId.Null;
oNetwork.AddStructure(oidStructure, psizeStructure, startPoint, 0, ref oidNewStructure, true);
oNetwork.AddStructure(oidStructure, psizeStructure, endPoint, 0, ref oidNewStructure, true);
trans.Commit();
m_ed.WriteMessage("@ PipeSample:Create PipeNetwork Successfully!" + Convert.ToChar(10));
m_ed.WriteMessage("Please zoom to the network with the name of " + sNetworkName);
m_bIsCreated = true;
return true;
}
```

5. Access 数据库的连接和读取

管线、管点、附属设施等管网数据内容选择储存在了 Access 数据库中，数据读取流程如图 3-13 所示。

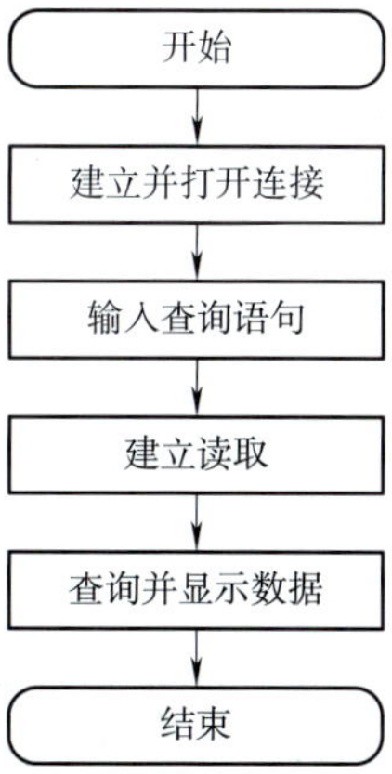

图 3-13　数据读取流程

关键代码如下：

```
using Autodesk.Civil.ApplicationServices;
using Autodesk.Civil.DatabaseServices;
using Autodesk.Civil.DatabaseServices.Styles;
```

```
using Autodesk.AutoCAD.ApplicationServices;
using Autodesk.AutoCAD.DatabaseServices;
using Autodesk.AutoCAD.EditorInput;
using Autodesk.AutoCAD.Geometry;
openFileDialog1.Title = "打开文件";
openFileDialog1.InitialDirectory = "C:\Users\Administrator\Desktop\sjz";
openFileDialog1.Filter = "Access File(* .accdb)|* .accdb";
openFileDialog1.FilterIndex = 2;
openFileDialog1.RestoreDirectory = true;
string strConn = @ "Provider = microsoft.ace.oledb.12.0;Data Source = " + mdbPath;
//建立数据库连接
odcConnection.Open();          //打开连接
OleDbCommand odCommand = odcConnection.CreateCommand();
odCommand.CommandText = "select* from" + tableName;
//输入查询语句
OleDbDataReader odrReader = odCommand.ExecuteReader();
//建立读取
int size = odrReader.FieldCount;
for(int i = 0;i < size;i + + )
{
    System.Data.DataColumn dc;
    dc = new System.Data.DataColumn(odrReader.GetName(i));
    dt.Columns.Add(dc);
}
while(odrReader.Read())
{
    dr = dt.NewRow();
    for(int i = 0;i < size;i + + )
    {
        dr [odrReader.GetName(i)] = odrReader [odrReader.GetName(i)] .ToString();
    }
    dt.Rows.Add(dr);
}
for(int i = 0;i < size;i + + )//生成管网
{DataRow dr = dt.Rows [i] ;
    double d = Convert.ToDouble(dr [dr.Table.Columns ["管径"] ] );
    double sx = Convert.ToDouble(dr [dr.Table.Columns ["起点 X 坐标"] ] )* scale;
    double sy = Convert.ToDouble(dr [dr.Table.Columns ["起点 Y 坐标"] ] )* scale;
    double sz = Convert.ToDouble(dr [dr.Table.Columns ["起点 Z 坐标"] ] );
    double ex = Convert.ToDouble(dr [dr.Table.Columns ["终点 X 坐标"] ] )* scale;
    double ey = Convert.ToDouble(dr [dr.Table.Columns ["终点 Y 坐标"] ] )* scale;
    double ez = Convert.ToDouble(dr [dr.Table.Columns ["终点 Z 坐标"] ] );
    ed.WriteMessage(" \n({0}, {1}, {2}), \t({3}, {4}, {5})", sx, sy, sz, ex, ey, ez);
```

```
        var sp = new Point3d(sx, sy, sz);
        var ep = new Point3d(ex, ey, ez);
        var l = new LineSegment3d(sp, ep);
        var psizePipe = ObjectId.Null;
        psizePipe = opfPipe [opfPipe.PartSizeCount - 1] ;
        ObjectId oidNewPipe = ObjectId.Null;
        oNetwork.AddLinePipe(oidPipe, psizePipe, l, ref oidNewPipe, true);
    }
```

综合上述所有流程，在 Civil 3D 中调用编写的程序，可以自动绘制出管线和管点，生成地下管网图，运行结果如图 3-14 所示。

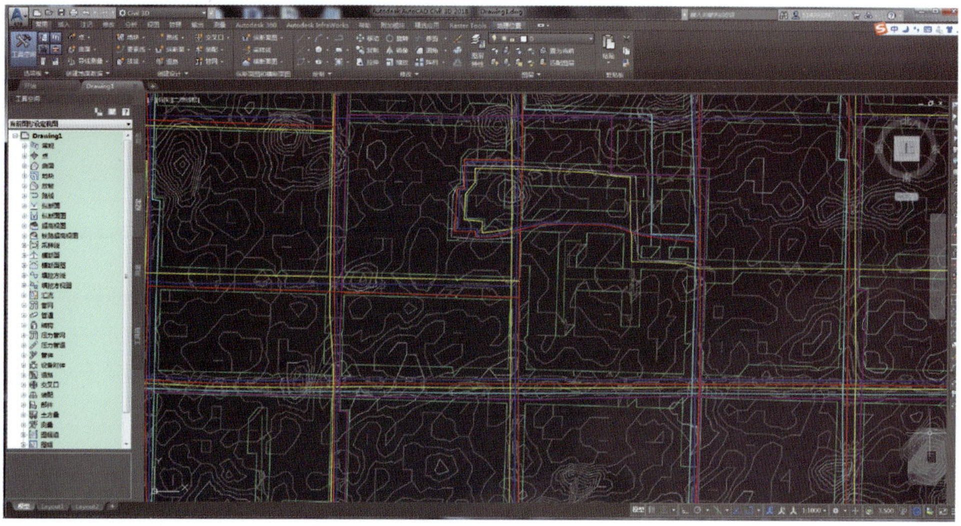

图 3-14　地下管网自动生成

3.6　Civil 3D 和 InfraWorks 协同管网建模

通过 Civil 3D 二次开发技术和数据库技术，自动加载海量地下管网数据，实现基于地下管网数据的自动建模，再导入 InfraWorks 平台中结合城市地上场景，可构建完整准确的三维地下管网模型。

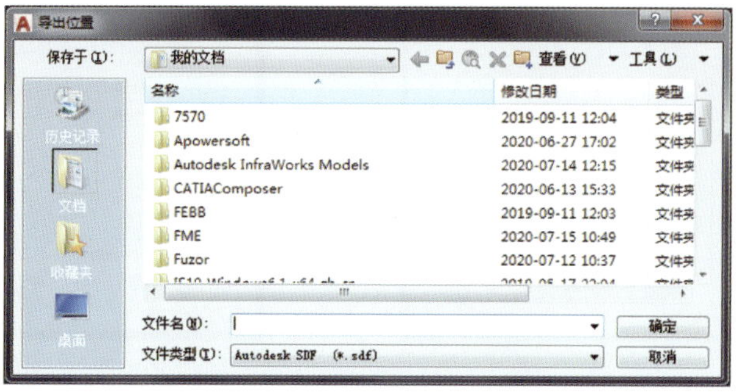

图 3-15　导出管网数据

3.6.1 管网数据输出

由于在 Civil 3D 中创建的二维管网模型的某些部分具有坡度,所以与 InfraWorks 进行协同设计时,需要导入 SDF 格式的管网数据,分类加载管网中的管线和管线接头。以管线为例说明数据导出方法。

在 Civil 3D 命令栏中键入 MAPEXPORT 命令,打开如图 3-15 所示的"导出位置"对话框,将文件名设置为"管网",文件类型选择空间数据格式(SDF)文件,将管网数据将转换为具有属性的数据对象。

SDF 格式管网数据包括主要内容见表 3-2。

表 3-2 SDF 格式管网数据内容

管道	• 网络名称 • 长度 • 坡度 • 内径 • 外径 • 造型 • 起点处的高程 • 终点处的高程 • 结构起点 • 结构终点
结构	• 网络名称 • 井口高程 • 结构名称

在"要素类"界面中,根据管线具有多种颜色和材质的特性,需勾选"基于图形对象创建多个类"选项,用以创建多种形式的管线,如图 3-16 所示。由于 Civil 3D 中的管线在本质上是三维多段线,并且导入到 InfraWorks 中也是三维形式,因此,SDF 文件的维度为"三维文件",如图 3-17 所示。完成全部设置后则可导出自动生成的所有管线。

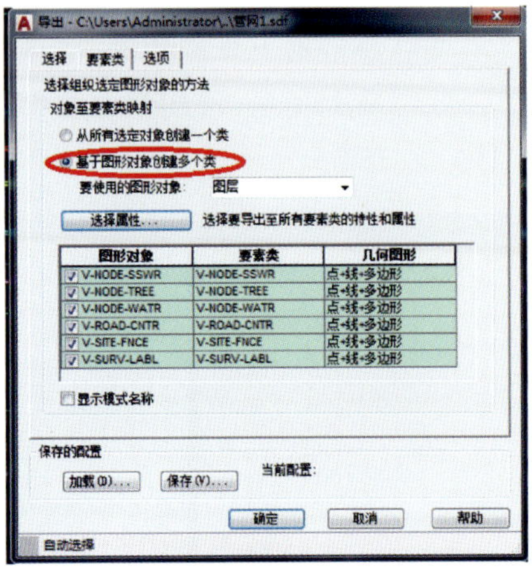

图 3-16 基于图形对象创建多个类

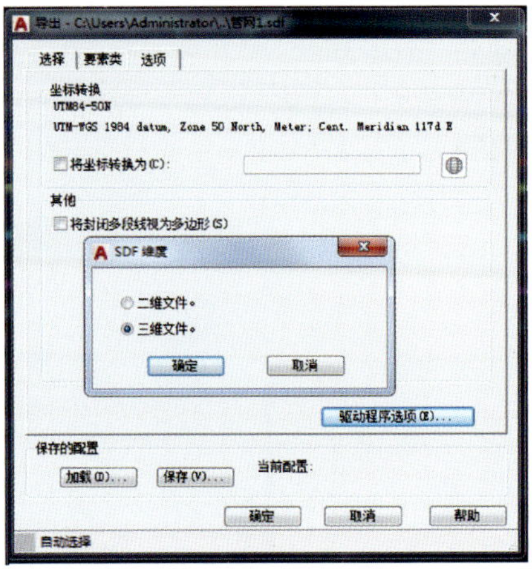

图 3-17 创建三维文件

3.6.2　InfraWorks 管网三维建模实现

在 InfraWorks 中载入管网数据时，系统将自动识别已在 Civil 3D 中设置完成的管线及结构类型。若 InfraWorks 中存在与之相应的零件样式，则会在创建时直接选取该样式；若无匹配的管道接头零件，则选择数据源中的 SDF 格式。进行数据源配置时，需在类型中选择管线，如图 3-18 所示。

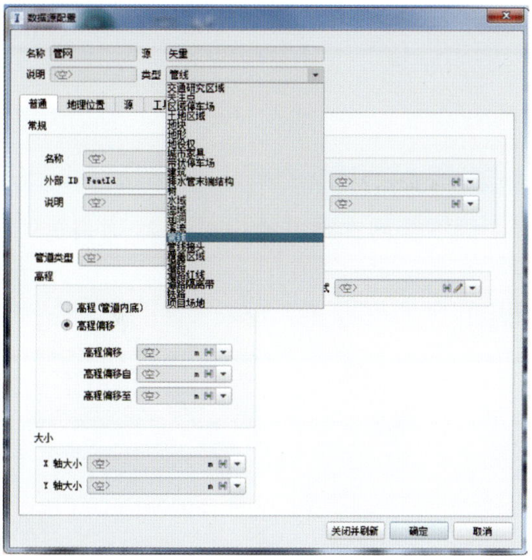

图 3-18　数据源配置

在图 3-18 中，部分参数说明如下：

(1)类型：管线的纵断面类型(圆、椭圆或矩形)；

(2)标高偏移：将偏移(以米为单位)添加到几何图形的每个 Z 坐标(沿整个几何图形的 Z 轴)；

(3)标高偏移自/至：通过分别为起点和终点指定标高偏移来控制管道坡度；

(4)大小 X/Y：管道横截面的垂直和水平大小。对于圆形管道，这两个值相等。

最终在 InfraWorks 中建立的三维管网效果如图 3-19 ~ 图 3-23 所示。

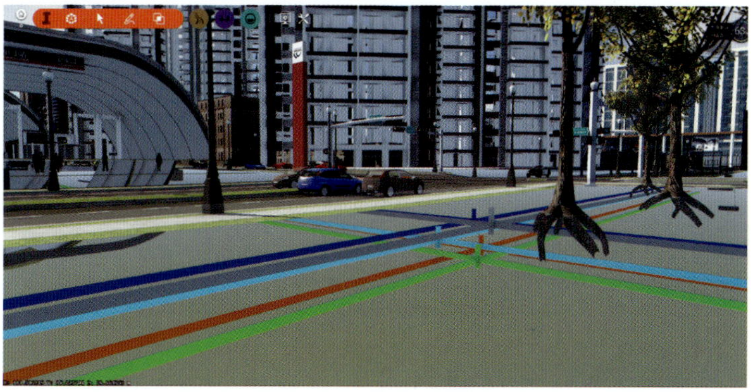

图 3-19　地下管网三维可视化模型 1(地表透明模式)

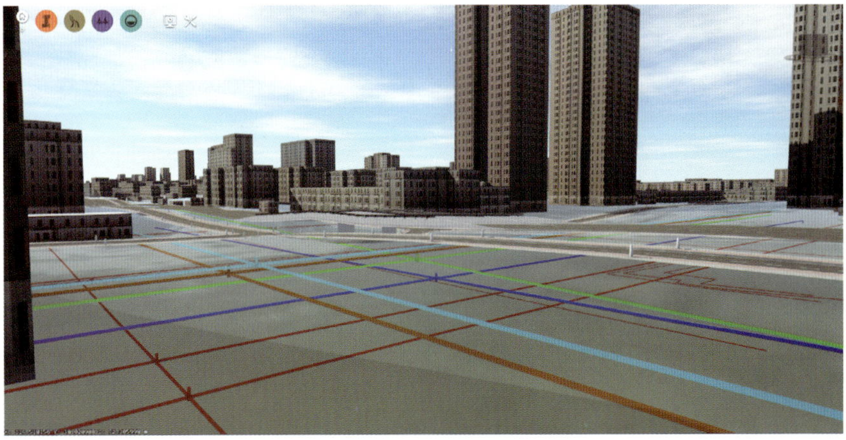

图 3-20　地下管网三维可视化模型 2（地表透明模式）

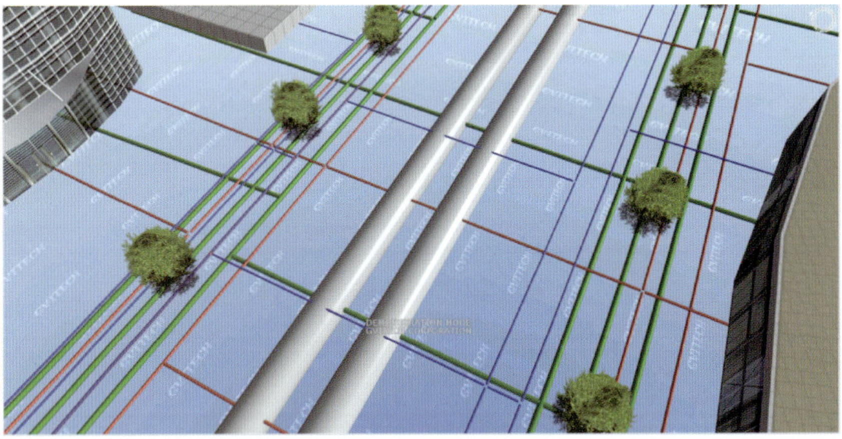

图 3-21　地下管网三维可视化模型 3（地表透明模式）

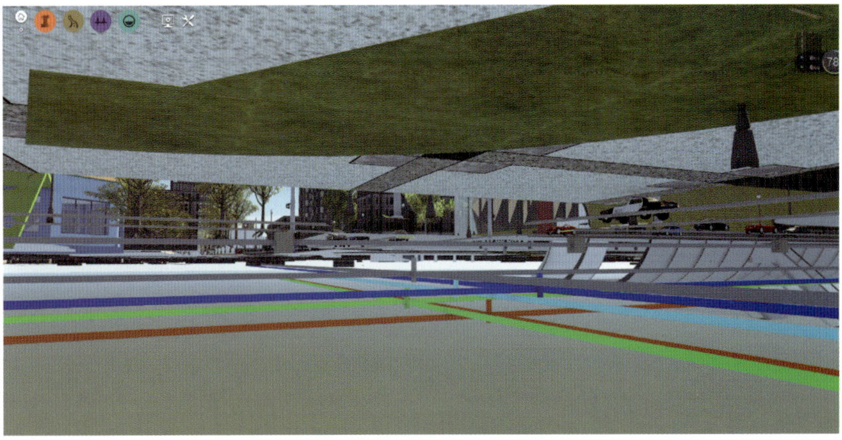

图 3-22　地下管网三维可视化模型 4（地下模式）

图 3-23　地下管网三维可视化模型 5（地下模式）

第4章 基于 InfraWorks 的城市轨道交通线路规划设计

城市轨道交通线路规划设计位于整个轨道交通生命周期的前端，是轨道交通系统工程的基础，对轨道交通后续的建设、运营、管理具有关键性的作用。城市环境复杂，在其中进行轨道线路的合理规划设计面临着较大难度。利用 InfraWorks BIM 平台，将建立的城市三维场景和地下管网三维可视化模型进行有效整合，将规划线路及站台与周边建筑、地形、市政设施进行综合协调，在兼顾各方面因素的前提下，利用 InfraWorks 具有的功能进行线路初步规划，在此基础上利用 Civil 3D 进行线路的深化设计，逐步由浅入深地进行线路在城市三维空间中的规划设计，实现预先控制风险，提高项目协调效率。

4.1 城市轨道交通线路主要技术标准和选线基本原则

4.1.1 线路平面

线路平面圆曲线半径的取值应根据车辆类型、地形条件、运行速度、环境要求等综合因素比选确定，圆曲线最小曲线半径见表 4-1。车站站台设在曲线上时，其站台有效长度范围的线路曲线最小半径，应符合表 4-2 的规定。

表 4-1 圆曲线最小曲线半径(m)

线路 \ 车型	A 型车		B 型车	
	一般地段	困难地段	一般地段	困难地段
正线	350	300	300	250
出入线、联络线	250	150	200	150
车场线	150	—	150	—

表 4-2　车站曲线最小半径(m)

车　　型		A 型车	B 型车
曲线半径	无站台门	800	600
	设站台门	1 500	1 000

在设计速度为 80 km/h 情况下,部分曲线超高和缓和曲线长度与曲线半径的对照见表 4-3,表中未列出的曲线半径对应数值可由均匀内插取得,完整对照表见《地铁设计规范》表 6.2.2。

表 4-3　线路曲线超高—缓和曲线长度(v = 80 km/h 部分)

R(m)	L(m)	h(mm)
3 000	20	25
2 500	20	30
2 000	25	40
1 500	30	50
1 200	40	65
1 000	45	75
800	55	95
700	65	110
600	70	120

注:R 为曲线半径;v 为设计速度;L 为缓和曲线长度;h 为超高值。

正线、联络线及车辆基地出入线上,两相邻曲线间,无超高的夹直线最小长度,按表 4-4 确定。

表 4-4　夹直线最小长度(m)

正线、联络线、出入线	一般情况	$\lambda \geq 0.5v$	
	困难时最小长度 λ	A 型	B 型
		25	20

注:v 为列车通过夹直线的运行速度(km/h)。

4.1.2　线路纵断面

1. 线路坡度设计应符合下列规定[14]:

(1)正线的最大坡度宜采用 30‰,困难地段最大坡度可采用 35‰。在山地城市的特殊地形地区,经技术经济比较,有充分依据时,最大坡度可采用 40‰。

(2)联络线、出入线的最大坡度宜采用 40‰。

(3)区间隧道的线路最小坡度宜采用 3‰;困难条件下可采用 2‰;区间地面线和高架线,当具有有效排水措施时,可采用平坡。

注：最大、最小坡度的规定，均不应计各种坡度折减值。

2. 坡段与竖曲线设计应符合下列规定[14]：

(1)线路坡段长度不宜小于远期列车长度，并应满足相邻竖曲线间的夹直线长度不小于 50 m 的要求。

(2)两相邻坡段的坡度代数差等于或大于 2‰时，应设圆曲线型的竖曲线连接。我国城市轨道交通线路采用圆曲线型竖曲线，竖曲线的半径不应小于表 4-5 的规定。

表 4-5　竖曲线半径(m)

线别		一般情况	困难情况
正线	区间	5 000	2 500
	车站端部	3 000	2 000
联络线、出入线、车场线	2 000		

4.1.3　城市轨道交通选线基本原则

为城市居民提供便捷、快速的出行服务和改变城市拥堵的交通现状是城市轨道交通的主要功能，所以城市轨道交通线路走向选择要综合考虑多个问题，如客流方向、土地的有效利用、建设投资、线路运营后是否方便乘客使用等问题。轨道交通在市区内的线路多采用地下敷设的方式，并且在城市的主要道路下面，线路一旦建成运营，后期改建十分困难。因此，线路设计要做长期的考虑，应在多方案优化比较后选定，城市轨道交通线路走向应考虑以下主要原则[14]：

(1)选线时应根据城市轨道交通线网规划，确定线路走向，拟定车站位置，注意与相邻线路平行间距和相交换乘关系，确定线路起讫点和换乘节点。

(2)符合城市总体规划，对轨道交通进行布局时，要考虑其对周边的影响，应根据建设城市的历史、人文、地理、经济等多方面因素，认真研究、权衡轨道交通投资、社会效益、经济效益、环境景观等多种因素，以确定其最佳的建设形式。

(3)线路应沿主客流方向选择并通过大客流集散点(如商业文化中心、大型住宅区、工业区等)，考虑城市轨道交通与其他交通方式换乘衔接，如公交枢纽、火车站、长途汽车站等，以便在最大限度地吸引客流的同时，为乘客提供尽可能的便利，减少换乘。

(4)考虑施工建设条件，应结合地形、地质及道路情况，尽可能将线路位置选择在施工条件较好的主干道上，尽量与道路红线平行，对城市主要建筑物尽可能绕避，减少建筑物拆迁和沿线各类管道迁移工程。对于地质条件差、历史文物保护区域也要尽量绕避。

(5)应结合线路条件优化折返线、渡线、联络线及出入口配置方案，达到方便折返停车、灵活调度、有利运营、缩短折返时间及折返长度的目的。

4.2　基于 InfraWorks 的城市轨道交通线路规划设计

4.2.1　InfraWorks 在线路规划设计方面优势

利用 InfraWorks 对地形、道路、建筑、地下管网等进行三维建模，并且可以将部分区域的特殊信息进行标注,这些标注的信息在进行线路规划时可以随时查看。与此同时,InfraWorks 平台良好地融合了 BIM 和 GIS,在进行 BIM 建模的同时,又能够准确表达地理位置信息,这为线路规划设计工作带来了极大的方便[11,12]。InfraWorks 在城市轨道交通线路规划方面的优势主要有以下几点:

(1)多种数据格式的有效支持。InfraWorks 支持多种数据格式,具有良好的数据传递功能。利用 InfraWorks 中创建的高逼真度的城市地上三维场景和地下管网的三维可视化模型,能够直观的进行城市轨道交通线路规划设计。规划线路后可对各种元素进行分类研究制作,对规划的线路进行编辑、参数化控制,做到精确设计。

(2)协同工作环境和数据之间的无损传递。基于 InfraWorks、Civil 3D 和 Revit 之间的协同工作环境和数据之间的无损传递,可将在 InfraWorks 中初步规划好的线路可导入 Civil 3D 中进行深化设计,实现几何图元和线路平纵断面的详细设计;可在 Revit 制作如轻轨梁体和桥墩的族模型,进行拼装和参数化控制,最终生成 FBX 文件导入 InfraWorks 中,不但可以精准地展示设计,而且在后期项目施工图设计阶段[13];可以在 Revit 中进行轻轨 U 型梁以及桥墩的深化设计,并且可以结合精确的地形模型进行站位规划,又能兼顾各种规划设计问题。

(3)方案的管理及分析。借助 InfraWorks 中创建的拥有丰富数据的稳固模型,可以在同一地形和场景下创建多个不同的方案,并且 InfraWorks 可以在多个项目工作流之间维护更加一致的数据、环境和流程,通过简单的操作切换,设计师和其他利益相关方可以在同一个真实的场景下直观地对比不同的方案选项,从而快速做出决策,以此确定最佳的线路规划方案。

(4)可视化演示。InfraWorks 提供了多种与可视化相关的功能,使设计师能够在真实场景中使用令人震撼的可视化成果展示其设计方案。通过 InfraWorks 自带的渲染引擎,可以对模型进行渐进式渲染;可在 InfraWorks 中设置时间和日期以模拟光照阴影效果;利用 InfraWorks 故事板功能,可以录制逼真的线路漫游视频,完成设计方案的动态演示。

(5)规划线路后可对各种元素进行分类研究制作,对规划的线路进行编辑、参数化控制,做到精确设计。

4.2.2　城市轨道交通规划设计 BIM 应用技术路线分析

InfraWorks 作为 BIM 技术的其中一环,从它的特点分析,主要适用于建设工程前期方案研究和后期设计成果的整合与展示。它的核心功能主要体现在三个方面:一是基础模型的创建;二是初步方案的直观拟定与宏观判断,为中期的详细工程设计提供指引;三是漫游浏览和效果展示。InfraWorks 突破性的可视化三维建模技术,能够更加方便、高效地管理大型基础设施模型以及加速设计流程[16]。

通过直接在 InfraWorks 的模型生成器中获取地形信息或者从地形数据的网站上下载数字高程数据再导入到 InfraWorks 中,规划线路的多种方案,然后将其设计成果导入 Civil 3D 中进行施工详图设计。桥梁、隧道等线路结构物可在 Revit 中进行精细设计,最后以 FBX 格式导入到 InfraWorks 中进行设计成果三维展示。通过 InfraWorks 对设计成果的整体把控,分析其不合理以及需要调整的地方,再导出到 Civil 3D 中进行调整,以此类推反复循环,直到设计成果为最优。设计流程如图 4-1 所示。

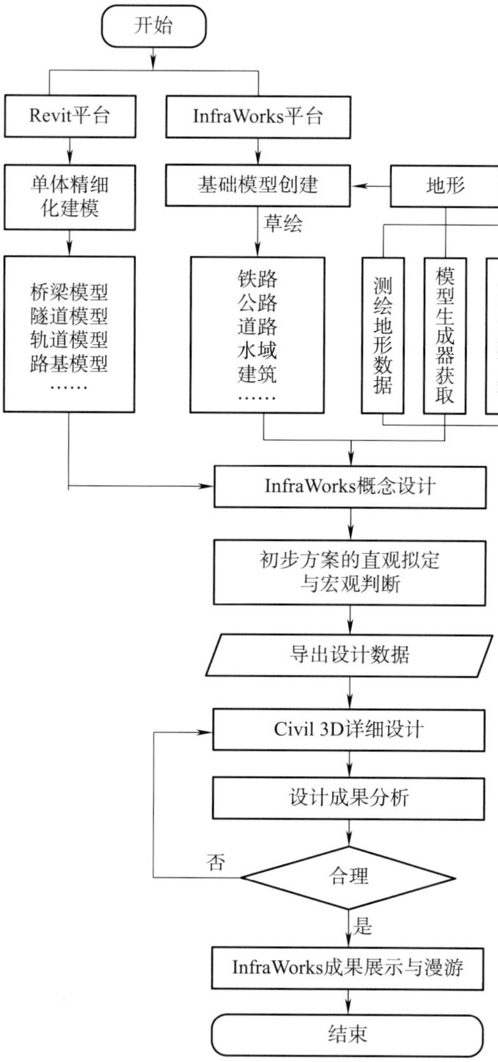

图 4-1　InfraWorks 与 Civil 3D、Revit 之间的设计流程

城市轨道交通线路规划设计是在已经确定的城市轨道交通线网条件下，研究某一条或某一段线路的具体位置，确定相关细节，包括线路的路由方案、敷设方式以及站点选择等。在 InfraWorks 中建立三维环境之后，就可以开展线路规划设计。根据 InfraWorks 平台特点，基于 InfraWorks 的轨道交通线路规划设计主要围绕基于三维场景模型所明确的线路控制点及周边条件进行宏观线路方案展开。

4.2.3　线路平面线形设计——建立路由方案

InfraWorks 的一大优势是基于设计规范建模，以保证所设计的线路符合设计规范。在三维环境中，通过线路创建工具，根据确定线路控制点及直观的周边条件，可以直接在三维环境中基于角点进行平面线形设计，确定线路空间走向，从而建立路由方案，轨道交通的区间线路平面由直线、圆曲线和缓和曲线组成。在设计的过程中要妥善处理直线与曲线的链接处，并对曲线半径、缓和曲线长度根据规范进行合理的设置[14]。线路平面基本线形有三种，即直线、圆曲线、缓和曲线，InfraWorks 的线路规划设计功能包含了对线路平面三种线形的设计。

1. 直线

直线作为平面线形的要素之一，在 InfraWorks 中，可以选择线路创建工具，直接拖动线路水平操纵器来进行直线段的设计，如图 4-2 所示，“端点”移动道路的起点或终点。移动终点夹点时，标高将调整以匹配现有地面。直线和夹直线的长度均可以如图 4-3 所示在确定起点后直接输入。

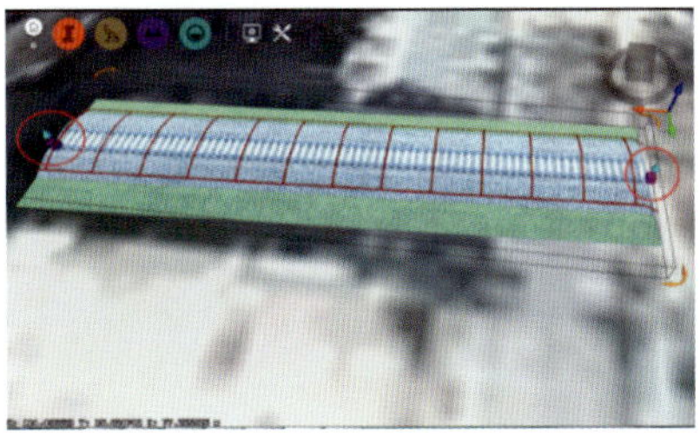

图 4-2　端点

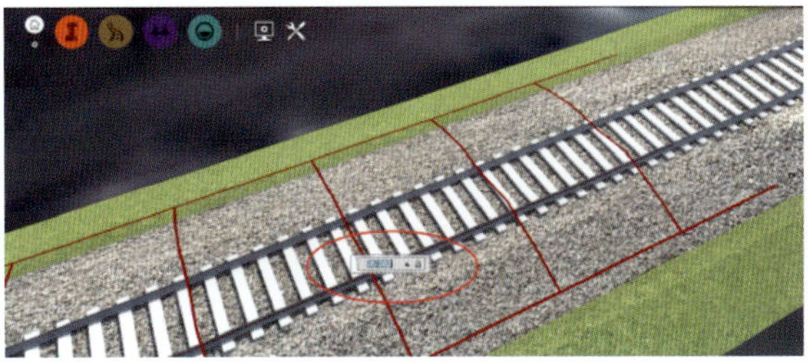

图 4-3　长度设置

2. 圆曲线和缓和曲线

在设计圆曲线时，曲线半径是主要的考虑因素，曲线半径对旅客乘坐舒适度、轮轨的磨耗和噪声、维修工作量以及线路长度都有极大的影响。在线路设计中通常采用最小曲线半径的值，按表 4-1 取值。

在 InfraWorks 中可以在直线段上或两条直线的交点处添加曲线，也可以使用快捷关联菜单为选定的线路切线添加曲线。添加完曲线之后可以选择在“堆栈”中修改曲线半径值，如图 4-4 所示，或者使用曲线半径操纵器更改曲线半径，如图 4-5 所示。

图 4-4　曲线半径设置（“堆栈”中修改）

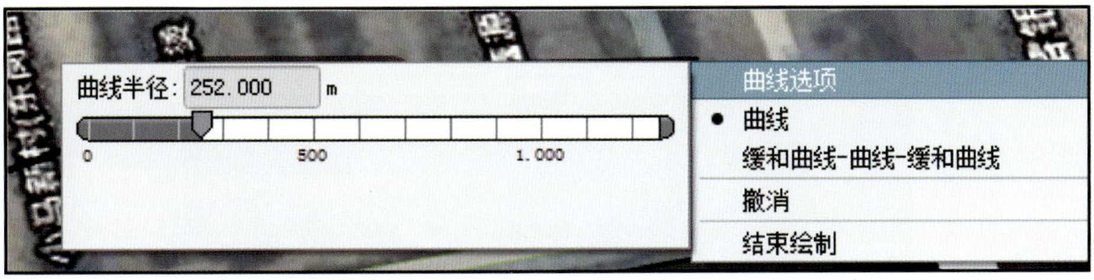

图 4-5　曲线半径设置（曲线半径操纵器）

缓和曲线是曲率半径和外轨超高均逐渐变化的曲线。我国城市轨道交通的缓和曲线一般采用直线形超高顺坡,平面为三次抛物线形式的线型。在 InfraWorks 中可通过展开“转换几何图形”来设置缓和曲线,如图 4-6 所示。缓和曲线将显示在线路中线上,单击其控制点可以修改前缓和曲线与后缓和曲线长度,以及前缓和曲线与后缓和曲线 *A* 值,如图 4-7 所示,也可直接在缓和曲线操纵器中修改,如图 4-8 所示。

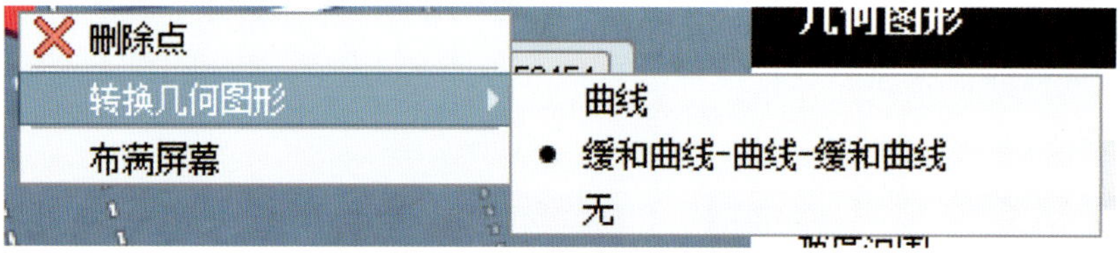

图 4-6　缓和曲线选项

图 4-7　缓和曲线设置

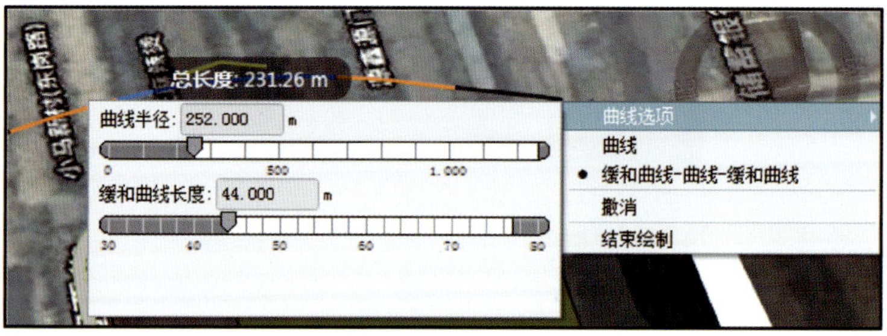

图 4-8　缓和曲线设置(缓和曲线操纵器)

可以调整图 4-9 中夹点的位置(直接拖动图 4-9 中紫色、绿色的夹点即可),来调整曲线或者缓和曲线的平面位置。

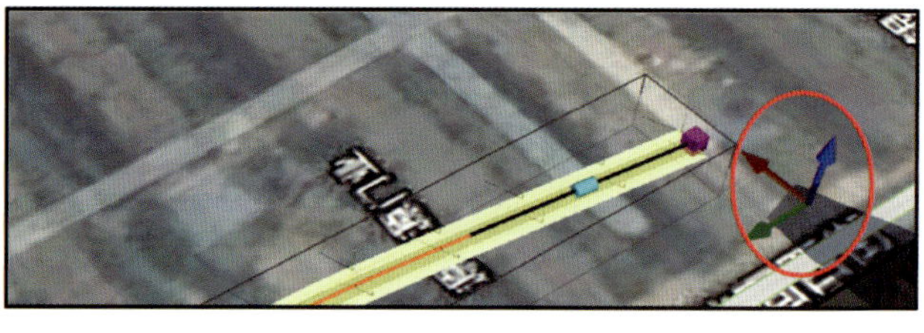

图 4-9　线路平面设计图

当选择的曲线或缓和曲线线路几何图形不符合指定的设计标准,但在有效的范围内时,“堆栈”中将显示警告条件。此时可以在画布中修改几何图形,或直接在“堆栈”中更改参数值,如图 4-10 所示。

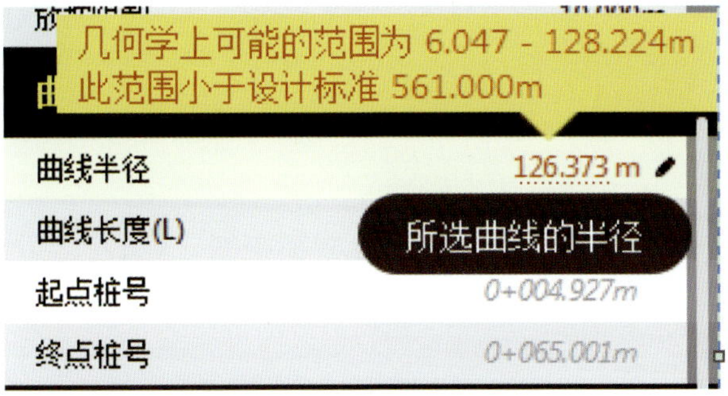

图 4-10　曲线半径警告

4.2.4　线路纵断面初步设计

城市轨道交通线路的纵断面由两部分组成,即坡段和连接相邻坡段的竖曲线。在进行线路纵断面设计时,需要综合考虑线路平面条件、线路敷设方式、水文地质条件、施工方法等因素。在保证行车安全和旅客乘坐舒适度的前提下,尽量增加坡段长度。

根据建立的线路路由方案,可自动提取线路中心线对应的数字高程模型作为地面线,利用 InfraWorks 的纵断面视图,可进行方案纵断面的初步设计。在 InfraWorks 中有纵断面视图,纵坡设计可以根据设计规范直接拖动图 4-11 中的小三角,拖至相应的高度处即可,也支持手动输入参数。但 InfraWorks 只能进行初步的纵断面设计,不能出纵断面图,可在 Civil 3D 中进行施工详图设计。图 4-11 中绿线代表地面线,黑线代表设计线。纵断面也可以根据图 4-11 中红色圆圈内的坐标系,点击 *Z* 轴输入相应的数值,纵断面就会做出相应的改变。

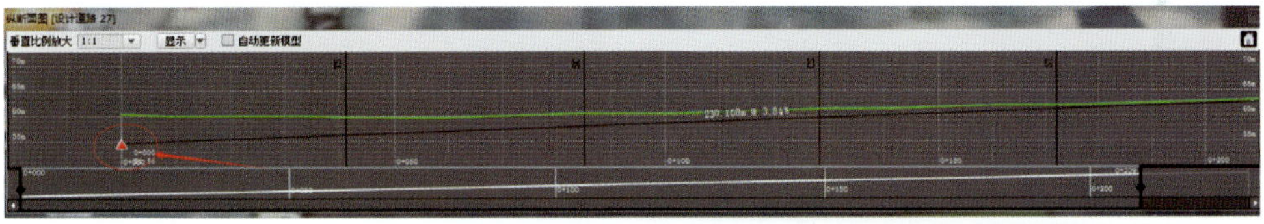

图 4-11　线路纵断面

在 InfraWorks 纵断面视图中可以使用线上的操纵器修改各个点的标高、桩号和坡率,同时也可以查看线路的曲线特性,如图 4-12 所示。可以直接在“曲线特性”面板中修改某些曲线属性,如“*K* 值”“长度”“曲率点”“变坡点”和“切点”等,如图 4-13 所示。

4.2.5　线路横断面设计

城市轨道交通线路的横断面样式根据敷设方式的不同,也有多种不同的形式。因此,城市轨道交通线路的横断面设计主要是确定隧道、路基和桥梁等的横断面样式。在线路设计时,具体的横断面形式还要取决于各种限界,如建筑限界、车辆限界、设备限界等。

InfraWorks 中具有相应的横断面设计功能,在根据地形地物及设计规范确定路基、桥梁、隧道的里程位置后,可确定桥梁、隧道和路基的大致样式,并能够通过参数化设置生成多种不同的横断面样式。在 InfraWorks 中设计的隧道横断面如图 4-14 所示，地铁站出入口如图 4-15 所示，路基横断面如图 4-16 所示，桥梁横断面及其放大图如图4-17 所示。

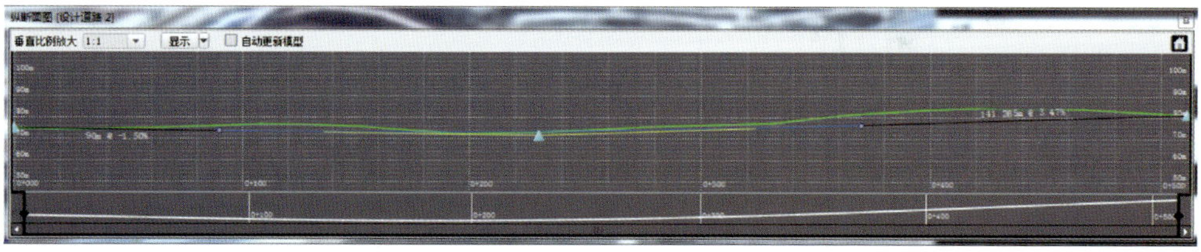

图 4-12　纵断面视图

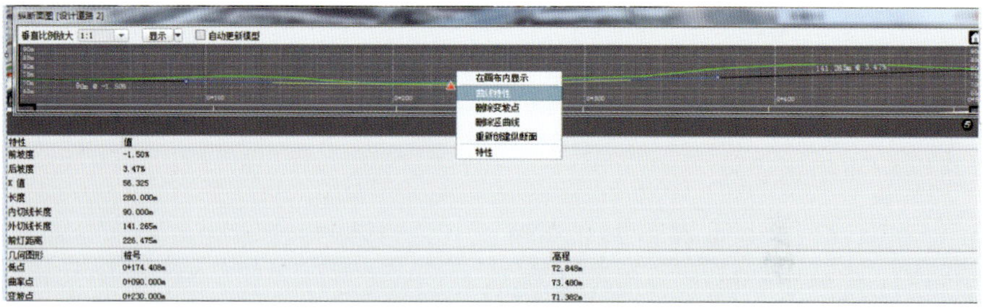

图 4-13　曲线特性

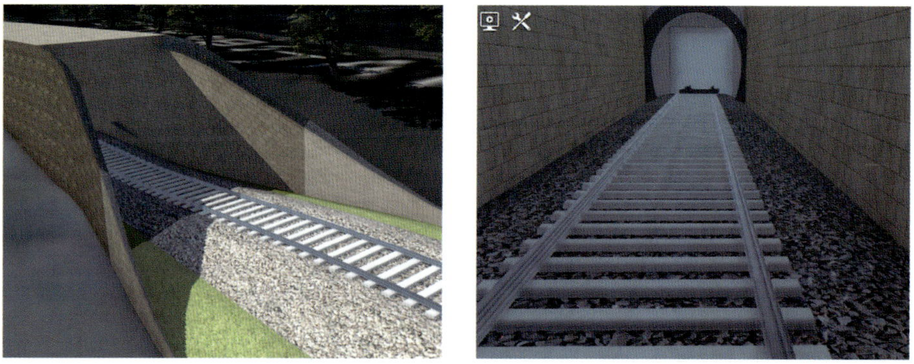

图 4-14　隧道横断面图

图 4-15　地铁站出入口

图 4-16　路基横断面图

图 4-17　桥梁横断面及放大图

4.3　Civil 3D 的方案深化设计

InfraWorks 在前期项目概念设计和规划设计方面具有很强的优势和展示性，对项目方案研究方便直观，而 Civil 3D 可以进一步细化线路平纵横，两者结合可以在三维形态下对设计方案进行优化和展示[15]。

在 InfraWorks 中完成线路的初始设计后，将线路模型导入 Civil 3D 进行深化设计。InfraWorks 导出时选用 . IMX 格式，. IMX 可以连同线路周围的地形一起导出，避免了在 Civil 3D 中再次创建地形的繁琐。在导出之前为模型设置坐标系，该坐标系须满足 InfraWorks 和 Civil 3D 可以同时兼容的条件。研究创建的地形为石家庄某区域，计算其所处位置，将坐标系设置为 Beijing1954/3-degree Gauss-Kruger CM 114E，以保证 InfraWorks 和 Civil 3D 坐标系的统一。

在 Civil 3D 中打开导出的模型，如图 4-18 所示。Civil 3D 可以对线路的平面中的超高进行规范设计，使用其铁路超高工具可以计算和编辑铁路水平曲线中轨道的高程更改，如图 4-19 所示，为 Civil 3D 中铁路超高的要素设定。通过铁路超高的计算，对铁路超高进行设置，达到线路平面优化设计的目的。

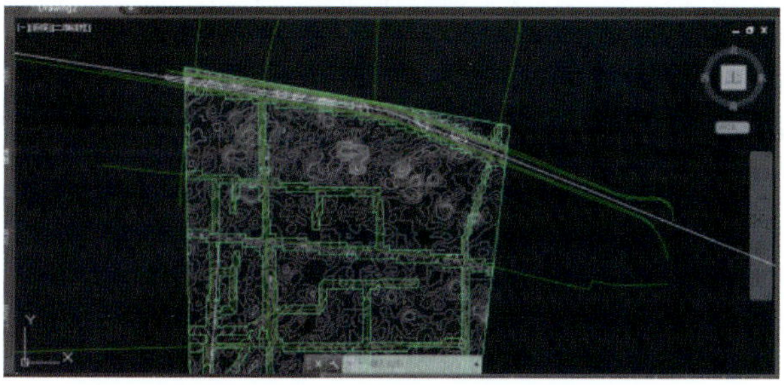

图 4-18　线路及地形加载

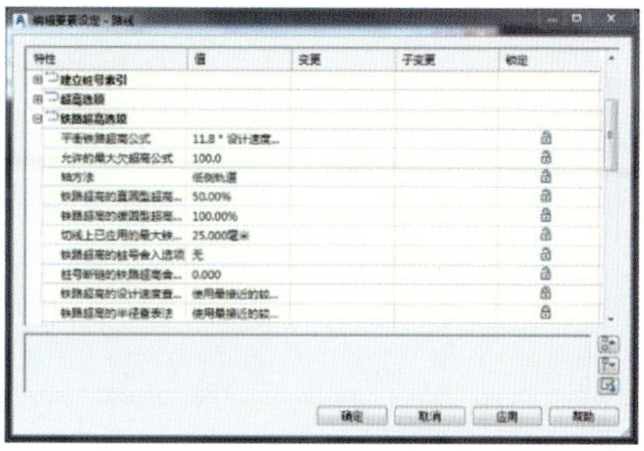

图 4-19　超高要素设定

在 Civil 3D 中可以查看和编辑纵断面和纵断面图的默认样式，它完全以规范标准方式来处理纵断面中的数据设置，并且对于纵断面的设定控制分为三个级别：图形级别、要素级别和命令级别。如图 4-20 所示，为创建纵断面的默认设定，在此对话框可以更改纵断面专用的设定，也可以替代图形环境设定。除此之外还可以向纵断面中添加切线、竖曲线以及将纵断面切线延伸到变坡点，通过这些操作进行线路纵断面的深化设计。

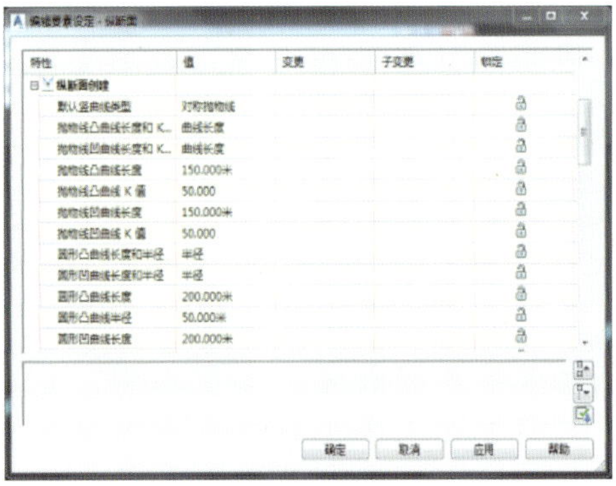

图 4-20　纵断面要素设定

Civil 3D 中的横断面细化设计需要用到部件编辑器，该方法较为繁琐，并且 InfraWorks 中线路的隧道横断面和桥梁横断面可以根据限界要求用参数进行控制，基本满足工程要求，所以线路的横断面无须在 Civil 3D 中进一步细化。将在 Civil 3D 中进行了平面和纵断面优化的线路导出 SDF 格式，加载到 InfraWorks 中，在进行数据配置时选择相应的样式，完成线路的深化设计。图 4-21 为深化后的线路平面线型。

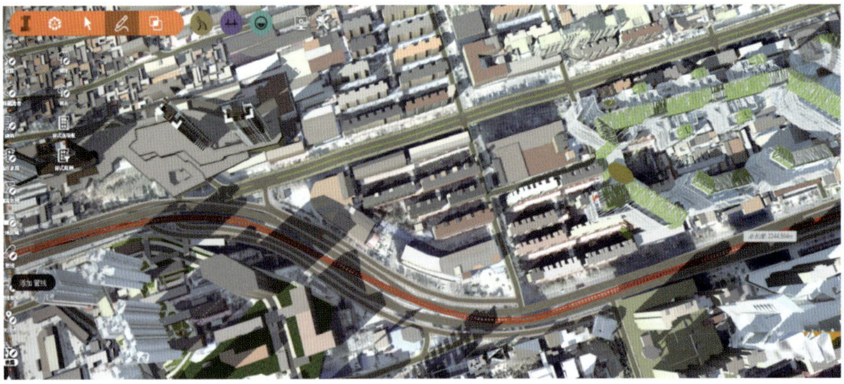

图 4-21　深化设计后的平面线型

该线路平面曲线要素见表 4-6。

表 4-6　平面曲线要素

交点	转　　角	半径(m)	缓和曲线(m)	曲线长(m)	圆曲线长(m)	圆曲线切线长(m)
JD1	13°03′17.0″	500	70	323.924	183.924	92.251
JD2	30°23′13.5″	500	70	475.177	335.177	170.892
JD3	29°41′46.2″	500	70	469.148	329.148	167.657
JD4	04°39′37.1″	1 000	45	216.338	126.338	63.194
JD5	13°47′24.0″	600	70	354.409	214.409	107.592

深化后的线路纵断面如图 4-22 所示。

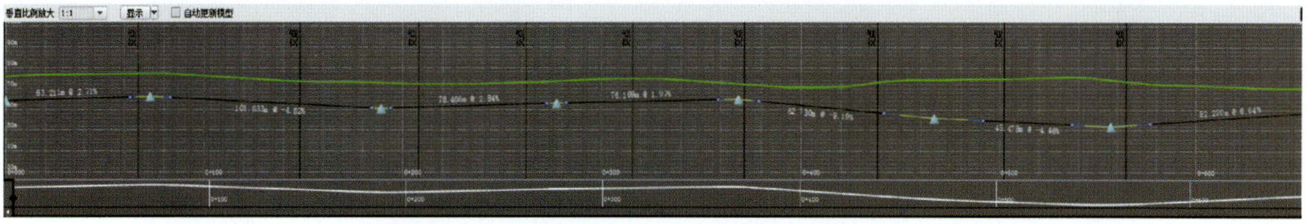

图 4-22　深化设计后的线路纵断面

该线路纵断面坡段数据见表 4-7 所示。

表 4-7　坡段数据

坡段编号	变坡点里程数	设计高程	坡度(%)	坡长(m)
1	0	-11.766	5	530
2	530	-9.116	-5	815
3	1 345	-13.19	5.26	585
4	1 930	-10.116	2	220
5	2 150	-9.676	-22	200
6	2 350	-14.076	-4	300
7	2 650	-15.276	5.2	350
8	3 000	-13.456	24.87	200

4.4　城市轨道交通车站出入口设置

城市轨道交通车站的出入口属于城市建筑的一部分，其位置应在选线工作完成后，随着车站位置的选定而同时考虑。对城市轨道交通车站出入来说，在设计时不仅要满足自身的功能需求，还要与周围城市环境相协调，满足城市的规划要求[17]。

设计和修建车站出入口最重要的是首先满足自身的功能需求，即能否为乘客乘车提供方便以及及时疏散乘客。车站出入口应该尽可能分散均匀布置，一方面是要分布在能吸引人流的位置，为乘客乘车、换乘提供尽可能的便利，另一方面是在设计时要考虑到市政过街功能，以免在人流量过大时发生堵塞。车站出入口的分布数量要通过综合考虑车站运行情况和对客流量的预测来确定。

在设计车站出入口时，应该有效结合城市规划，充分考虑城市景观需求，最大程度上结合周围的建筑[18]。为了找到合适的车站出入口位置，尽量将已经存在的建筑资源有效利用，如火车站、大型商场、过街地道等，既可以减少用地和拆迁，还能方便乘客，节约资源。

基于上述理念，在 InfraWorks 中完成的地铁车站出入口设计如图 4-23 ~ 图 4-25 所示。

图 4-23　地铁出入口远景

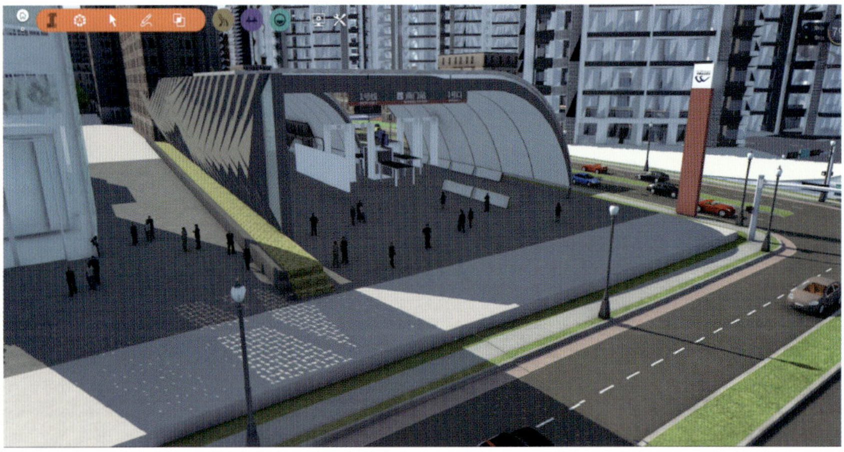

图 4-24　地铁出入口

图 4-25　地铁出入口近景

4.5　线路方案三维漫游展示

BIM 三维模型实景展示比起单一的常规二维平面展示，有利于让参与各方了解项目、了解方案。InfraWorks 中提供了场景和故事板编辑的功能，可以制作视频来满足项目展示的需要，在项目的预可行性研究和可行性研究阶段，通过对全域范围的三维实景展示，可以达到对区域情况和线路详细情况的了解，对可能出现的问题和存在的方案进行细化研究，有利于决策者最终确定设计方案，更有利于后期的深化设计。

4.5.1　InfraWorks 中的动画设计

对于完成的线路设计方案，可以利用 InfraWorks 的故事板功能制作线路漫游动态演示，通过日期和时间的设置以模拟逼真的光照阴影效果，同时可以设置风向、风速、云量，配合视图设置中的一系列视觉和渲染效果，如图 4-26 所示，将线路周围场景设置为最佳视觉效果。

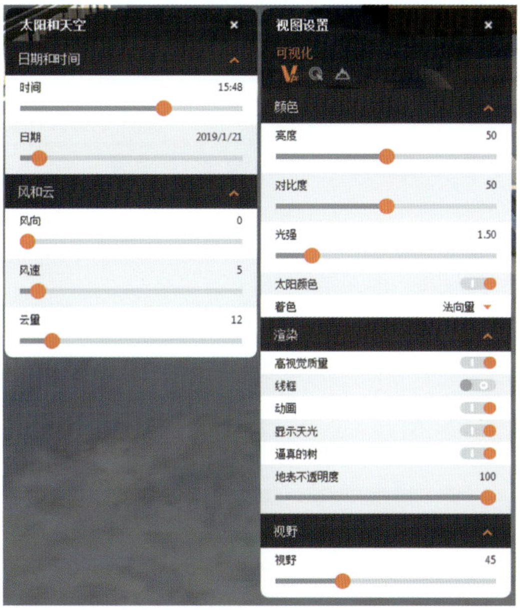

图 4-26　视图设置

故事板动态演示的制作可以通过一系列的快照视图，将其衔接制作成动画，也可以沿特定路径制作，录制该路径周围的场景，如图 4-27 所示。当选择沿路径进行漫游时，可以对该路径的相机位置和目标位置进行设置，如图 4-28 所示。线路漫游动态演示有助于对线路设计方案周围环境进行观察，判断地上建筑或者地下空间是否与规划线路存在冲突等问题。

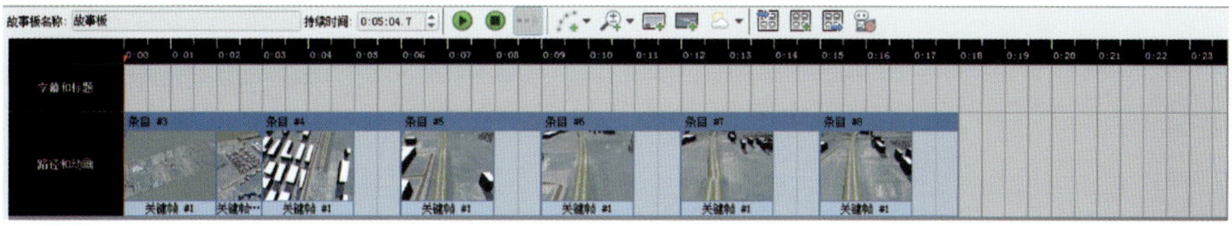

图 4-27　故事板

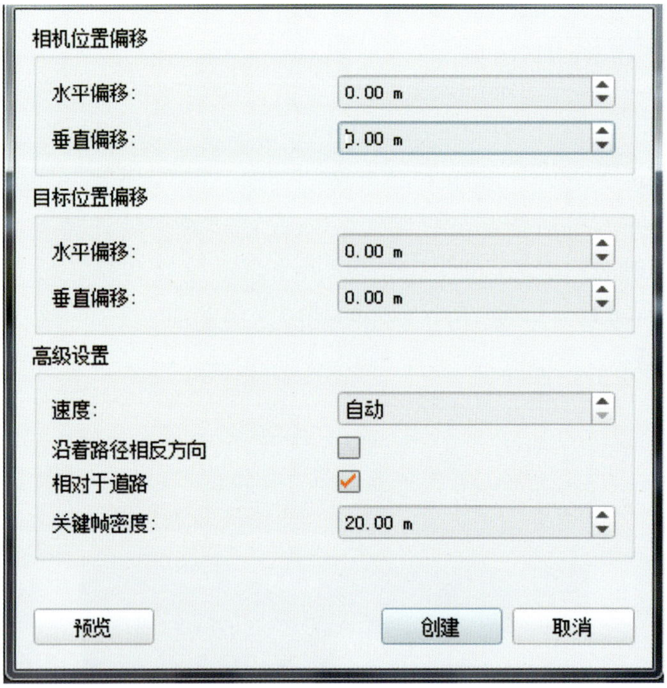

图 4-28　自定义路径设置

4.5.2　线路方案三维漫游展示

InfraWorks 中自带制作漫游动画的故事版，功能中包含环绕动画、路径动画等各种适用于展示城市轨道交通线路、车站的动画模式，在渲染动画阶段，InfraWorks 还可以导出 WMV、AVI 等格式的视频，可分别进行相应的设置。为了观看视频时视觉效果的真实性，可以设置分辨率，如图 4-29 所示。

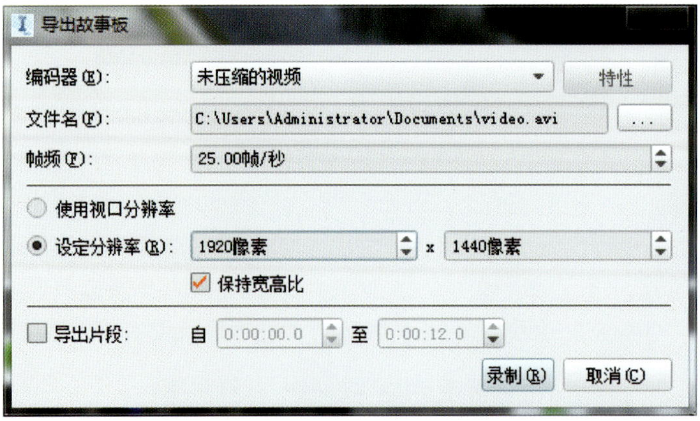

图 4-29　导出故事版参数设置

在试验项目中，输出了 WMV 格式的视频。为了使视频更清晰，比特率设置到了 50 000 kb/s，分辨率尺寸设置为 1 920 × 1 080。漫游效果如图 4-30 ~ 图 4-33 所示。

图 4-30　高架桥漫游效果

图 4-31　路基漫游效果

图 4-32　隧道漫游效果

图 4-33　轨道漫游效果

第5章 基于 Civil 3D 的城市轨道交通线路深化设计

本章以从 InfraWorks 导入的线路规划数据(平面和纵断面数据)为基础,研究基于 Civil 3D 的城市轨道交通线路深化设计方法,实现纵断面深化设计、线路模型装配设计、线路模型生成、桥梁、隧道和路基曲面生成。在此基础上,实现线路三维整体模型构建和驾驶模拟,为进一步线路优化设计和线路 BIM 精细模型建立奠定基础。

5.1 基于 Civil 3D 的城市轨道交通线路设计

5.1.1 设计流程

Civil 3D 作为面向土木工程设计与 BIM 的解决方案,广泛应用于多种类型的土木工程项目中的设计。利用 Civil 3D 的部件(Autodesk Subassembly Composer for Civil 3D)可实现桥梁、隧道、路基、轨道等参数化设计,自动生成城市轨道交通线路的路基、桥梁、隧道等横断面模型,最终实现在 Civil 3D 中构建线路整体 BIM 模型,并进行土方量分析、图纸输出等 BIM 应用。基于 Civil 3D 的城市轨道交通线路设计流程如图 5-1 所示。

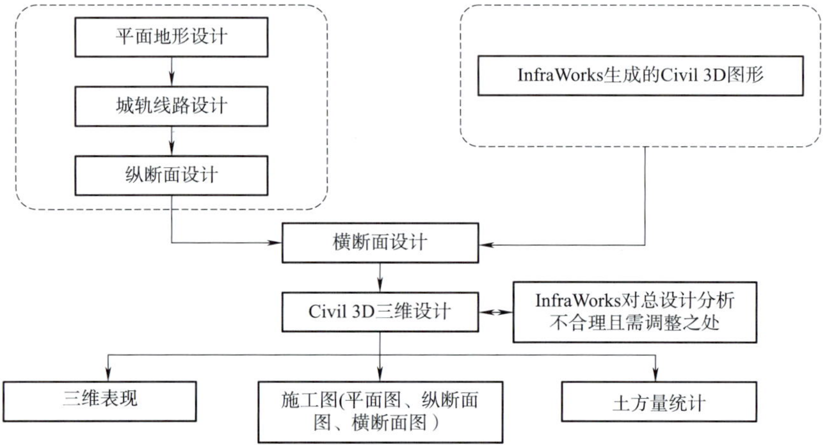

图 5-1 基于 Civil 3D 的城市轨道交通线路设计流程

5.1.2　基于 InfraWorks 设计方案数据的线路创建

通过 Civil 3D 与 InfraWorks 的协同设计，可创建真实的三维设计方案模型，方便决策者清晰直观的了解城市轨道交通项目的概况及其与周围物理环境的关系，从而有利于发现、解决设计中出现的问题，提高线路规划设计的质量和决策的准确性。在 InfraWorks 中做好城市轨道交通线路的概念设计之后，在“道路”选项卡“分析”中点击 Civil 3D 图形进行参数设定[19]，如图 5-2 所示。

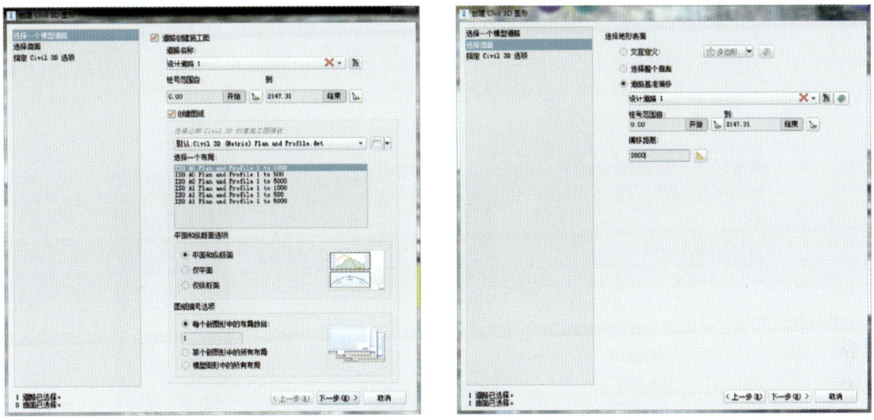

图 5-2　设置 Civil 3D 图形的参数

在 Civil 3D 中打开之后的图形如图 5-3 所示。

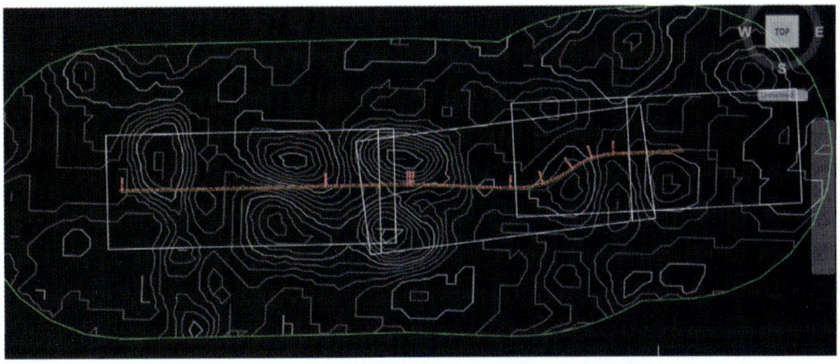

图 5-3　Civil 3D 中的城市轨道交通线路

线路确定好之后就可以进一步进行城市轨道交通线路的深化设计。深化设计之后，可以再将深化设计结果以 IMX 格式导回 InfraWorks 中进行分析，直到实现最优的设计方案。IMX 格式是 Civil 3D 专门与 InfraWorks 的数据交互格式，Civil 3D 导出的 IMX 格式数据包括地形曲面、路基信息、管网、场地信息等数据。

5.2　Civil 3D 纵断面设计

线路的纵断面设计是城市轨道交通线路设计中至关重要的一个环节，设计的合理性直接关系到土方量的大小、运行能耗的节省以及车辆的运行安全。在 Civil 3D“创建设计”选项卡中有“纵断面”选项卡如图 5-4 所示。利用“创建纵断面”选项卡生成原始曲面上线路的纵断面图,利用“纵断面创建工具”选项卡来设计纵断面。使用“平包纵”的设计原则,根据设计线路的行车速度等条件,设置城市轨道交通线路的纵曲线及纵坡等设计参数,生成之后的纵断面图,如图 5-5 所示。其中,红色的是原始地面线,蓝色的是设计纵断面线,纵断面图的放大图如图 5-6 所示。

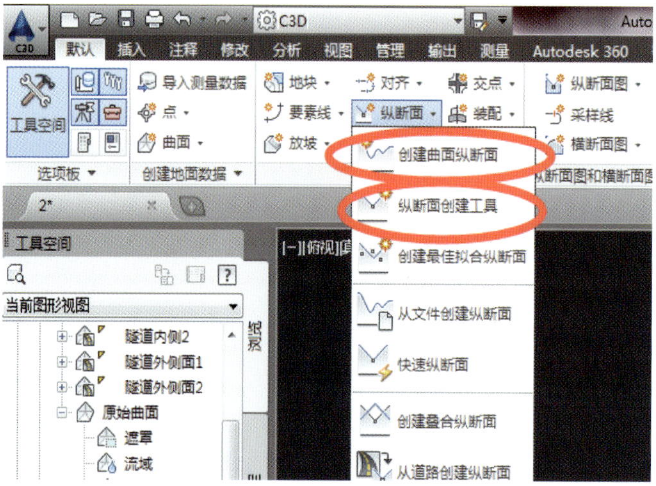

图 5-4　纵断面工具

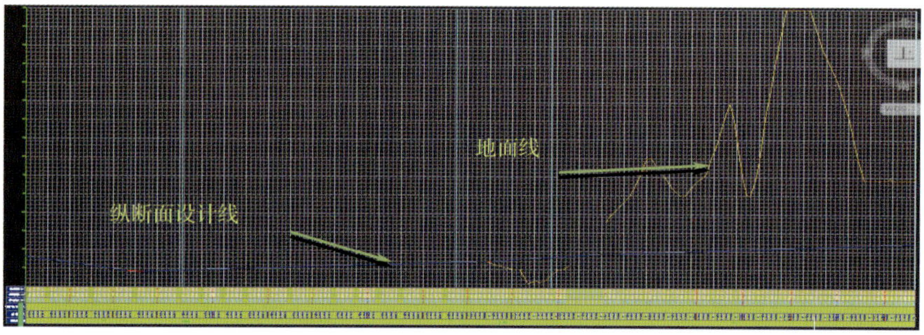

图 5-5　生成的纵断面图

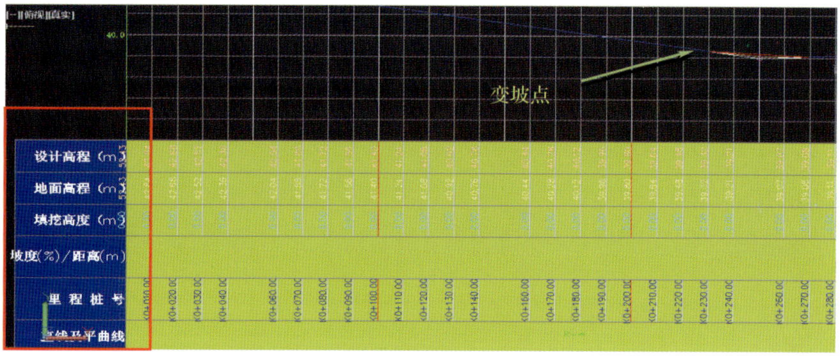

图 5-6　纵断面图的放大图

若发现所设计的线路中心线不符合规范，选中图 5-6 中的蓝色纵断面设计线，可在纵断面布局参数或纵断面全景图元对话框中修改纵断面设计，如图 5-7 和图 5-8 所示。此外，还可直接在纵断面上拖拽设计线，这两种数据的变化都是自动的，并且实时更新，纵断面标签随着纵断面设计完成之后在模型中自动添加。纵断面标签的设计样式可以根据出图标准进行设定。

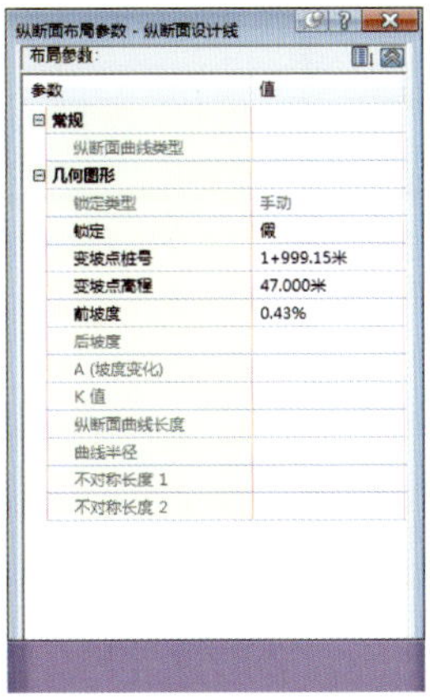

图 5-7　纵断面布局参数

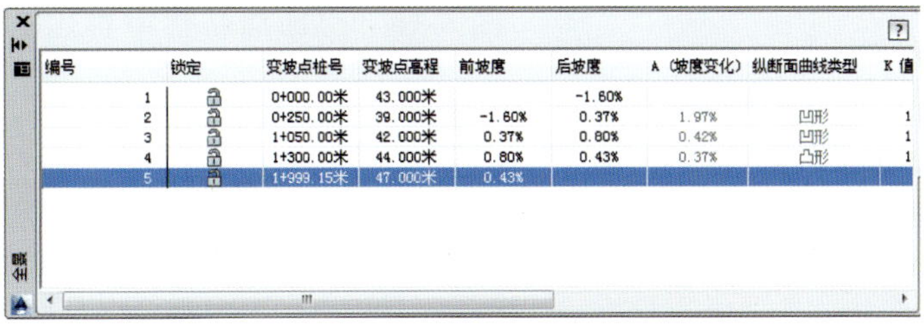

图 5-8　纵断面图元全景对话框

若要修改设计规范，可在设计规范编辑器中进行修改，如图 5-9 所示。

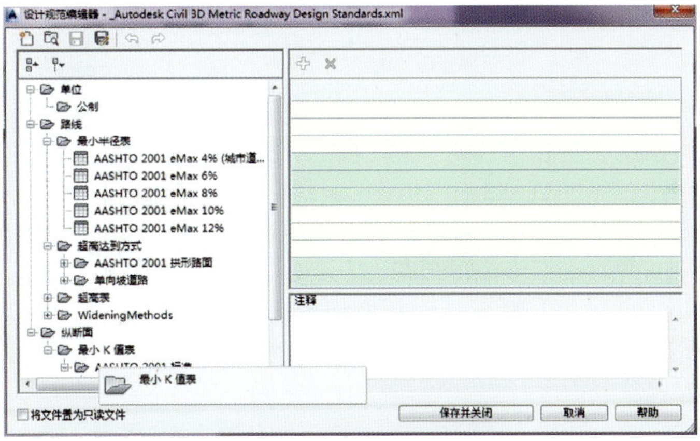

图 5-9　规范编辑对话框

图 5-9 是规范编辑器，可输入城市轨道交通线路规范，也可将规范在图 5-10 中的纵断面特性中将设计规范导入，从而保证所设计的城市轨道交通线路纵断面符合设计规范。

基于 Civil 3D 的纵断面线型设计主要分为两个关键步骤：一是曲面纵断面的创建，二是设计纵断面的创建。Civil 3D 常用的纵断面有曲面纵断面、设计纵断面和叠加纵断面三种。

基于原始地形曲面的线路绘制完成后，首先需要创建曲面纵断面，在纵断面图中可以直观反映出线路所经地段的起伏情况，而且曲面纵断面线会随着线路位置的变化而实时更新地形纵向的变化，这为线路设计工作带来了便捷。当曲面纵断面创建完成后，即可进行设计纵断面的创建。

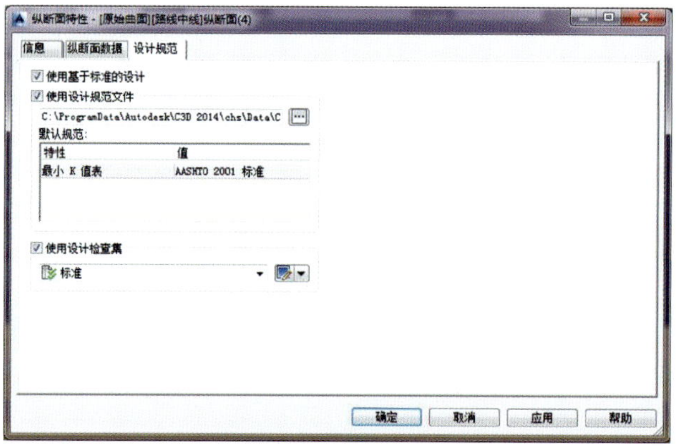

图 5-10　纵断面特性中导入设计规范

1. 曲面纵断面

曲面纵断面的创建方法比较简单，在 Civil 3D 创建曲面纵断面功能模块中可快速创建。在“从曲面创建纵断面”对话框中添加好曲面，如图 5-11 所示。设置好需要的参数后，选择在“纵断面途中绘制”，弹出“创建纵断面图”对话框，如图 5-12 所示，根据设计需求设置每个参数，完成曲面纵断面创建完毕。

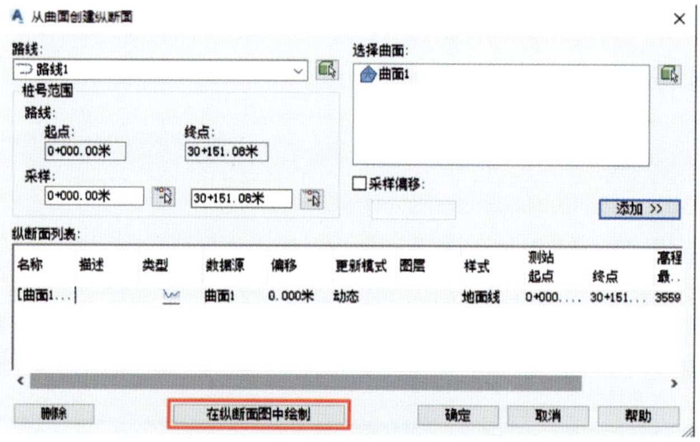

图 5-11　从曲面创建纵断面

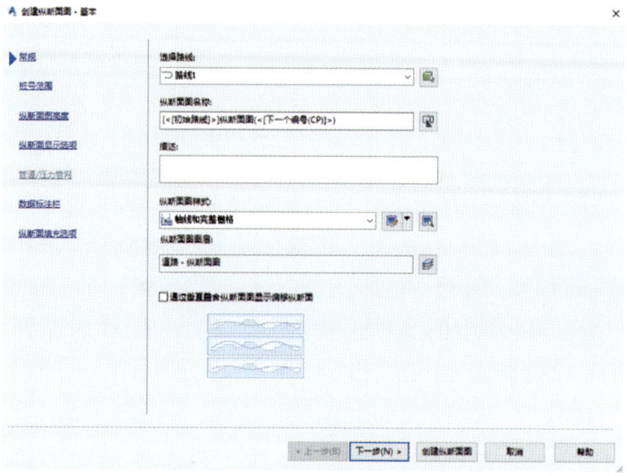

图 5-12　创建纵断面图

2. 设计纵断面

设计纵断面通常是综合考虑纵断面设计的一些控制高程点、最大坡度、坡段长度、相邻坡度差等因素。通常情况下设计纵断面的绘制通过调用“纵断面布局工具”来完成，与线路布局工具类似，如图 5-13 所示。如果外部纵断面数据，也可直接从外部文件创建设计纵断面。但与曲面纵断面不同的是，设计纵断面不会随着线路位置的变化而变化，需根据规范及设计需求不断调整。生成的纵断面图如图 5-14 所示。

图 5-13　纵断面布局工具

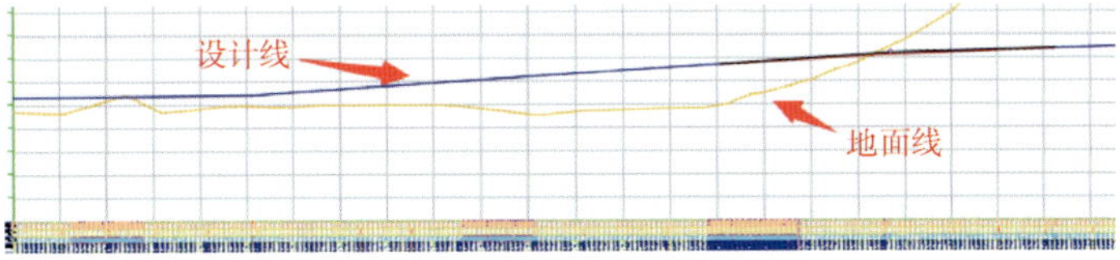

(a)局部纵断面图

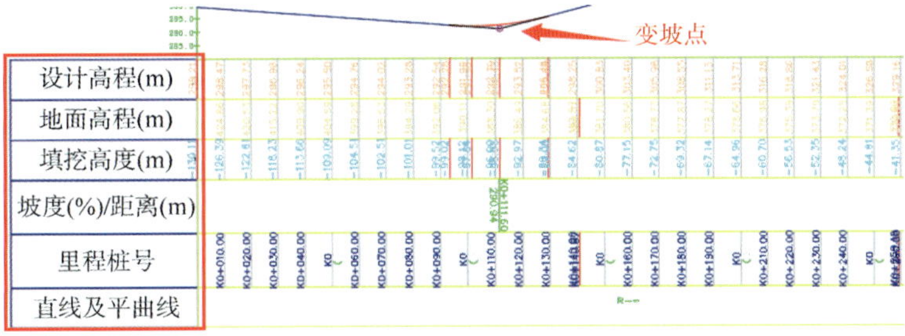

(b)纵断面放大细节效果图

图 5-14　纵断面图

当纵断面创建完成后，可以对纵断面进行长度、坡率、子图元类型等进行编辑修改，和线路编辑功能相似，通过“纵断面图元全景”对话框和“纵断面布局参数”对话框进行修改编辑，如图 5-15 和图 5-16 所示，将不符合规范的数据逐一改正。

编号	锁定	变坡点桩号	变坡点高程	前坡度	后坡度	A（坡度变化）	纵断面曲线类型
1		0+000.00米	3603.281米		0.17%		
2		0+512.01米	3604.128米	0.17%	1.32%	1.16%	
3		1+867.16米	3622.049米	1.32%	0.53%	0.79%	凸形
4		3+954.73米	3633.089米	0.53%	-0.82%	1.35%	凸形
5		6+235.50米	3614.392米	-0.82%	-1.09%	0.28%	凸形
6		10+100.00米	3572.080米	-1.09%	-0.03%	1.06%	凹形
7		13+800.00米	3570.942米	-0.03%	0.04%	0.07%	凹形
8		20+195.60米	3573.210米	0.04%	0.44%	0.41%	凹形
9		22+738.53米	3584.500米	0.44%	-0.46%	0.91%	凸形
10		25+076.20米	3573.680米	-0.46%	1.33%	1.80%	凹形
11		26+300.00米	3590.000米	1.33%	0.15%	1.18%	凸形
12		26+551.65米	3590.382米	0.15%	-1.00%	1.15%	凸形
13		28+432.15米	3571.527米	-1.00%	-0.09%	0.91%	凹形
14		30+151.08米	3570.000米	-0.09%			

图 5-15　纵断面图元全景对话框

图 5-16　设计纵断面布局参数

5.3　线路模型装配设计

5.3.1　部件编辑器 SAC

在 Civil 3D 中创建线路模型,核心是使用部件建立线路的标准横断面。然而,实际项目中线路的横断面形式复杂多变,结构多样且渐变。部件编辑器(Autodesk Subassembly Composer for Civil 3D,简称 SAC)是一种以绘制流程图的方式,创建带有复杂逻辑的自定义部件的可视化编程软件[20]。部件编辑器可以非常直观的使用,提供了创建及修改复杂部件的界面,避免了必须使用编程或 API 的方式来实现部件的编辑,通过此工具,无须编写程序代码就可以实现复杂部件的创建。

部件编辑器中可以直接调用 Civil 3D 中的 API(应用程序编程接口)或者直接编辑自定义函数表达式来创建各种参数化装配部件[21]。部件编辑器的程序默认布局窗口主要为以下几项:工具箱、流程图窗口、属性窗口、预览窗口及数据包设置、输入输出参数、目标参数、超高、时间查看器组合窗口,如图 5-17 所示。

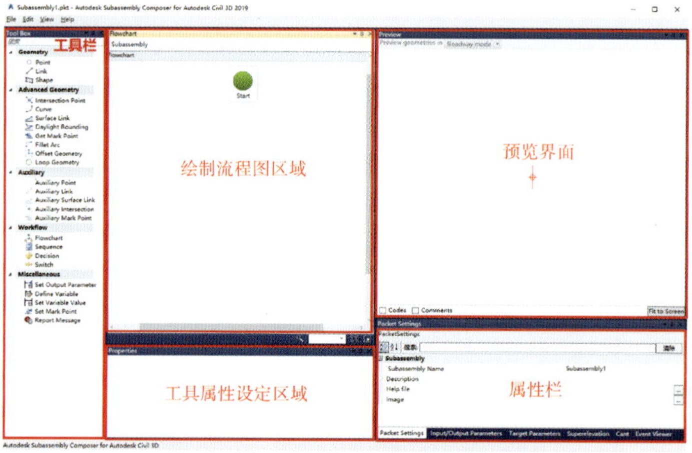

图 5-17　部件编辑器界面介绍

5.3.2　路基装配的创建

利用部件编辑器可以定制路基标准横断面，将路基装配分为路基本体和边坡两部分分别进行部件创建。以多级边坡为例，基于部件编辑器创建参数化多级边坡部件流程图如图 5-18 所示。

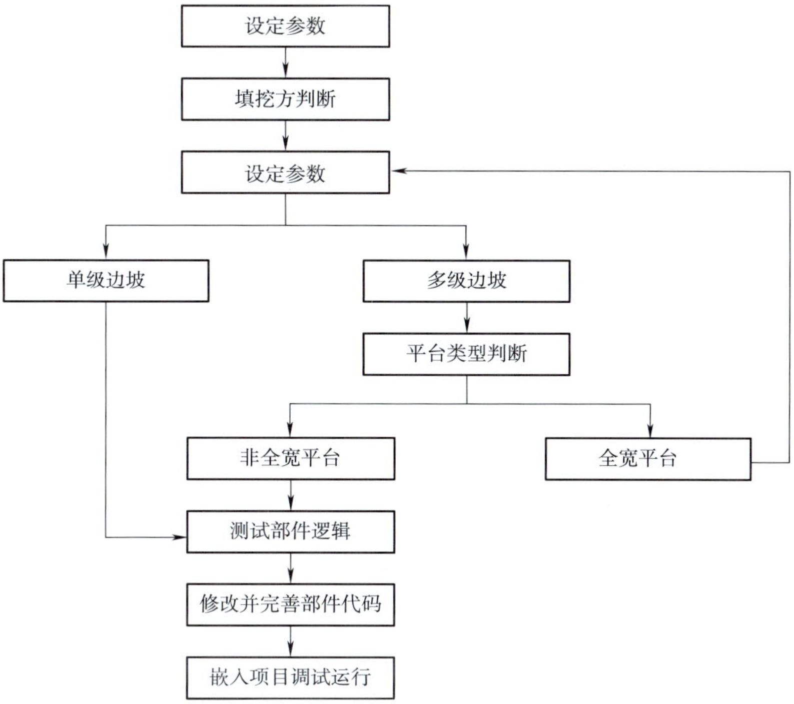

图 5-18　多级边坡部件创建流程图

路基边坡分为单级边坡和多级边坡，还涉及填挖方判断，所以需要定义变量，添加逻辑判断和应用 SAC 提供的 API 来完成路基边坡的创建，分为以下三个步骤：

(1)定义变量，判断填挖方，见表 5-1。根据点到目标曲面的距离判断填挖方，如果 P1 点到曲面距离大于 0，则为挖方，反之则填方。

表 5-1　定义变量及其函数表达式

定义变量	数据类型	函数表达式
HV	Double	if(P1. distancetosurface(目标曲面)>0, -H1,H1)
SV	Double	if(P1. distancetosurface(目标曲面)>0,0-st,0+sw)
SMV	Double	if(P1. distancetosurface(目标曲面)>0,0-sm,0+sm)

(2)添加一个辅助点 AP1 来帮助判断是单级边坡还是多级边坡。此处运用一个判断条件，函数表达式为 math. abs(P1. y-ap1. Y) < H1ormath. abs(P1. y-ap1. Y) = H1。其含义是在地形曲面上假设辅助点 AP1，根据填方坡比放坡到该辅助点上，计算 h 值，并与定义变量边坡高度 $H1$ 作比较，若 $h \leq H1$ 为单级边坡，若 $h > H1$ 则需设置多级边坡，如图 5-19 所示。

(3)若判断为单级边坡则放坡结束,若为多级边坡则要继续放坡。此时,需要考虑平台的设置,而平台也要判断是否为全宽平台。添加辅助点 AP2,添加一个判断条件,其函数表达式为 P2. distancetosurface(目标曲面) * AP2. distancetosurface(目标曲面) <0,其含义是 P2 点到目标曲面的距离 h_1 和 AP2 点到目标曲面的距离 h_2 是否异号,异号则为非全宽平台,放坡结束,反之为全宽平台,继续放坡,如图 5-20 所示。此时,继续设置嵌套循环直至放坡结束即可,边坡各项输入参数见表 5-3。

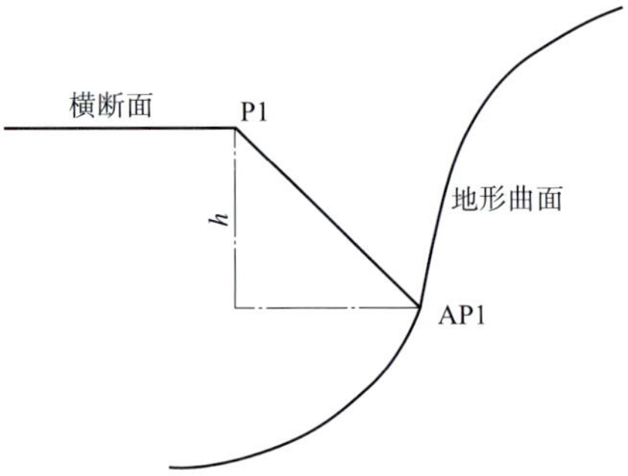

图 5-19 辅助点设置判断边坡形式

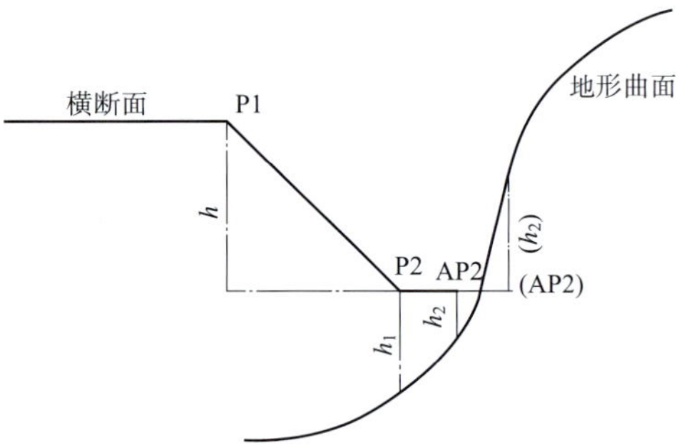

图 5-20 辅助点设置判断平台形式

表 5-3 边坡各项输入参数

Name	Type	Direction	DefaultValue	DisplayName
Side	Side	Input	Right	—
St	Slope	Input	1: 1.25	挖方坡比
H1	Double	Input	8	边坡高度
Sm	Grade	Input	2.00%	平台坡度
Wm	Double	Input	2	平台宽度
Sw	Slope	Input	1: 1.5	填方坡比

最后,为部件各单元的几何图元逐一添加代码,赋予部件属性,在 Civil 3D 中导入多级边坡部件调用装配,调试运行。边坡和平台的流程如图 5-21 和图 5-22 所示,生成的多级边坡部件如图 5-23 所示。

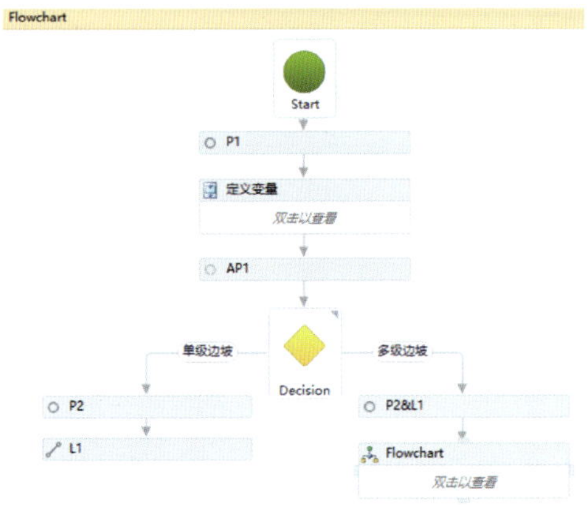

图 5-21 边坡判断流程

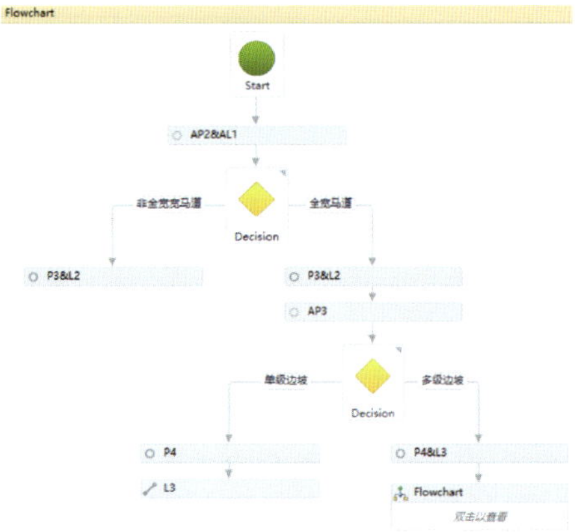

图 5-22 平台判断流程

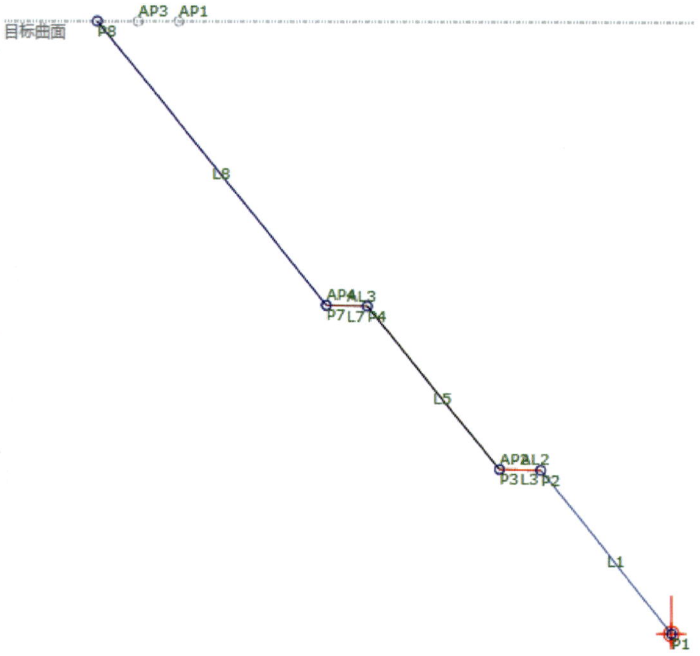

图 5-23　部件编辑器生成的边坡部件

由于路基本体的设计比较简单，在此简要说明。路基部件整体思路就是用连接将点依次连接绘。从 P1 至 P*n* 依次命名个点，其具体位置根据设计需求及规范设置，具体涉及的参数见表 5-4，最后将 P1 至 P*n* 依次连接，同时可在右侧预览界面随时检查观看，出现错误及时修正，最终创建出路基部件，如图 5-24 所示。

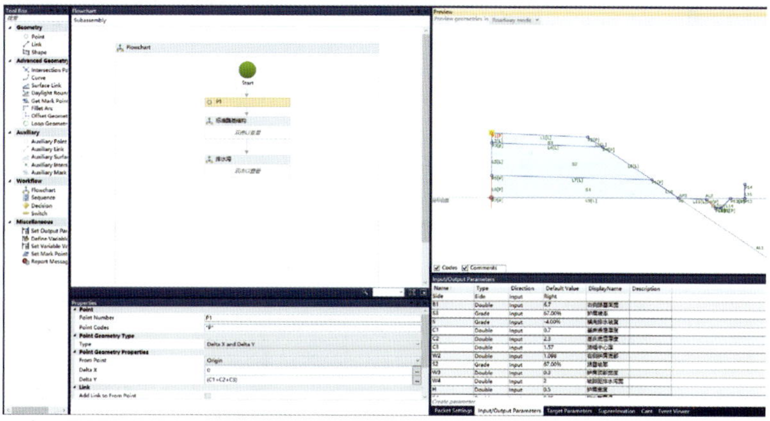

图 5-24　创建参数化路基横断面

表 5-4　路基部件基本参数

Name	Type	Direction	DefaultValue	DisplayName
Said	Said	Input	Right	—

续上表

Name	Type	Direction	DefaultValue	DisplayName
C_1	Double	Input	0.7	基床表层厚度
C_2	Double	Input	2.3	基床底层厚度
C_3	Double	Input	1.57	路堤中心厚
C_4	Double	Input	0.05	排水管直径
C_5	Double	Input	0.3	排水沟衬砌厚度
H_3	Double	Input	0.8	防护栏高度
H	Double	Input	0.5	护肩宽度
H_2	Double	Input	0.6	排水沟深度
W_1	Double	Input	6.7	右侧基床表层宽
W_2	Double	Input	1.098	右侧护肩底部
W_3	Double	Input	0.3	护肩顶部宽度
W_4	Double	Input	2	坡脚距排水沟宽
W_5	Double	Input	0.4	排水沟底宽
S_2	Grade	Input	67%	路基坡率
S_3	Grade	Input	67%	护肩坡率
S_4	Grade	Input	100%	排水沟坡率
S	Grade	Input	-4%	排水坡度

在部件编辑器设计好路基横断面之后，在 Civil 3D 导入部件，如图 5-25 所示。按照逻辑关系创建部件装配形状及造型，并给每个点、线、面指定代码。“创建装配”之后即可使用。参数化的优点在于编辑好一个路基横断面，可以更改上述表格的参数应用到另一个项目中，参数的修改是在选中装配之后，打开“属性”进行参数的修改。

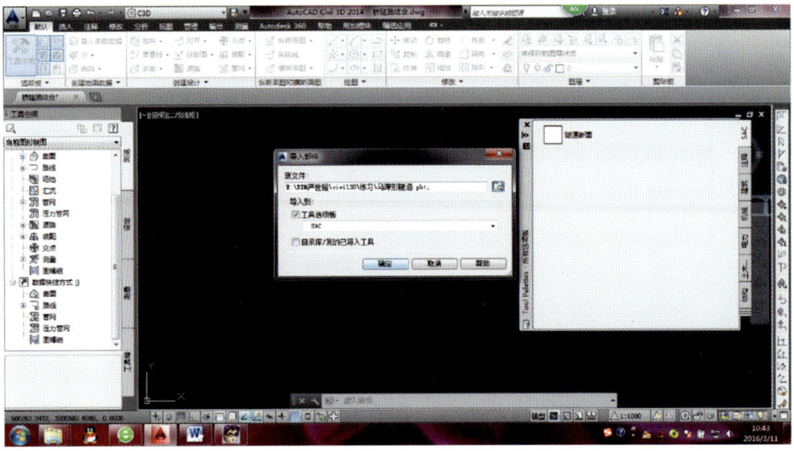

图 5-25　部件装配导入 Civil 3D

根据定制的路基横断面，利用平、纵、横线路数据直接生成横断面扫略面，如图 5-26 所示。通过扫略横断面生成三维实体，实现在 Civil 3D 快速创建路基三维实体模型，如图 5-27 所示。它可为路基的基床表层、基床底层、基础表层和基础底层设置不同的颜色，以区分不同的路基层，为后续在 Navisworks 中的施工模拟便于直观查看。在 Navisworks 中模拟施工时设置的不同颜色的分层便于观察模拟施工进程。

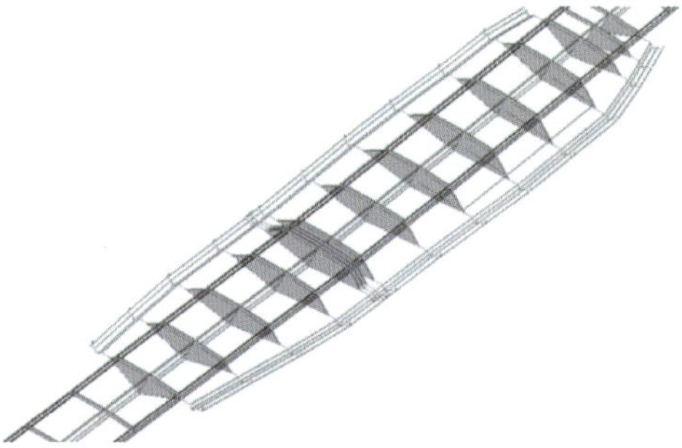

图 5-26　路基横断面扫略线

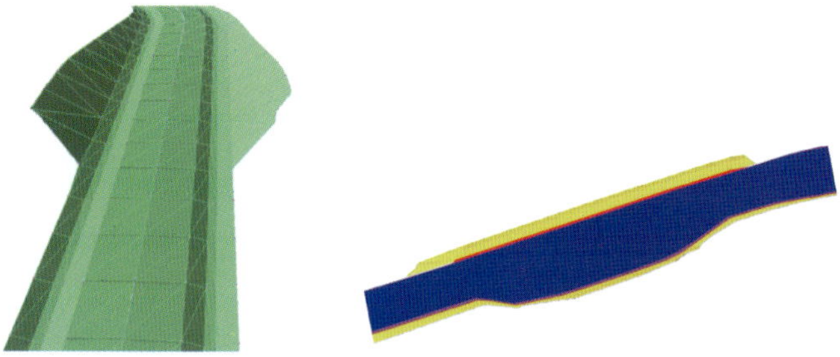

图 5-27　路基三维实体

5.3.3　隧道装配的创建

隧道模型相较于其他部件逻辑更为复杂，以城市轨道交通的单孔单线隧道为例进行隧道装配的参数化创建，流程如图 5-28 所示。利用 Civil3D 的部件编辑器进行隧道断面的定制，隧道部件装配流程图和预览效果如图 5-29 所示。

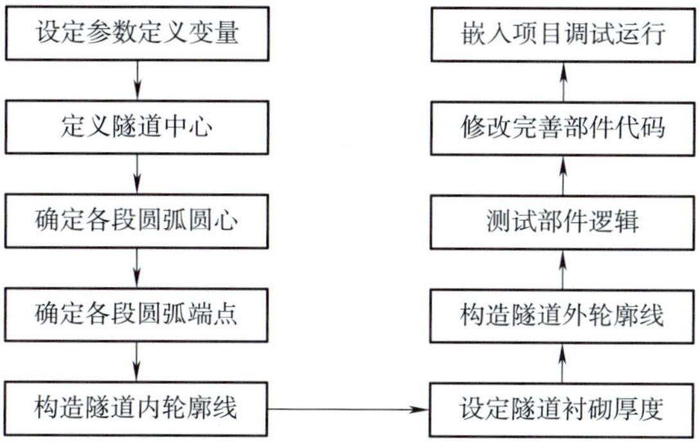

图 5-28　隧道部件创建流程

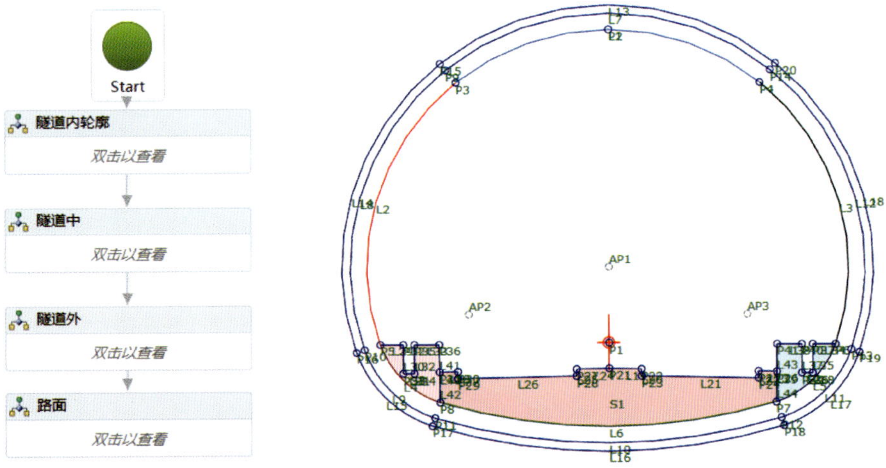

图 5-29　隧道部件装配流程图和预览效果

隧道部件的输入参数见表 5-5,其中 Default Value 是根据地铁设计规范确定的缺省值。根据隧道结构,通过定义顶拱半径、侧拱半径、仰拱半径、初次衬砌厚度、二次衬砌厚度等参数控制隧道断面形式。根据需要可修改各参数,建立不同的隧道断面形式。

表 5-5　隧道部件的输入参数

Name	Data Type	Direction	Default Value	DisplayName
a1	Double	Input	39	顶拱角度 1
a2	Double	Input	70	顶拱角度 2
a3	Double	Input	53	侧拱角度
a4	Double	Input	38	仰拱角度
ap1H	Double	Input	2. 08	辅助点 1 的高度
c	Double	Input	0. 45	初次衬砌厚度
c1	Double	Input	0. 23	二次衬砌厚度
d	Double	Input	0. 19	分隔带高度
h	Double	Input	0. 8	沟槽高
hl	Double	Input	0. 718	原点据路面高度
r1	Double	Input	6. 54	顶拱半径
r2	Double	Input	2. 55	侧拱半径
r3	Double	Input	14. 3	仰拱半径
s	Grade	Input	－2%	路面坡度
t	Double	Input	0. 3	沟槽宽
w	Double	Input	3. 2	一侧路面宽度
w1	Double	Input	0. 62	沟槽右侧宽

续上表

Name	Data Type	Direction	Default Value	DisplayName
w2	Double	Input	0. 68	沟槽左侧宽
w4	Double	Input	0. 875	一侧分隔带宽度
w5	Double	Input	0. 5	路缘宽度

用部件装配创建横断面时，首先要确定点的位置，在通过两点来连线确定轮廓。以马蹄形隧道为例，其轮廓确定的难点就是先要将几个弧形的圆心确定出来，弧形的圆心使用辅助点 APn 来表示，辅助点在以后的横断面中不会显示。

如图 5-29 所示，AP1 点就是在 P1 点的上方 AP1H 的距离，P2 点是距离 P1 点一个 $r1$ 的距离，P3 与 P4 对称，使用的 Point Geometry Type 是 Angel and Distance。从 AP1 开始以 P2 为参照点，角度为 $a1$，距离为 $r1$ 来确定，然后用弧的形式将他们连起来，弧的类型使用的是 Arc：General，Start Point：P4、Center Point：AP1、End Point：P3，这样马蹄形隧道的顶拱就绘制出来了。

P5 与 P6 对称，通用是以 AP1 为圆心确定的方法与 P2、P3 相同。确定隧道的侧拱圆心 AP2、AP3，其 Point Geometry Type 为 Interpolate Point，From Point：AP1、Destination Point：P5、Interpolate Parameter：$(r1-r2)/r1$，这样确定了 AP2、AP3 的位置。P7、P8 位置的确定与 P4、P5 相同，将角度参数和距离参数换成相对应的即可。

仰拱圆心 AP4 在原点的正上方，因此 Delta X 为 0，Delta Y 如式(5-1)所示(每个变量所表示的参数含义见表 5-5)。

$$\text{DeltaY} = \text{Math. sqrt}[r3^2 - (\text{P8. X})^2] \tag{5-1}$$

同理，该隧道部件也可以导入到 Civil 3D 中，形成隧道完成的横断面图如图 5-30 所示。根据不同项目的需要，修改其属性参数，进行隧道参数定制其他尺寸的隧道，生成的隧道三维模型如图 5-31 所示。

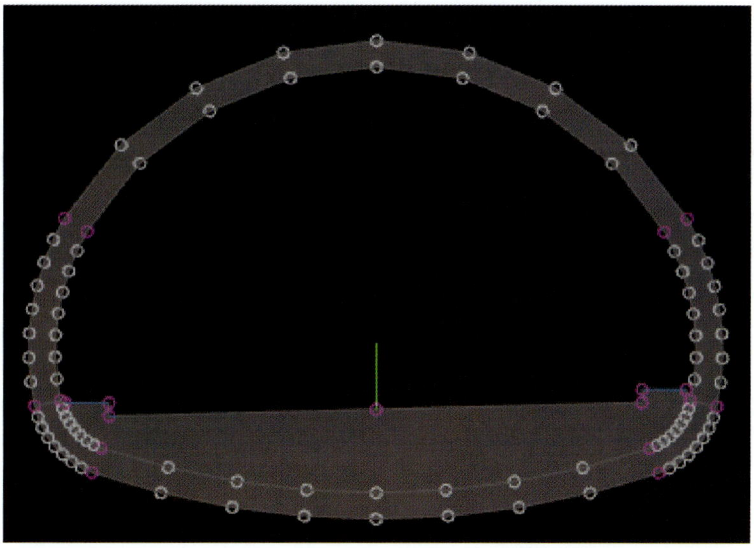

图 5-30　隧道在 Civil 3D 中的横断面图

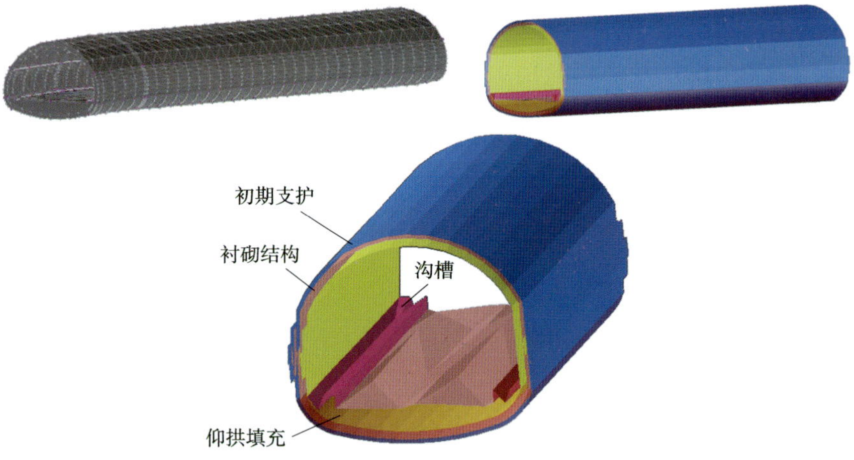

图 5-31 隧道三维模型和放大效果图

5.3.4 桥梁装配的创建

Civil 3D 软件中也有桥梁部件,但是桥梁的类型比较少,可以按照设计要求,运用 Civil 3D 自带的部件编辑器自行设计,更详细的设计可在 Revit 软件中完成。图 5-32 为使用的桥梁装配。设计好装配之后,可以更改里面的参数,使之符合规范要求。

图 5-32 桥梁装配

5.4 线路三维模型生成

线路模型以各种 Civil 3D 对象和数据(包括部件、装配、线路、纵断面)为基础,并使用这些数据创建。Civil 3D 中包含多种类型部件,每个部件都是由若干几何单元组成,包括点、连接、造型。将部件添加至装配并沿着线路中心线延伸最终形成线路三维模型,其中部件的点延伸形成要素线,即纵向空间曲线,连接延伸形成带状面,造型拉伸成了一个带状的空间实体,这就是 Civil 3D 中线路建模的基本思想。

在线路、纵断面和装配创建完成后,便可以创建线路模型。点击“创建设计选项卡”的路基,会出现“创建道路”选项卡(图 5-33),为线路命名,选择恰当的线路、纵断面、装配及目标曲面后,点击“确定”生成线路模型。若线路采用多个装配,可在“基准线和区域参数”(图 5-34)中将路基进行“拆分区域”再为每一区域设置相对应的装配及起终点桩号，点击确定生成线路三维模型。

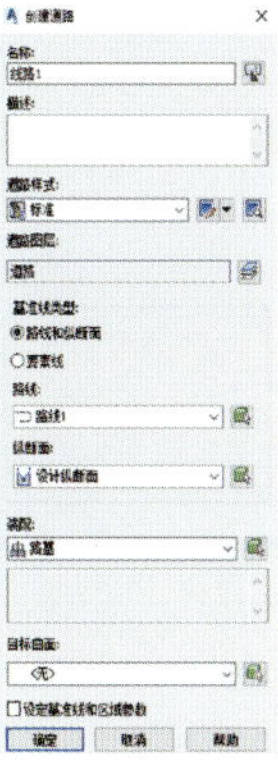

图 5-33　创建线路模型参数

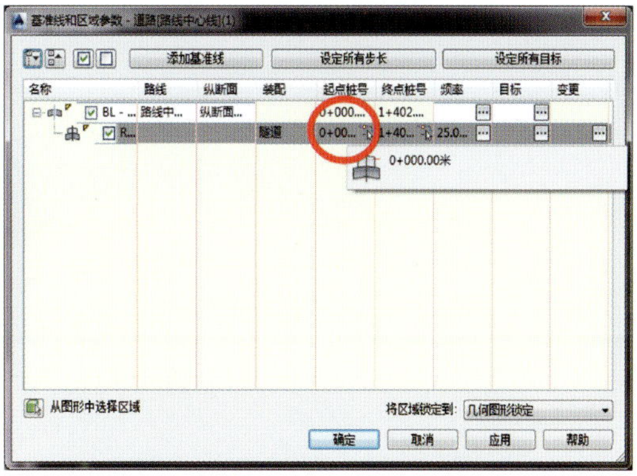

图 5-34　基准线和区域参数设置

如图 5-35 所示提前设置好代码集样式，生成的线路模型如图 5-36 所示。

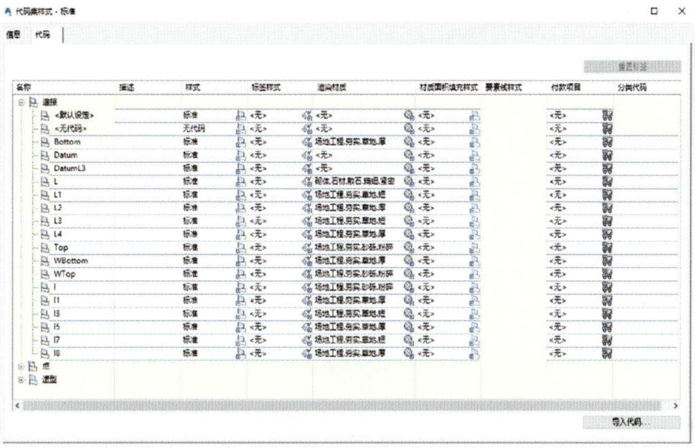

图 5-35　设置代码集样式

图 5-36　线路模型

根据隧道装配将隧道横断面分为上下两部分。先创建隧道外曲面，再创建隧道内曲面，再以所创建的曲面作为边界，就能显示出更真实的场景。将隧道部件导入 Civil 3D 中后，可根据需要调整属性参数定制隧道模型。将其切换在三角网状态下，隧道部分需要在原始曲面上为隧道的出入口进行开洞（图 5-37），生成的隧道模型如图 5-38 所示。

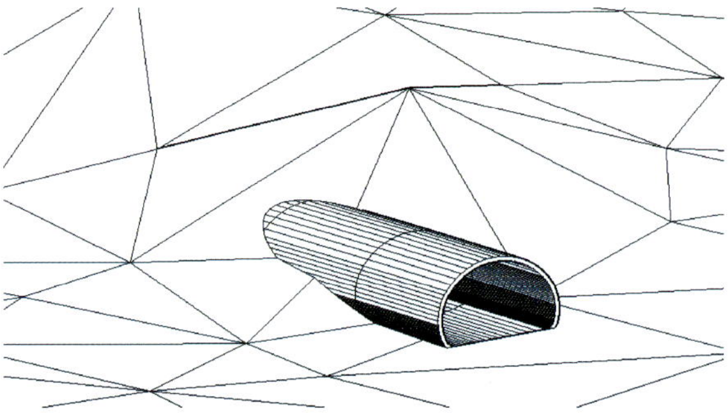

图 5-37　隧道出口处

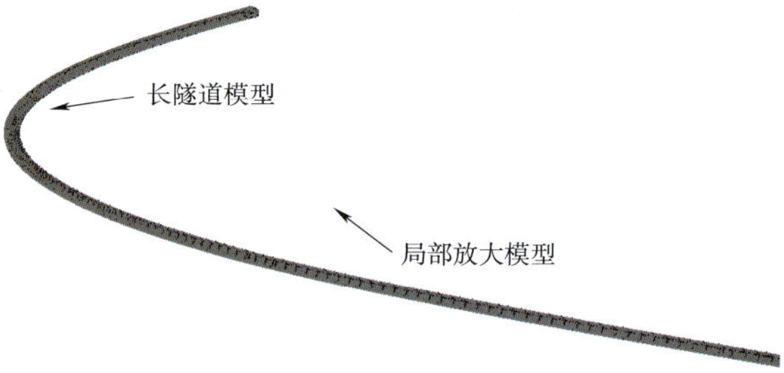

图 5-38　隧道三维模型及放大效果

线路模型生成后可通过模拟驾驶查看线路模型效果，如图 5-39 和图 5-40 所示。

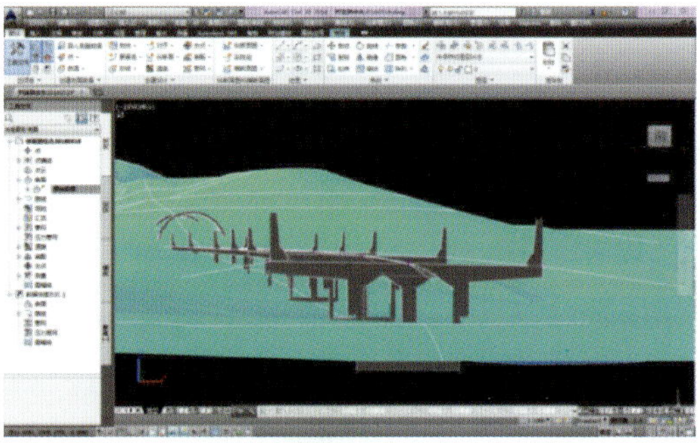

图 5-39　模拟驾驶（桥梁）

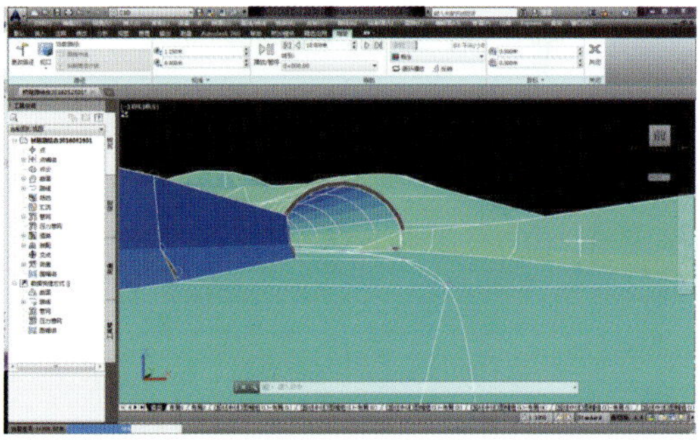

图 5-40　模拟驾驶效果（桥隧连接处）

将下载好的地形影像作为三维地形添加纹理,会更加真实地展示线路设计情况,如图 5-41 所示。

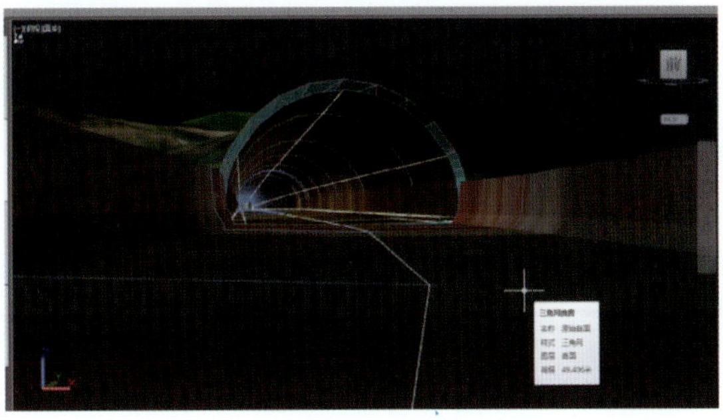

图 5-41　粘贴纹理之后的模拟驾驶

第 6 章

基于 Revit 平台的线路模型深化设计

城市轨道交通项目所涉及的专业多、模型复杂且空间较小，目前还不能全部基于 Civil 3D 来实现城市轨道交通线路构造物的创建。Revit 作为应用最广泛的 BIM 软件之一，在可视化、信息化方面具有显著优势，还提供了丰富的 API。本章基于 Revit BIM 建模软件，利用其参数化技术、API 二次开发技术和 C#. NET 程序开发语言，研究城市轨道交通线路模型各种装配的深化设计方法，实现城市轨道交通线路装配的快速创建及自动拼装，减少和降低模型细化和拼接的复杂度，实现基于 Revit 平台的线路模型深化设计。

6.1 桥梁构件族库的创建

6.1.1 自建梁族细化桥梁

桥梁梁型的选择根据当地的城市规划、水文地质、施工方式、地下管线以及城市景观等因素，按照安全、经济、美观的原则再结合城市轨道交通的特点来确定[22]。我国部分主要城市的轨道交通高架桥梁的梁部结构见表 6-1。

表 6-1 国内主要城市轨道交通桥梁结构形式一览表

项目名称	区间标准梁型式	施工方法
北京地铁 5 号线	3 m×30 m 连续箱梁	现浇
北京地铁八通线	25 mI 型简支组合梁	预制吊装
北京地铁 13 号线	3 m×25 m 连续箱梁	现浇
北京机场线	30 m 简支箱梁	整孔预制架设
上海莘闵线	30 m 简支箱梁	现浇
上海共和新路高架	30 m 简支箱梁	现浇
上海地铁 9 号线	30、25 m 简支组合箱梁	预制吊装
上海明珠线一期	30 m 简支梁	现浇

续上表

项目名称	区间标准梁型式	施工方法
南京地铁 1 号线	3 m×25 m 连续箱梁	现浇
武汉轨道交通 1 号线一期	25 m 简支箱梁	现浇
天津津滨轻轨	3 m×25 m 连续箱梁	现浇
重庆轨道交通较新线	22、24 mI 型 PC 梁	预制吊装单轨系统
大连轻轨 3 号线	25 m 连续箱梁、组合槽型梁	预制吊装现浇
广州地铁 4 号线	30 m 简支箱梁	节段拼装
广州地铁 6 号线	30～40 m 连续钢构	节段拼装
杭州地铁 1 号线	30 m 简支箱梁	现浇

从表 6-1 中可以得知，我国城市轨道交通桥梁的跨径通常为 25～35 m。桥梁的截面以箱梁为主，槽型梁为辅，结构体系多数采用的是简支梁。在创建桥梁族库时，可以以上述梁型为主，进行创建，基本流程如图 6-1 所示。

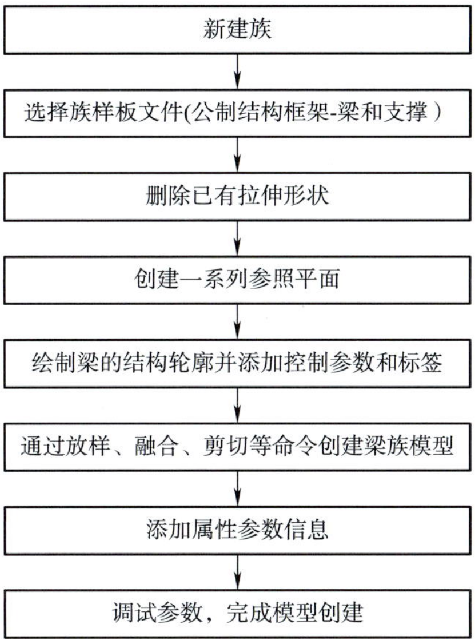

图 6-1　梁族创建流程

以箱式简支梁为例，说明具体创建步骤。

1. 创建参照平面

新建→族→选择“公制结构框架－梁和支撑 . rft”，删掉自带的拉伸模型，根据桥梁的横断图创建参照平面，如图 6-2、图 6-3 所示。

2. 梁横断面轮廓的创建

根据创建的参照平面，选择合适的视图来绘制路径及轮廓，创建好的轮廓如图 6-4 所示。

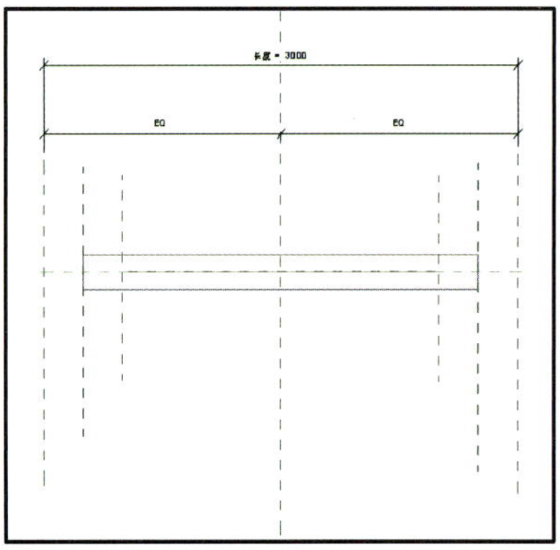

图 6-2　原族样板

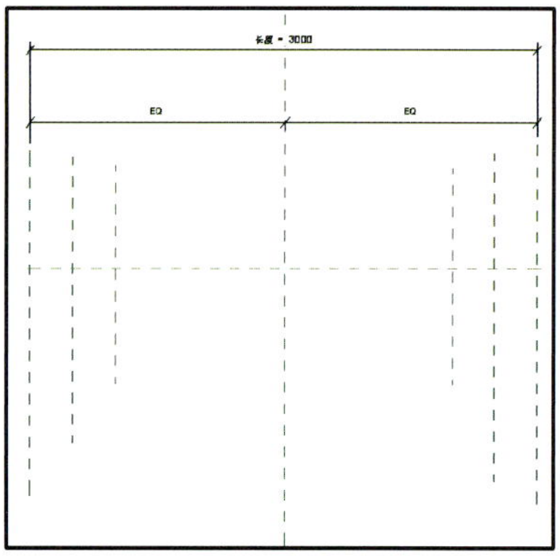

图 6-3　修改后的族样板

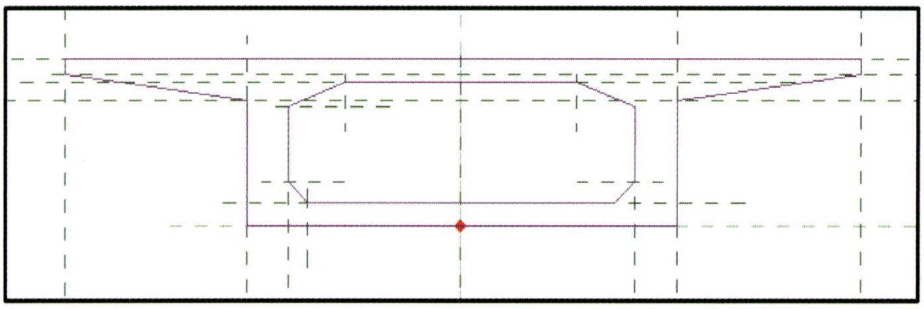

图 6-4　梁的断面轮廓

3. 添加控制参数

先标注截面上的尺寸,再选中标注为桥梁轮廓添加标签,通过控制参数可改变桥梁形状,添加的尺寸如图 6-5 所示。添加控制参数完成之后,在族类型中可查看所添加的控制参数,如图 6-6 所示。

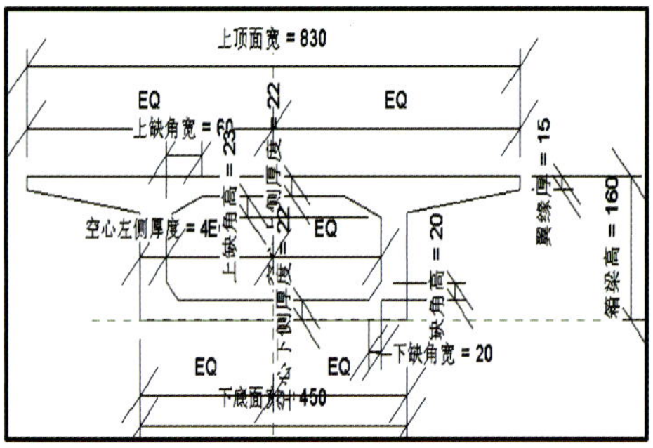

图 6-5　添加标签后的尺寸标注

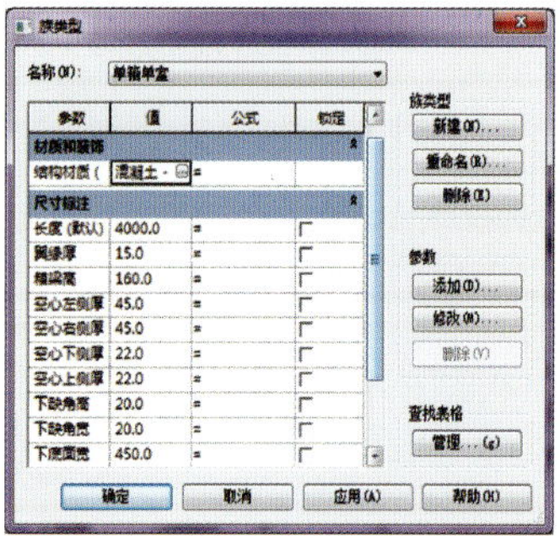

图 6-6　单箱单室箱梁的参数设置

4. 其他参数的设置

方便施工单位统计施工数据和运维时查看信息,也可以添加其他参数,如图 6-7 所示。

经过上述步骤,生成的箱式简支梁如图 6-8 所示。在族参数中修改符合项目要求的数值,可使桥梁截面尺寸发生变化。改变控制参数之后的箱式简支梁截面,如图 6-9 所示。

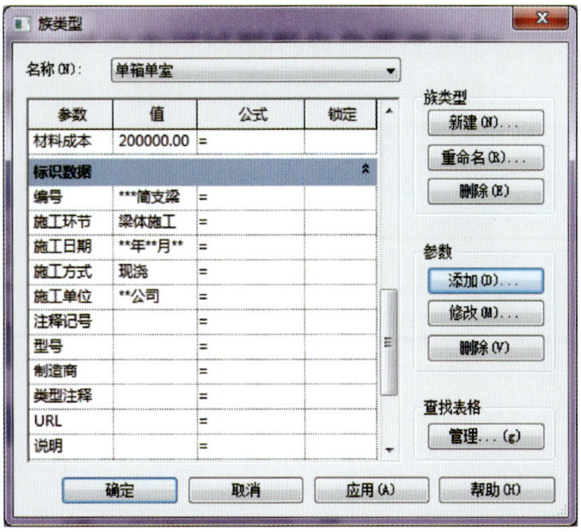

图 6-7　其他参数的设置

图 6-8　箱式简支梁模型

图 6-9　调整尺寸之后的箱式简支梁模型

另一种简单的方式处理相同截面不同尺寸的构件就是为其添加外部驱动数据，即按照族类型中的控制参数的顺序，编写一个文本 . txt 文件，其命名与所创建族的名称一致。. txt 的书写格式为“，控制参数名称##控制参数的类型##控制参数的单位”，需依次定义每个控制参数，定义完之后为参数赋值。在项目中载入该族，由于该族的外部驱动族文件具有与之同名的外部驱动文本文件，就会弹出如图 6-10 所示的“指定类型”，添加外部驱动数据的方式方便相同截面不同参数的族的管理和载入。

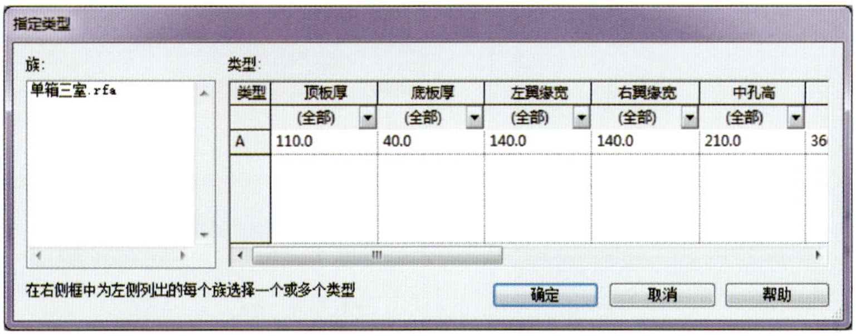

图 6-10　指定类型对话框

其余形式的桥梁截面创建过程与之类似,除箱形简支梁之外,还创建了 T 型梁及其控制参数(图 6-11)、马蹄型 T 型梁及其控制参数(图 6-12)、U 型梁及其控制参数(图 6-13)、工字型简支梁及其控制参数(图 6-14)、板式简支梁及其控制参数(图 6-15)、上承式拱桥及其控制参数(图 6-16)、中承式拱桥及其控制参数(图 6-17)、下承式拱桥及其控制参数(图 6-18)、悬索桥及其控制参数(图 6-19)。

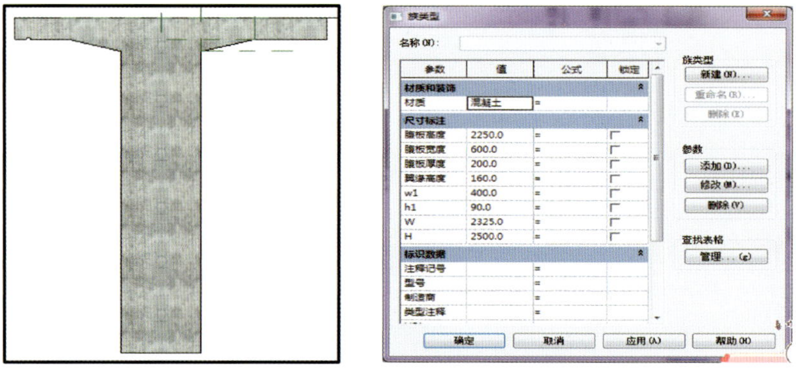

图 6-11　T 型简支梁模型及其控制参数

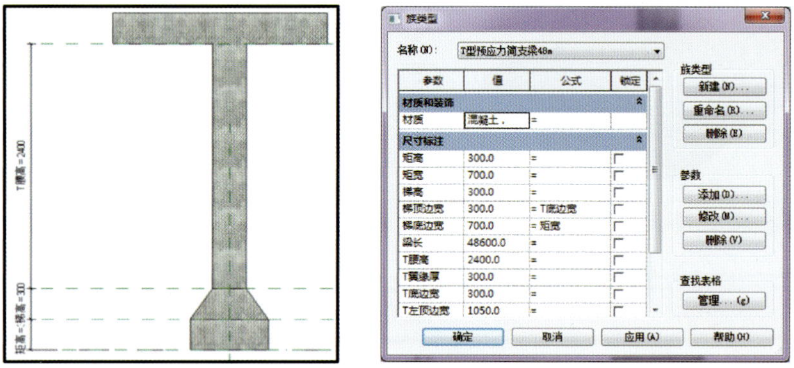

图 6-12　马蹄型 T 型简支梁模型及其控制参数

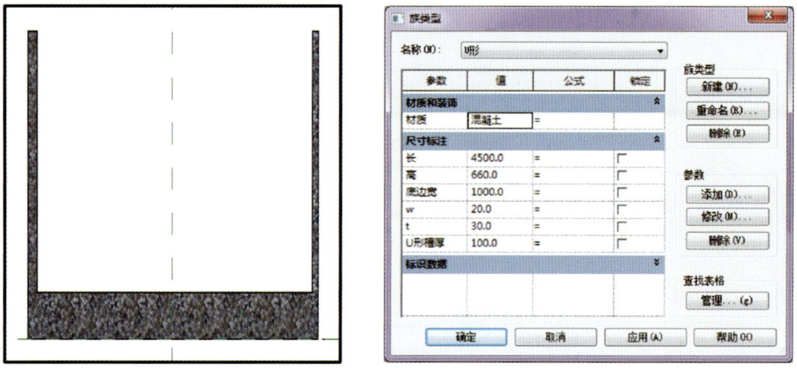

图 6-13　U 型简支梁模型及其控制参数

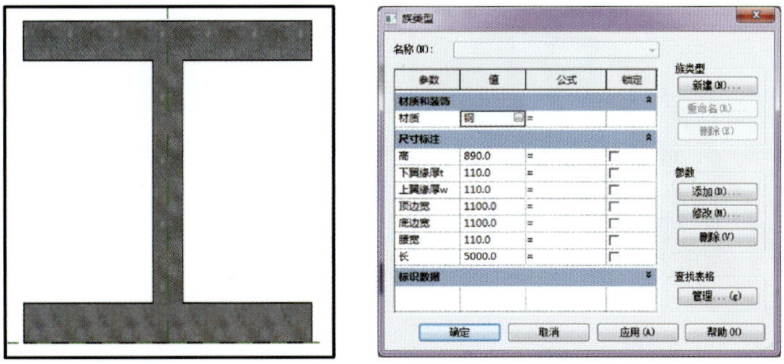

图 6-14　工字型简支梁模型及其控制参数

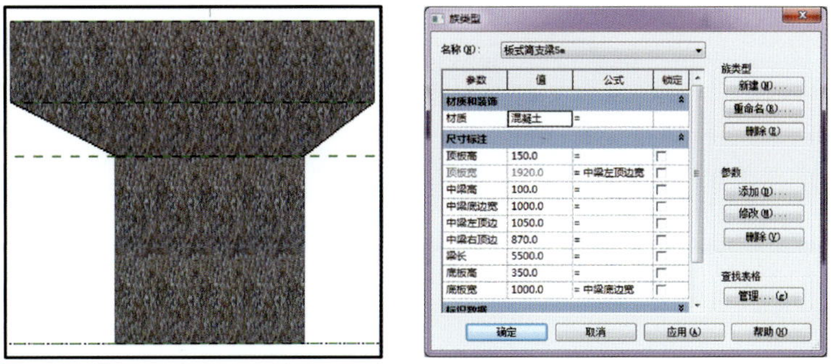

图 6-15　板式简支梁模型及其控制参数

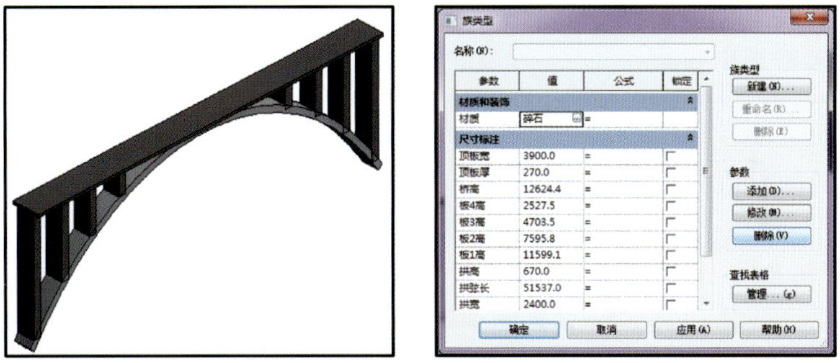

图 6-16　上承式简支梁模型及其控制参数

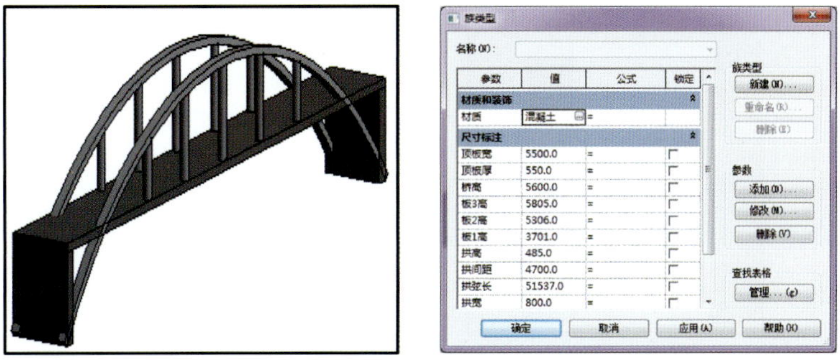

图 6-17　中承式简支梁模型及其控制参数

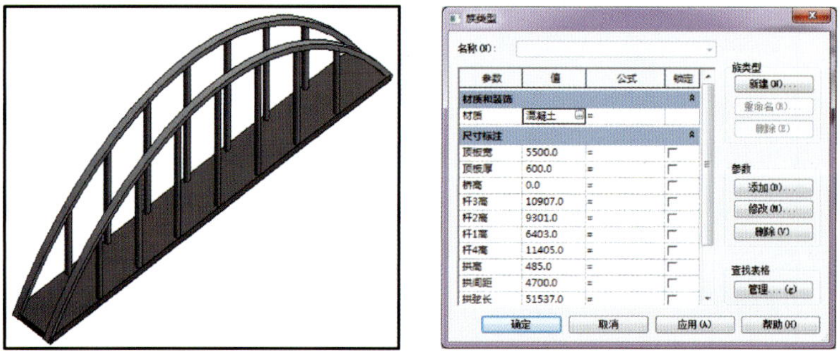

图 6-18　下承式简支梁模型及其控制参数

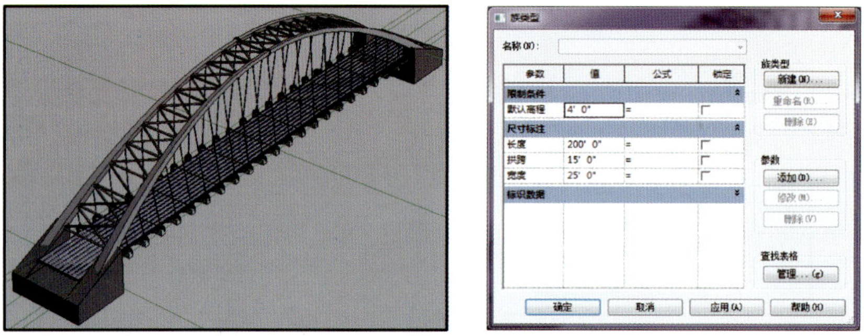

图 6-19　悬索桥模型及其控制参数

6.1.2　自建桥墩族细化桥梁

采用“公制结构柱 . rft”族样板文件创建桥墩族，将桥墩分解成最简单的单元进行创建[22]。将各部分的材质关联到结构材质上，载入到项目之后，就可以根据项目的需要，修改成符合项目要求的材质。同样也可以用外部驱动数据来管理相同截面不同尺寸的桥墩族。创建好的双柱式桥墩及其控制参数如图 6-20 所示，Y 字形式的两种桥墩及其控制参数如图 6-21、图 6-22 所示，桩柱式桥墩 - 单圆形及其控制参数如图 6-23 所示，柱式桥墩 - 矩形及其控制参数如图 6-24 所示，桩柱式桥墩 - 三圆形及其控制参数如图 6-25 所示等。其余的相同截面不同尺寸的桥墩也可以使用外部驱动数据来实现。

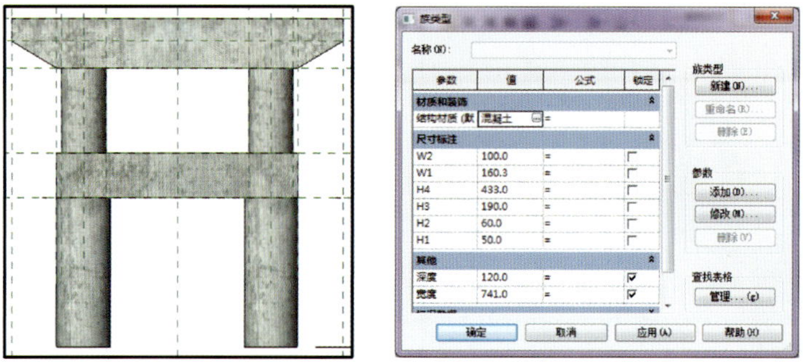

图 6-20　双柱式桥墩的立面图及其控制参数

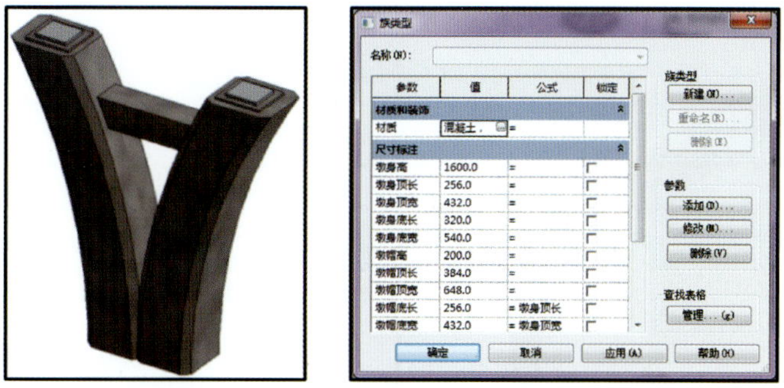

图 6-21　Y 字形式一及其控制参数

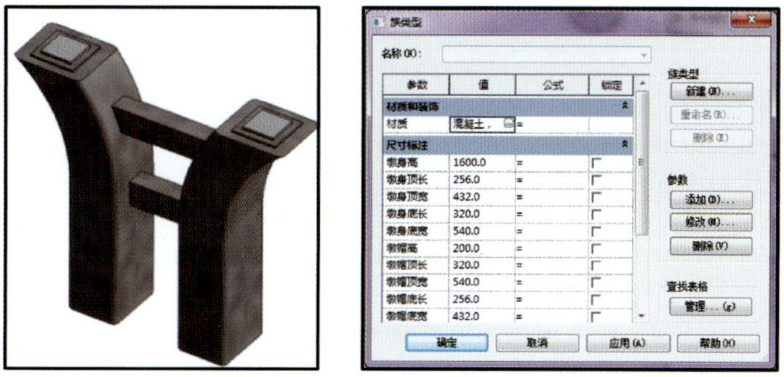

图 6-22　Y 字形式二及其控制参数

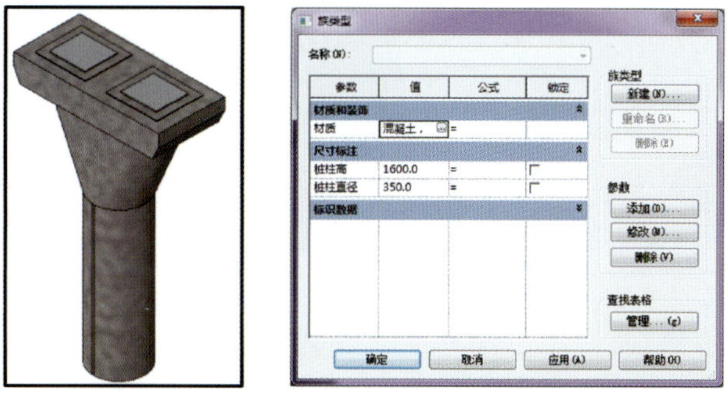

图 6-23　桩柱式桥墩－单圆形及其控制参数

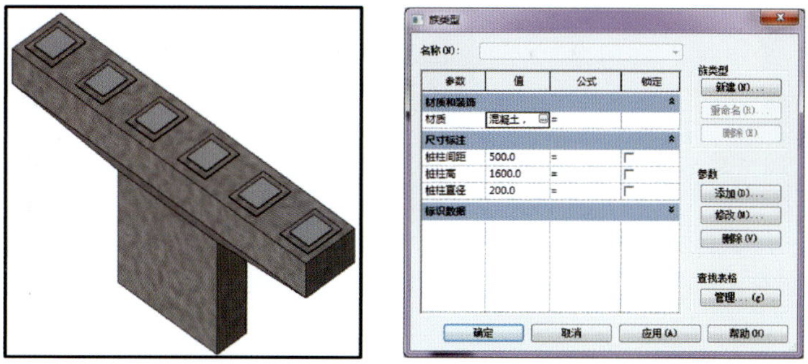

图 6-24　柱式桥墩－矩形及其控制参数

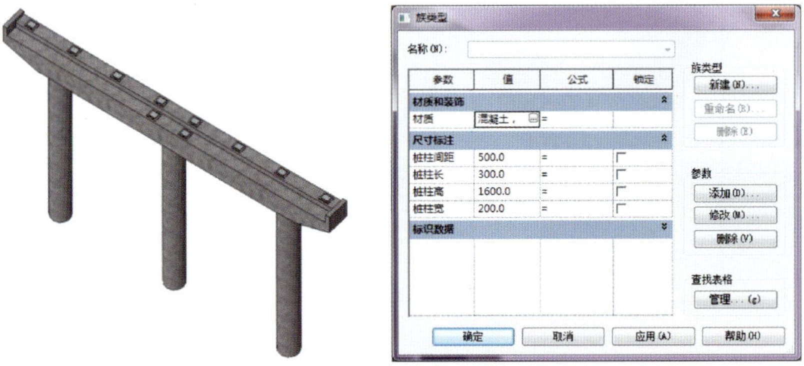

图 6-25　桩柱式桥墩－三圆形及其控制参数

6.1.3　自建桥台族细化桥梁

创建桥台族所选择的族样板文件，与桥墩族所选的族样板文件相同，其创建的方法也与桥墩族相似，同样是先将桥台族进行分解，分解至最基本的单元，再创建一系列的参照平面定位及绘制。所创建的桥台族有一字型桥台（图 6-26）、埋式桥台（图 6-27）、耳墙式桥台（图 6-28）、U 型桥台（图 6-29）、T 型桥台（图 6-30）及重力式桥台（图 6-31），同理相同截面不同尺寸的桥台可通过添加外部驱动数据来实现。

图 6-26　一字型桥台

图 6-27　埋式桥台

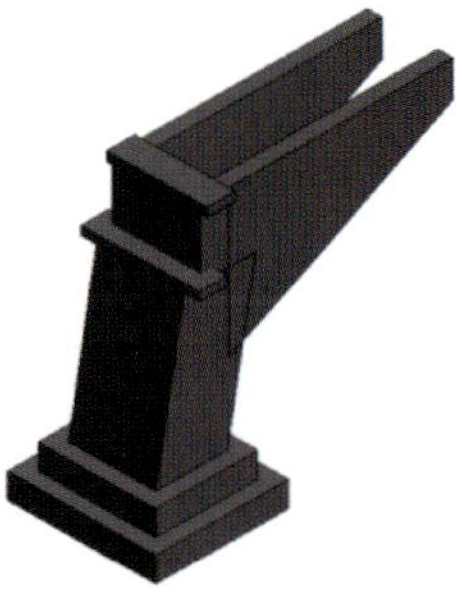

图 6-28　耳墙式桥台

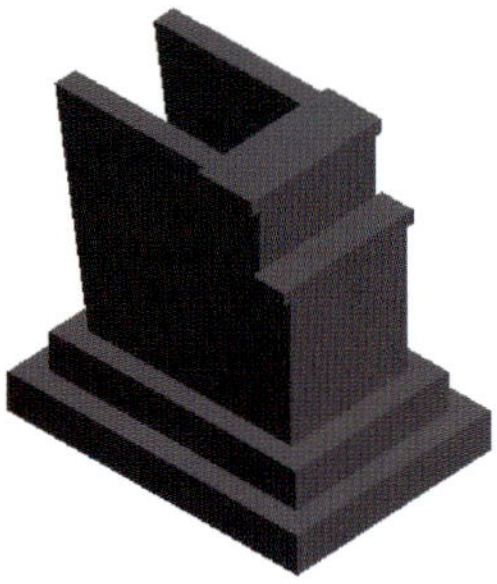

图 6-29　U 型桥台

图 6-30　T 型桥台

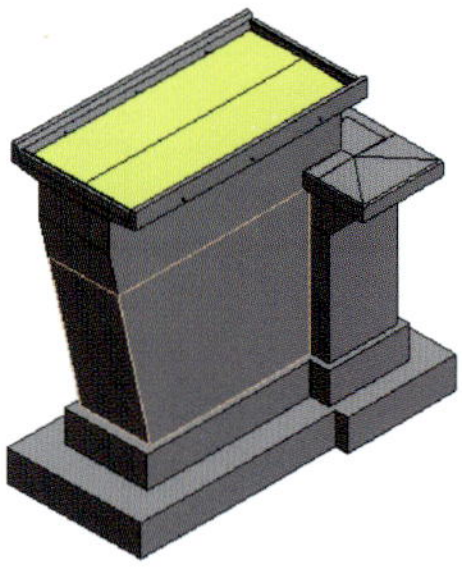

图 6-31　重力式桥台

桥梁的部分还包括支座族、垫块族及基础族，建模相对简单，在此不再赘述。

6.2　轨道精细化建模

轨道是城市轨道交通线路工程中必不可少的设施，其使用类型多为无砟轨道，以 CRTS Ⅰ型双块式无砟轨道结构为例，对无砟轨道主要构件进行精细化建模研究。

CRTS Ⅰ型双块式无砟轨道系统自上而下为钢轨、扣件系统、双块式轨枕、道床板和下部基础结构[23]，扣件系统又分为轨下垫板、弹性垫层、铁垫板、轨距挡板、弹条、道钉、套管等结构，其中垫板、垫层、套管与轨枕合并建模，其余构件单独建模，断面结构及主要参数如图 6-32 所示。

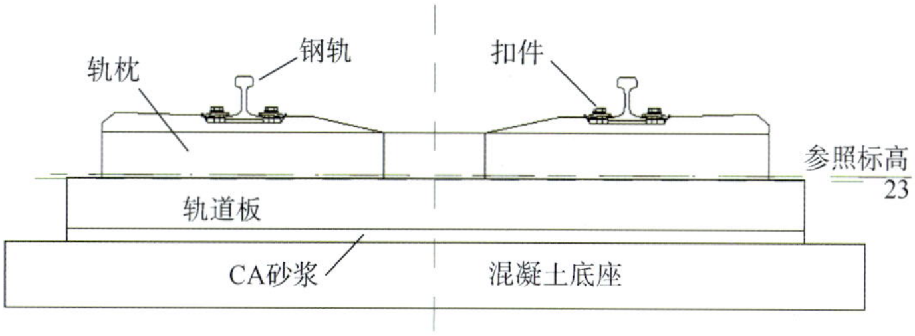

图 6-32　轨道断面结构(单位：mm)

6.2.1　钢轨族的创建

钢轨是轨道结构的主要部件，钢轨族的创建采用“自适应公制常规模型 . rft”族样板文件。由于钢轨一般的规格为 12. 5 m 或者 25 m 的长度，长度较长，自适应点越多越能贴合曲线线路，但过多的自适应点将影响计算机处理速度，因此，添加适当数量自适应点即可。城市轨道交通中通常用的 60 kg/m 的钢轨，如图 6-33 所示，设置的自适应点如图 6-34 所示，创建的钢轨三维模型如图 6-35 所示。

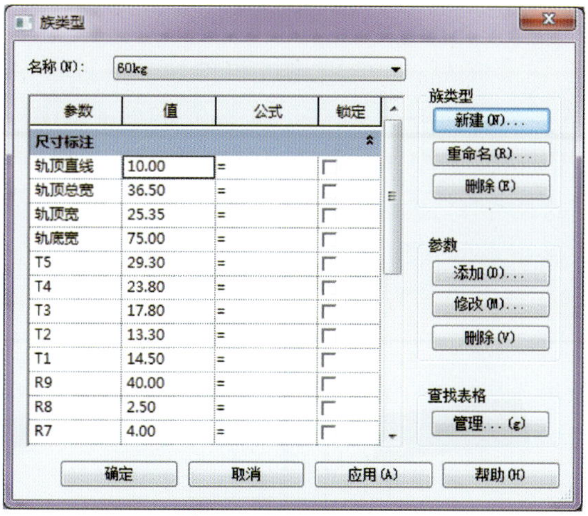

图 6-33　60 kg/m 钢轨及其控制参数

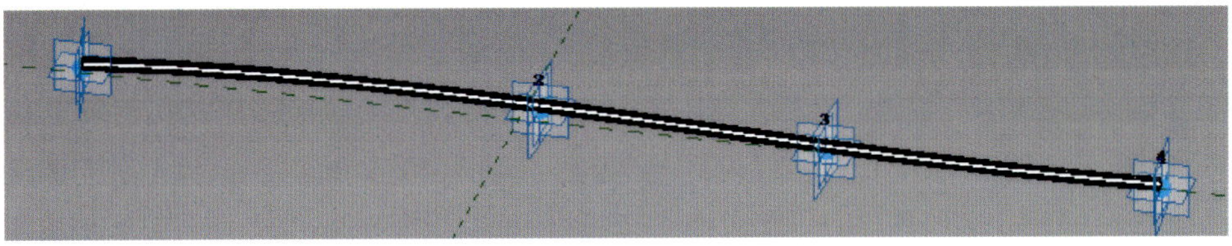

图 6-34　60 kg/m 钢轨模型自适应点布置

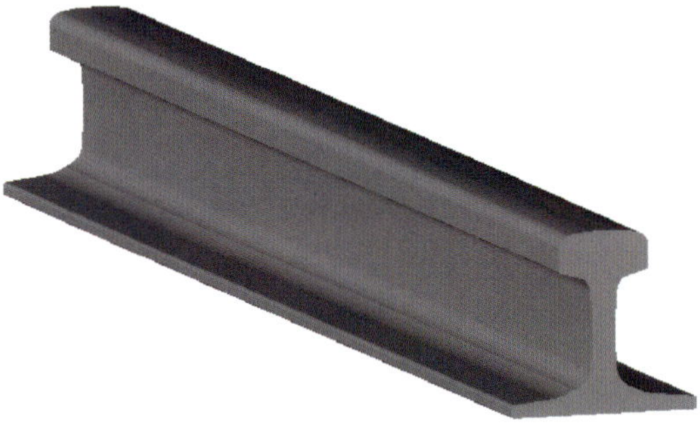

图 6-35　钢轨三维模型

此外，钢轨三维模型的创建还可以通过二次开发将轮廓沿着空间线型放样，使模型可以更好地贴合轨道线型。

6.2.2　轨枕族的创建

轨枕的主要作用是支撑钢轨并将钢轨受到的作用力传递至道床。轨枕族的建模方法类似于桥梁墩台族，也采用“公制常规模型”族样板，通过拉伸、空心剪切、镜像等方法创建。轨枕类型较为固定，在完善轨枕模型族库后，根据轨道结构设计快速调取、更换轨枕模型。

在直线地段轨枕的铺设相对简单，只需要按照相应的间距一次排列即可。但在曲线地段轨枕创建的过程中会有两个难点：一是创建过程中轨枕在水平方向沿曲线布置，二是在超高处沿轨道的空间旋转。解决方法是轨枕沿曲线方向水平面的布置，将轨枕加载到“自适应公制常规模型．rft”中，在模型中添加两个自适应点，就可以实现轨枕在平面内沿曲线布置。相对于线路来说，这两个自适应点就相当于距离十分接近的点，曲线上放置轨枕是放在位置点的切线方向，而该点的切线方向就可以用两个十分接近的点来代替。创建的Ⅲ型轨枕和双块式轨枕如图 6-36、图 6-37 所示。

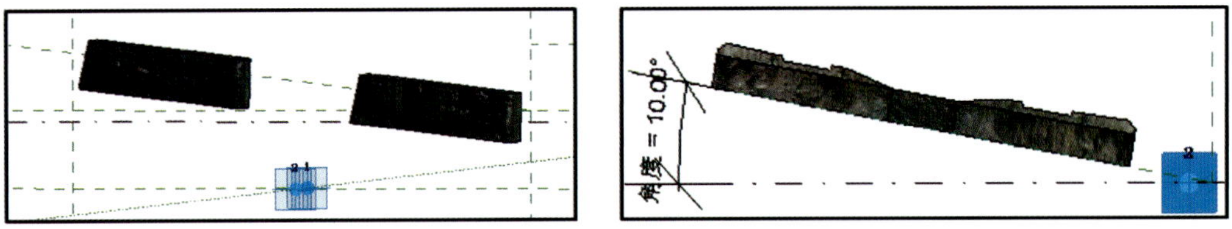

图 6-36　Ⅲ型轨枕及双块式轨枕

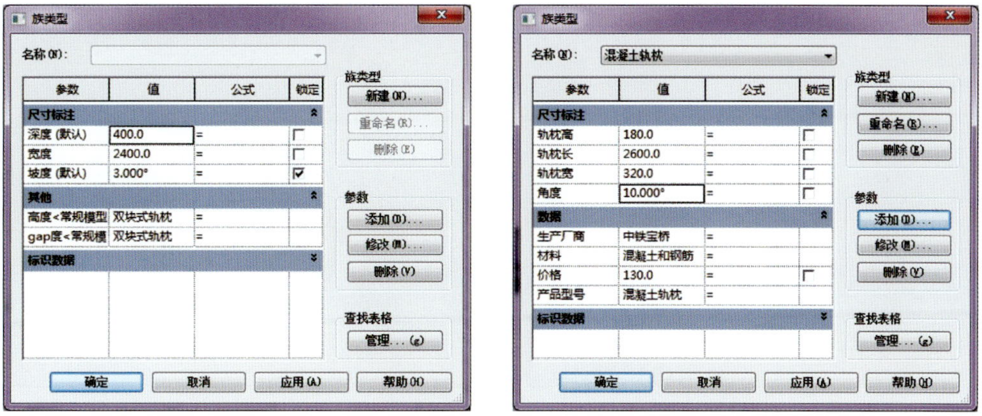

图 6-37　Ⅲ型轨枕及双块式轨枕的控制参数

创建的双块式轨枕模型如图 6-38 所示。

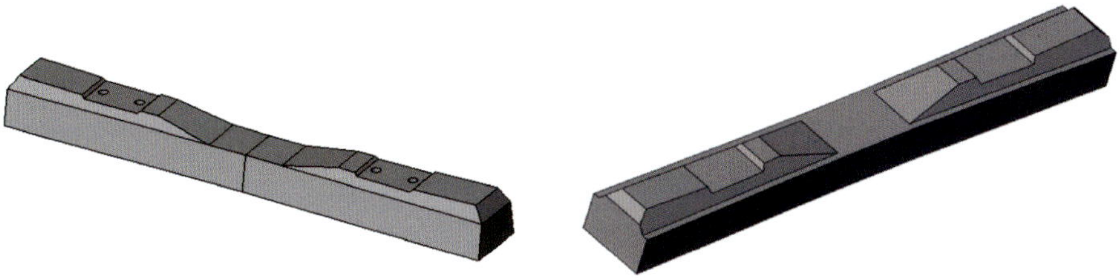

图 6-38　双块式轨枕模型

6.2.3　扣件族的创建

扣件是钢轨和轨枕之间的连接零件,其结构主要包括弹条、夹板和螺栓三部分。扣件模型采用"公制常规模型"族样板手动建模完成,整体采用嵌套族的思路进行建模。轨距挡板和螺纹道钉利用"拉伸"命令创建,弹条模型利用"放样融合"命令创建,然后进行嵌套和参数绑定,具体建模步骤不再赘述,所创建的模型如图 6-39 ~ 图 6-42 所示。

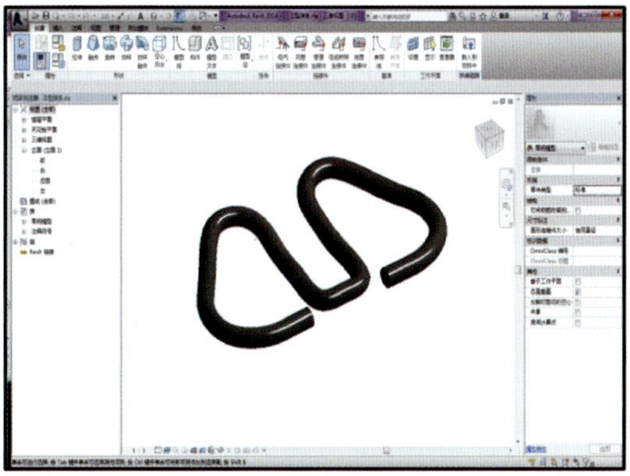

图 6-39　Ⅱ型弹条

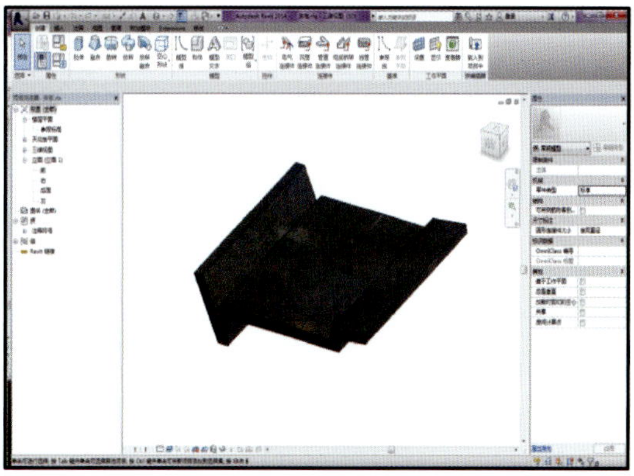

图 6-40　夹板

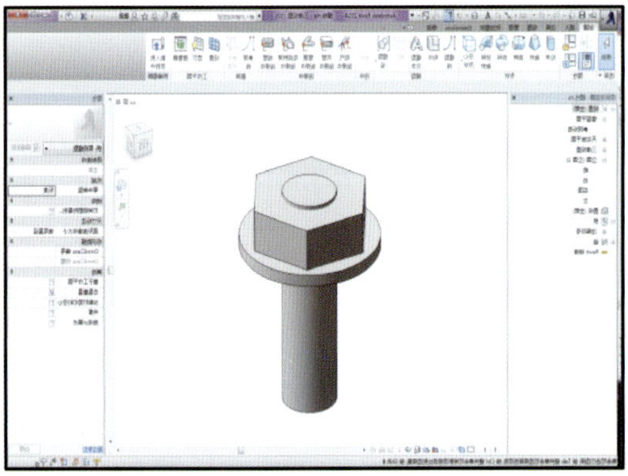

图 6-41　螺栓

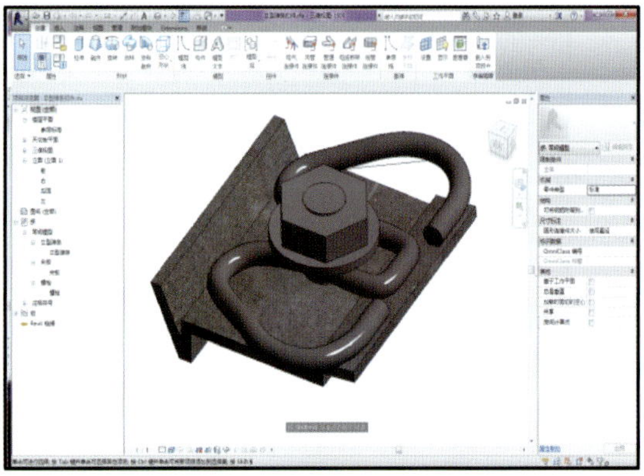

图 6-42　组合之后的扣件

6.2.4　道床族的创建

道床是轨道框架的基础，主要由轨道板和混凝土底座构成。轨道板一般为现浇板，宽 2 800 mm，厚 240 ~260 mm，底座结构宽 3 400 mm，厚 300 mm，在建模过程中可以将轨道板和混凝土底座合并简化建模。与钢轨模型创建类似，在“公制常规模型”族环境中，根据线路中心线和轨道下部结构的轮廓面，通过放样等操作创建轨道结构模型，参数化控制的建模过程可以使轨道下部结构完全贴合线路三维空间曲线，整体轨道结构模型如图 6-43 所示。

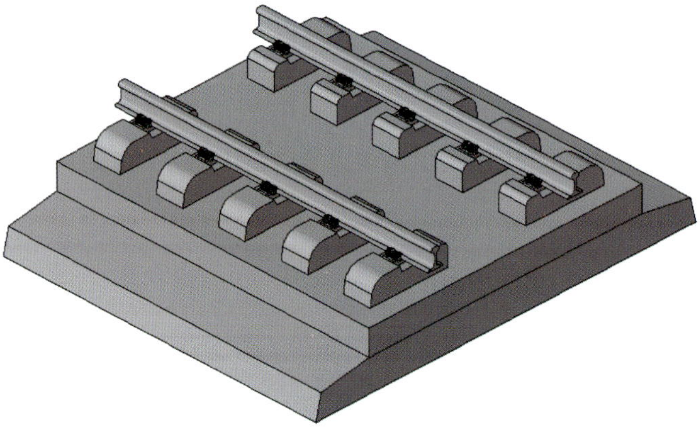

图 6-43　轨道结构模型

6.3　隧道精细化建模

隧道主体建筑主要由洞身和洞门两部分构成，分别对其进行精细化建模。

6.3.1　隧道洞门的创建

隧道洞门有多种形式，比较传统的洞门创建起来比较简单，使用“公制常规模型 . rft”族样板即可[24,25]。城市轨道交通的隧道大多是单洞单线式，单洞双线式的较少见，所以创建的洞门大多为单线的隧道洞门，例如柱式洞门、环框式洞门、端墙式洞门、翼墙式洞门、切削式洞门，如图 6-44、图 6-45 所示。

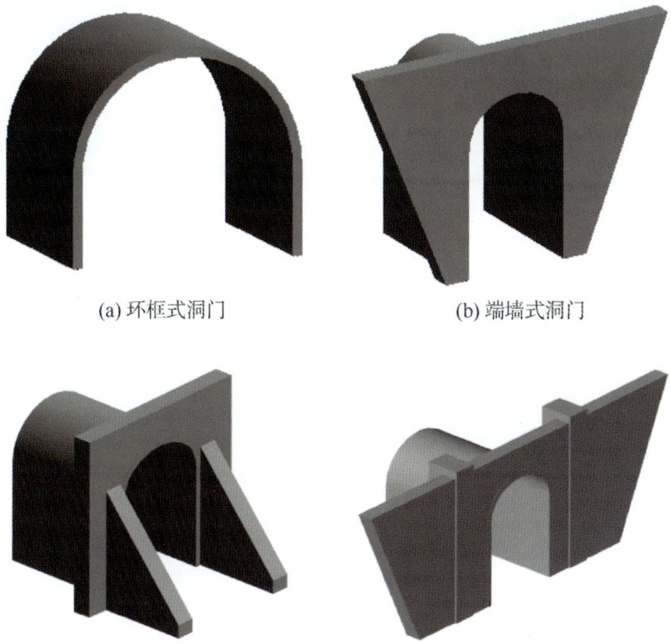

(a) 环框式洞门　(b) 端墙式洞门

(c) 翼墙式洞门　(d) 柱式洞门

图 6-44　传统洞门

(a) 直切式洞门　(b) 正切式洞门　(c) 反切式洞门

图 6-45　新型洞门

6. 3. 2　隧道洞身的创建

创建洞身选用"自适应公制常规模型 . rft"族样板创建，因为自适应族可以更贴合线路的线形[26]。创建好隧道的模型载入到自适应常规模型中，为其添加自适应点。创建的两种形式的隧道洞身模型如图 6-46 和图 6-47 所示。隧道洞身拆分成多个部分分别创建，所创建的每一部分的都要为其添加参数，并且关联参数到"隧道长度"，这样才能保证修改隧道长度时，与之有关联的构件都会随着隧道长度的变化而变化。

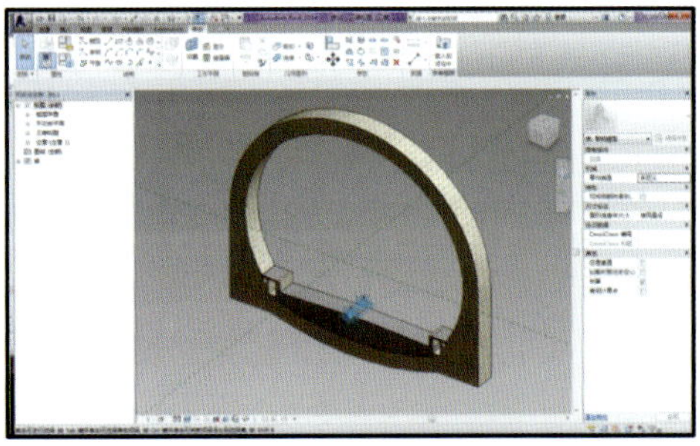

图 6-46　洞身样式 1

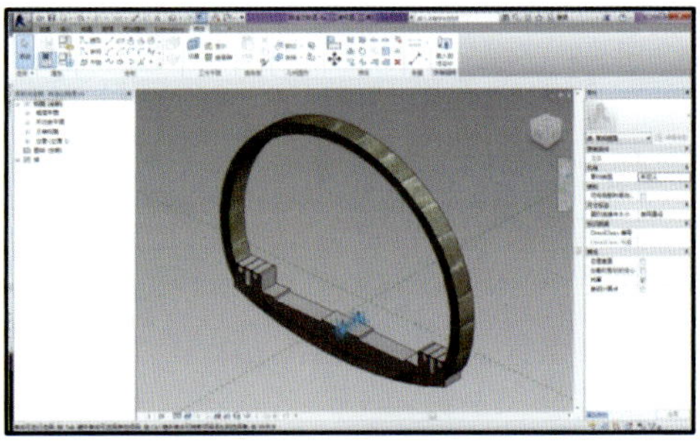

图 6-47　洞身样式 2

创建的隧道洞身三维模型如图 6-48 所示。

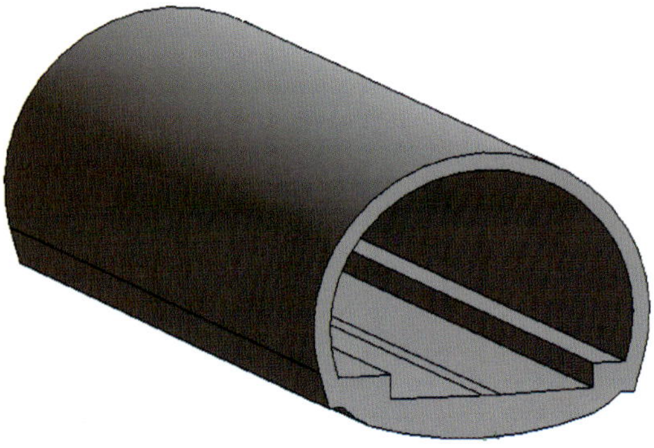

图 6-48　隧道洞身三维模型

6.4　城市轨道交通车站及周围建筑物创建

6.4.1　地铁车站建筑创建

车站是城市轨道交通项目建设中最复杂的建筑结构，需要由多个专业相互协作而建成。基于此特点，车站的建模工作需要在项目环境中完成，具体建模过程如下：

(1)新建项目样板，样板文件有构造样板、建筑样板、结构样板和机械样板四种类型可供选择，每种样板都具有其各自专业的初始参数。为了提高建模效率，根据所建构件特点选取合适的样板类型。例如，将如图 6-49 所示的车站站厅层 CAD 底图导入项目样板，作为车站模型的设计底图。

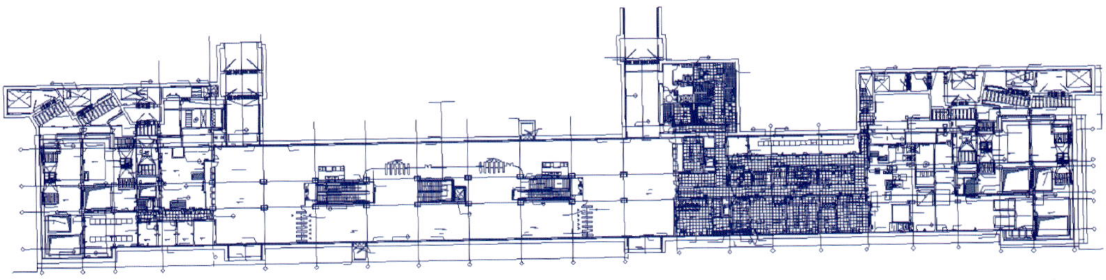

图 6-49　站厅层底图

(2)切换至立面视图，按照车站楼层分布创建标高，再切换至各楼层平面绘制轴网，通过建立的标高和轴网来约束车站模型中各构件的三维空间位置。

(3)打开各楼层平面图，使用楼板命令建立底板，绘制完楼板的南立面视图，如图 6-50 所示。然后使用系统族从下至上逐层建立墙、门、窗、柱等参数化构件，并通过调整尺寸、偏移量等参数对构件进行精准定位。

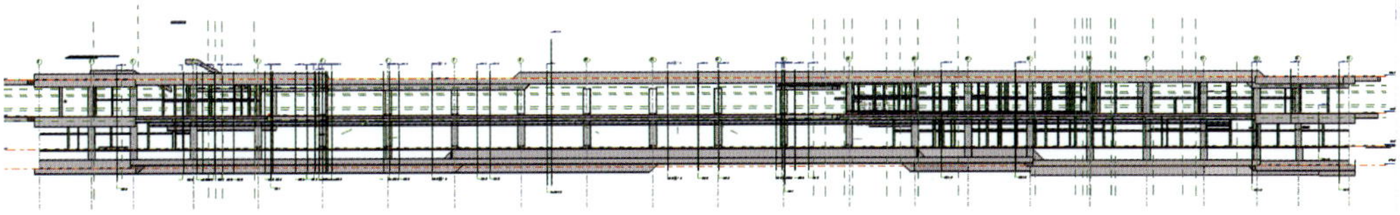

图 6-50　南立面图

最终建立的地铁车站 BIM 模型如图 6-51 所示。

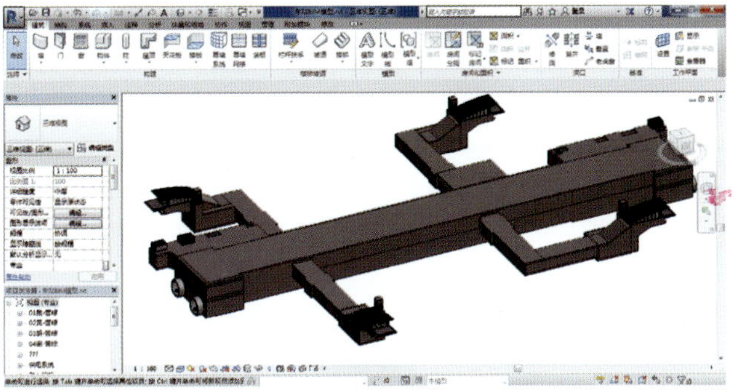

图 6-51　车站 BIM 模型

6.4.2　地铁车站附属设施创建

由于地铁车站系统族无法建立车站中闸机、自动扶梯、无障碍电梯、安检机器等模型，所以需要手动创建上述构件的参数化族库。建模方法参考桥梁墩台族的创建流程，最终建立的闸机族及其参数如图 6-52 所示，自动扶梯族及其参数如图 6-53 所示，无障碍电梯族及其参数如图 6-54 所示，安检机器族及其参数如图 6-55 所示。

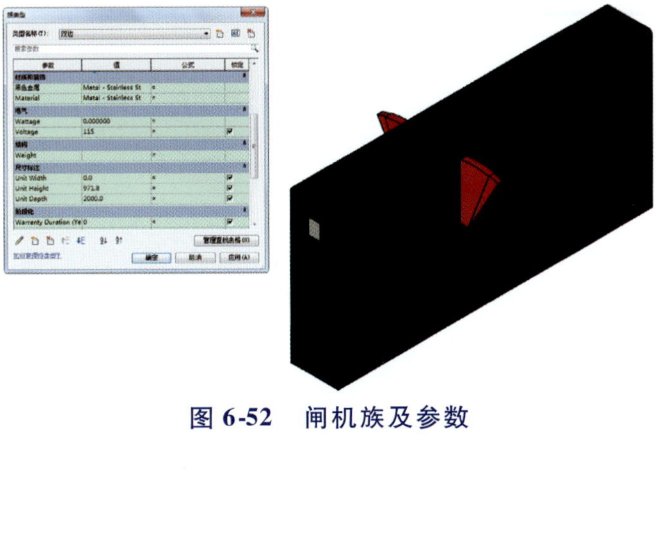

图 6-52　闸机族及参数

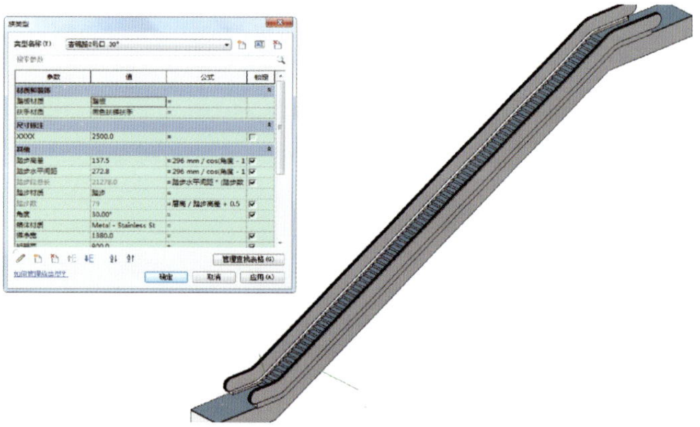

图 6-53　自动扶梯族及参数

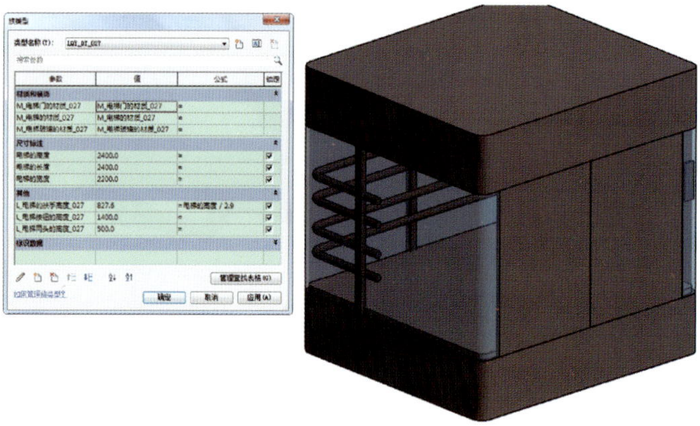

图 6-54　无障碍电梯族及参数

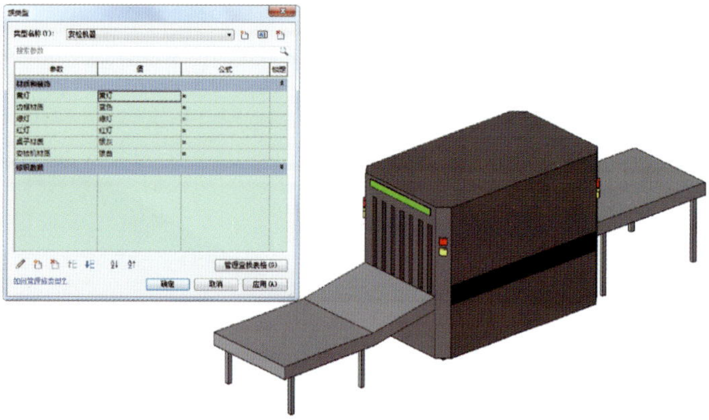

图 6-55　安检机器族及参数

将创建的参数化族库导入项目样板中，根据 CAD 图纸将自建的构件模型放置到对应位置，完成车站 BIM 模型创建，利用 Revit 属性面板中剖面框命令，可以直观展示出车站内部构造情况，如图 6-56 所示。

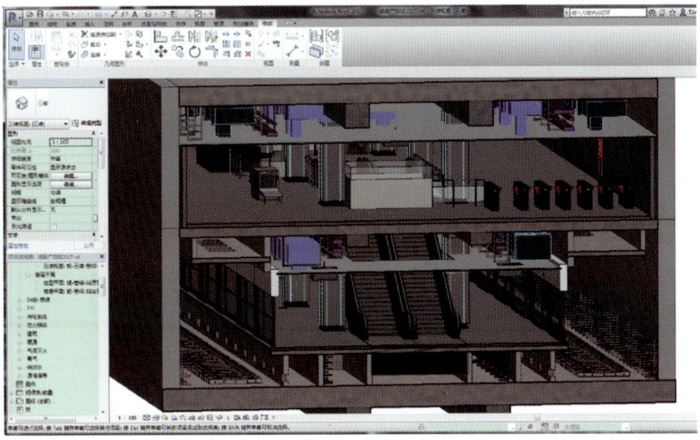

图 6-56　地铁车站内部剖面

6.4.3　地铁车站周边建筑物创建

由于主要研究的是城市轨道交通线路设计，地铁车站及其周围的建筑物并不是重点，在此只简单的阐述创建过程。建筑物模型的创建方法与车站建模方法类似，在 Revit 中创建好轴网及标高之后，按照建筑物的图纸进行翻模。最终建立的车站及周围建筑物 BIM 模型如图 6-57 所示。

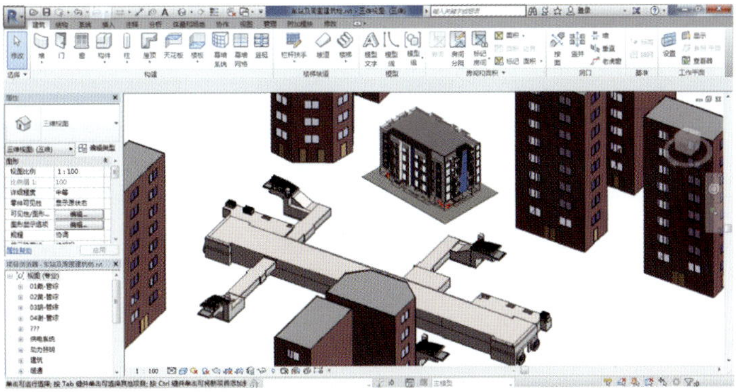

图 6-57　车站及周围建筑物 BIM 模型

将车站及建筑物导出 FBX 格式，在 InfraWorks 中以 3Dmodel 的数据格式导入，如图 6-58 所示。

图 6-58　InfraWorks 中的地铁车站和建筑物

6.5 城市轨道交通三维模型的快速建模方法

Autodesk Revit 提供了丰富的应用程序编程接口 API（Application Programming Interface），可以使用 C#编程语言通过 Revit API 开发插件，来增强和扩展 Revit 的功能[26]。

城市轨道交通构件种类众多，手工建模无法快速准确地构建线路整体模型。利用二次开发技术不仅可以实现桥梁墩台、隧道洞身、钢轨等族的快速创建和桥梁、轨道等构造物的自动拼装，还可以使构件模型完全贴合线路三维空间线型，并可随着线路数据变化而快速调整，极大提高了建模效率和准确度。

6.5.1 Revit 二次开发工具

RevitAPI 开发的工具有两种[27]。一种是 Revit 本身自带的开发环境 VSTA，支持 C#、VB. NET 语言，通过这些语言编译程序生成脚本宏，它是附着在模型上的，通过宏的运行来实现相对应的功能。另一种是采用 Visual Studio（以下简称 VS）编程语言进行开发，需要引用 RevitAPI. dll 及 RevitAPIUI. dll 两个接口组件文件，VS 的版本与 Revit 的版本相互对应，见表 6-2。

表 6-2 Revit 与 VS 的版本对应表

序号	Revit 版本	Visual Studio 版本	. NET Framework 版本
1	Revit2013、Revit2014	VS 2010	NET Framework 4. 0
2	Revit2015、Revit2016	VS 2012/2013/2015	. NET Framework 4. 5
3	Revit2017、Revit2018	VS 2015/2017	. NET Framework 4. 6 或 4. 5. 2
4	Revit 2019	VS 2017	. NET Framework 4. 7

VS 中所引用的 RevitAPI. dll 中包含了 Revit 中 DB 级别的 Application、Document、Element、Parameter 等方法，并且还包括了所有操作及制定的 RevitUI 接口。RevitUI 接口包含 IExternalCommand 相关接口、IExternalApplication 相关接口、Selection 选择、菜单类 RibbonPanel，RibbonItem 以及其子类、TaskDialogs 任务对话框等。

Revit 的二次开发主要使用 IExternalCommand 和 IExternalApplication，其中 IExternalCommand 是外部命令方式，是指 RevitAPI 必须通过执行 IExternalCommand 外部命令来拓展 Revit 的功能。该接口只有一个 Execute 的抽象函数，通过重载该函数来实现 IExternalCommand 下编译的程序。Execute 函数有三个参数，分别是输入参数 commandData 其类型为 ExternalCommandData、输出参数 message 其类型为 String 及输出参数 elements 其类型为 ElementSet。该函数的返回值用于表示外部命令执行的状态，有 Succeeded、Failed 及 Canceled 三种状态。程序开发流程如图 6-59 所示。

6.5.2 Revit 二次开发环境搭建

以 Revit2017 为例，说明开发环境搭建步骤。

（1）安装 Revit2017 和 Visual Studio2015。

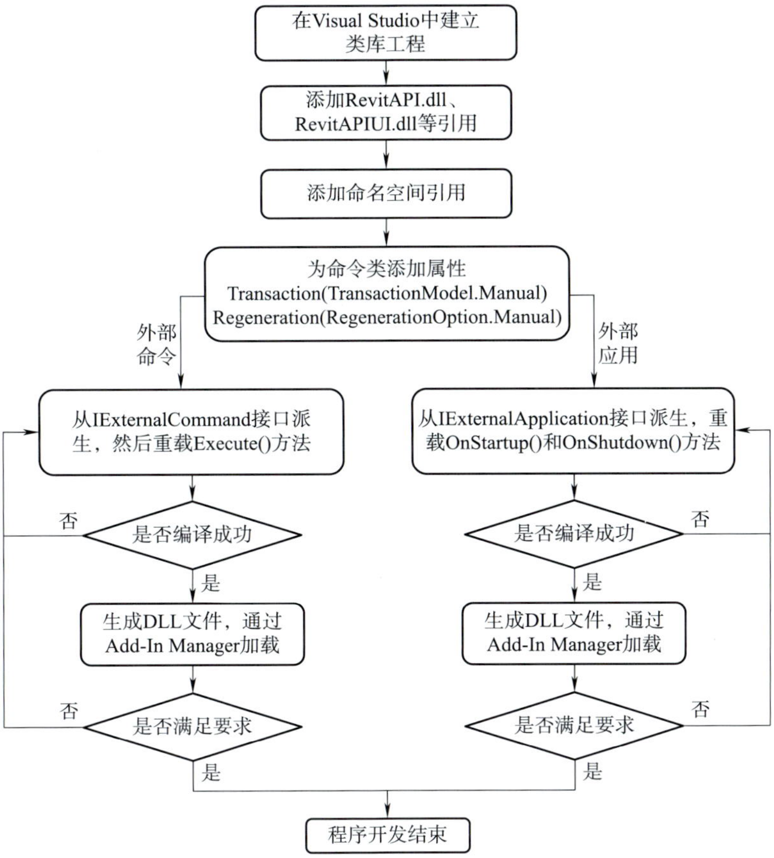

图 6-59　Revit APi 程序开发流程

(2)配置 Add-In Manager。下载 Add-in Manager 配置文件,将此文件夹下 Autodesk. AddInManager. addin 文件和 Autodesk. AddInManager-Automatic. addin 文件复制到 C:\ProgramData\Autodesk\Revit\Addins\2017,将复制后的两个文件分别用记事本打开,如图 6-60 所示,将以下四处“AddInManager. dll”文件地址替换为正确地址并保存。

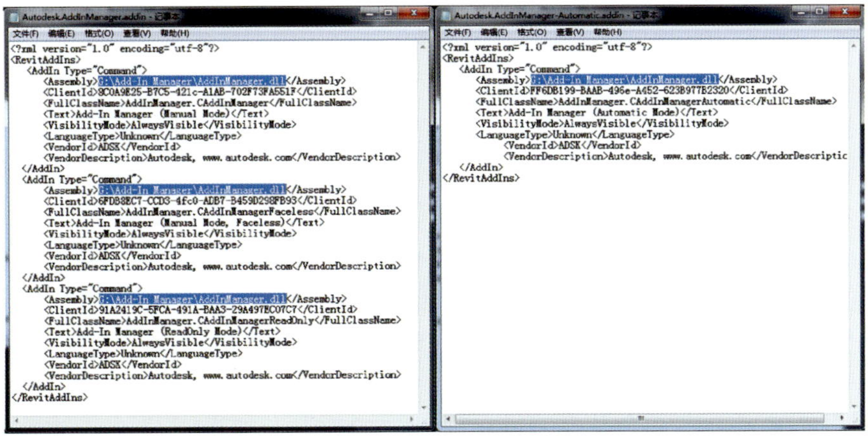

图 6-60　替换地址

Add-In Manager 配置完成后，启动 Revit2017，在项目中点击附加模块的外部工具按钮，在下拉框中有四个选项供用户使用，如图 6-61 所示。其中，Add-In Manager（Manual Mode）和 Add-In Manager（Manual Mode，Faceless）代表手动模式，Add-In Manager（ReadOnly Mode）代表只读模式，Add-In Manager（Automatic Mode）代表自动模式。

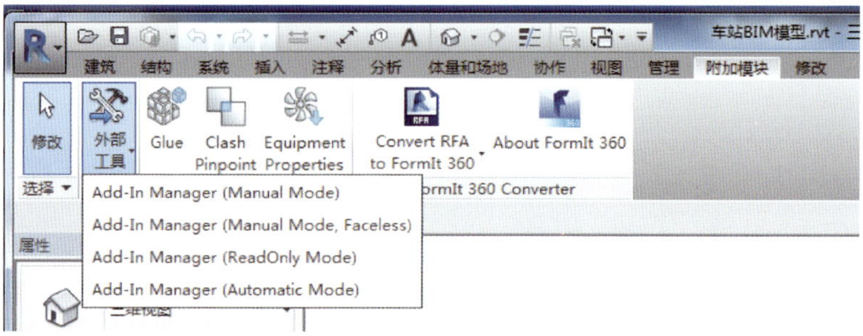

图 6-61　外部工具下拉框选项

（3）配置 Revit Lookup。Revit Lookup 作为查询工具，在二次开发中具有相当重要的作用。使用 Lookup 可以逆向了解 Revit 中各个图元信息，便于接口实现和代码编写。其配置方法与 Add-In Manager 的配置方法一致，不再详述。配置完成后的 Lookup 工具栏如图 6-62 所示。

图 6-62　Lookup 工具栏

至此，开发环境已搭建完毕，可根据图 6-59 所示的二次开发流程进行开发设计。

6.5.3　Revit API 外部数据建族

Revit API 提供了五种创建族的方法，分别为拉伸、融合、旋转、放样和放样融合。其中，拉伸、融合和放样融合是创建城市轨道交通构件模型的主要方法[28]。将族分为主要两类，第一类族由“公制常规模型”族样板创建，包括桥梁墩台族、轨枕族、扣件族、道床族、隧道洞门族、闸机族、电梯族、安检机器族等；第二类族由“自适应公制常规模型”族样板创建，包括梁段结构、隧道洞身族、钢轨族等具有截面放样特性的族。现对通过二次开发创建以上两类族的方法进行分类研究。

（1）利用 Revit 二次开发创建桥梁墩台族、轨枕族等第一类族。

使用“公制常规模型”族样板，其创建拉伸图元的方法是 Extrusion NewExtrusion（bool

isSolid, CurveArrArray Profile,SketchPlane sketchPlane,double end);创建融合图元的方法是 Blend NewBlend(bool isSolid, CurveArray topProfile, CurveArray bottomProfile, SketchPlane sketchPlane); 创建放样融合图元的方法是 SweptBlend NewSweptBlend(bool isSolid,Curve path,SketchPlane pathPlane ,SweepProfile bottomProfile,SweepProfile topProfile)。其中,isSolid 表明拉伸是实体还是剪切体,Profile 代表平面上二维闭合轮廓,sketchPlane 代表工作平面,end 代表拉伸长度,bottomProfile 与 topProfile 分别代表底部和顶部轮廓,path 代表放样融合的路径。

以创建拉伸图元为例对具体代码进行说明:

```
//申明要创建拉伸图元
Extrusion newExtrusion = null;
//轮廓线可包括一个或多个闭合轮廓
CurveArrArray curveArrArray = new CurveArrArray();
CurveArray curveArray = new CurveArray();
//创建轮廓线: 先创建点
XYZ p0 = XYZ.Zero;
XYZ p1 = new XYZ(double x1, double y1, double z1);
XYZ p2 = new XYZ(double x2, double y2, double z2);
XYZ p3 = new XYZ(double x3, double y3, double z3);
//根据点创建线
Line line1 = Line.CreateBound(p0,p1);
Line line2 = Line.CreateBound(p1,p2);
Line line3 = Line.CreateBound(p2,p3);
Line line4 = Line.CreateBound(p3,p0);
//将线组合成所需轮廓
curveArray.Append(line1);
curveArray.Append(line2);
curveArray.Append(line3);
curveArray.Append(line4);
curveArrArray.Append(curveArray);
//设置工作平面
SketchPlane sketchPlane = SketchPlane.Create(document,
application.Create.NewPlane(XYZ.BasisZ, XYZ.Zero));
//创建拉伸图元
newExtrusion = document.FamilyCreate.NewExtrusion(true,curveArrArray,sketchPlane,10.0);
return newExtrusion;
```

此外,创建融合图元的代码与拉伸相比,只需多创建一个轮廓面。创建放样融合图元的代码也只比融合多一个路径参数 path,其中,路径 path 的创建方法是: Curve path = Line.CreateBound(XYZ startpoint, XYZ endpoint)。根据上述代码,按需要修改部分参数即可在"公制常规模型"族样板中创建第一类族。

(2)利用 Revit 二次开发创建梁段结构、钢轨族等第二类族时,需要使用"自适应公制常规模型"族样板,以保证模型与线路三维空间线型相吻合。建模时采用放样融合法

NewLoftForm(bool isSolid, ReferenceArrayArray profiles),其中,isSolid 代表是否为实体,profiles 代表要进行放样融合的轮廓。

由于连续梁属于变截面梁,需要重点考虑梁体截面轮廓基于三维空间曲线的定位和旋转问题,而对于简支梁、隧道洞身族和钢轨族而言,创建过程与连续梁类似,唯一不同的是只需在线路的起终点处放置轮廓即可。因此只对连续梁的创建过程进行分布讲解。

①将前文中手动创建的箱型梁内外截面轮廓导入"自适应公制常规模型"族样板。

②整理创建梁所需要的截面数据,包括截面的位置点和参数信息,部分数据如图 6-63 所示。根据坐标点将截面轮廓放置到相应位置,并调整截面参数。

	A	B	C	D	E	F	G	H
1	ID	X (mm)	Y (mm)	Z (mm)	箱梁高 (mm)	底板厚 (mm)	腹板厚 (mm)	顶板厚 (mm)
2	0	2938499	-5208400	33231	3500	320	500	300
3	1	2945331	-5213343	33172	3500	320	500	300
4	2	2952420	-5218446	33112	3500	320	500	300
5	3	2958788	-5223007	33058	3537	325	500	300
6	4	2959522	-5223532	33052	3629	339	500	300
7	5	2966637	-5228599	32991	3768	359	500	300
8	6	2973764	-5233649	32931	3950	385	500	300
9	7	2979180	-5237468	32885	4143	413	500	300
10	8	2980904	-5238681	32871	4365	445	500	300
11	9	2981066	-5238794	32869	4616	482	700	300
12	10	2988057	-5243695	32810	4896	522	700	300
13	11	2995222	-5248691	32750	5202	567	700	300
14	12	2999676	-5251784	32712	5486	608	700	300
15	13	3002399	-5253669	32689	5790	652	700	300

图 6-63　连续梁截面数据

③创建放样的中心线,具体代码如下:

```
ReferencePointArray referencePointArray = new ReferencePointArray();
//遍历所有截面位置点，添加到 referencePointArray 中
for(int i = 0;i < ListData. ListXYZ_X. Count;i + + )
{
    ReferencePoint referencePoint = familyDoc. FamilyCreate. NewReferencePoint(new XYZ(ListDa-
ta. ListXYZ_X[i],ListData.
    ListXYZ_Y[i],ListData. ListXYZ_Z[i]));
    referencePointArray. Append(referencePoint);
}
//利用 NewCurveByPoints()方法创建放样的中心线
CurveByPoints curveByPoints = familyDoc. FamilyCreate. NewCurveByPoints
(referencePointArray);
```

④将截面轮廓旋转至法线方向与放样中心线对应坐标点处的切线方向重合,主要代码如下:

```
LocationPoint locationPoint = familyInstance. Location as LocationPoint;
//以截面位置点为起点，沿 Z 轴绘制一条直线，用来计算旋转角度。
Line line = Line. CreateBound(location,new XYZ(location. X,location. Y,
location. Z + 1. 0));
double angle = normal. AngleTo(new XYZ(1. 0,0. 0,0. 0));//计算切线与 X 轴的夹角
//通过 Z 轴判断夹角是否小于零
```

```
bool b = normal.CrossProduct(new XYZ(1.0,0.0,0.0)).Z < 0.0;
if(b)//若小于零，则顺时针旋转
{
    locationPoint.Rotate(line,angle);
}
else//否则，逆时针旋转
{
    locationPoint.Rotate(line,-angle);
}
```

⑤利用放样融合方法 NewLoftForm( )创建三维模型，最终建模效果如图 6-64 所示。

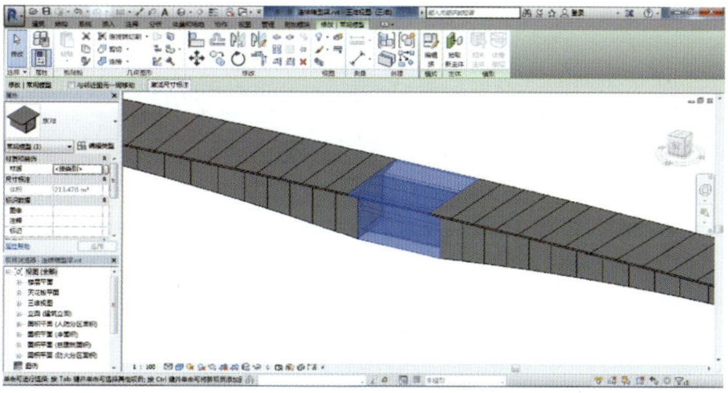

图 6-64　连续箱型梁模型

隧道洞身族和钢轨族的创建过程不再详述，建模结果如图 6-65 和图 6-66 所示。

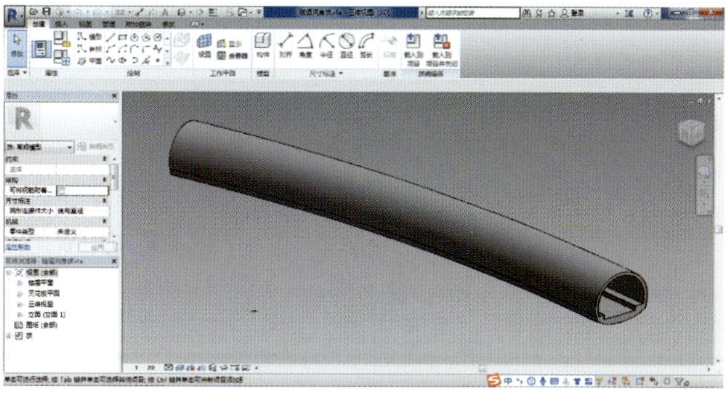

图 6-65　隧道洞身族

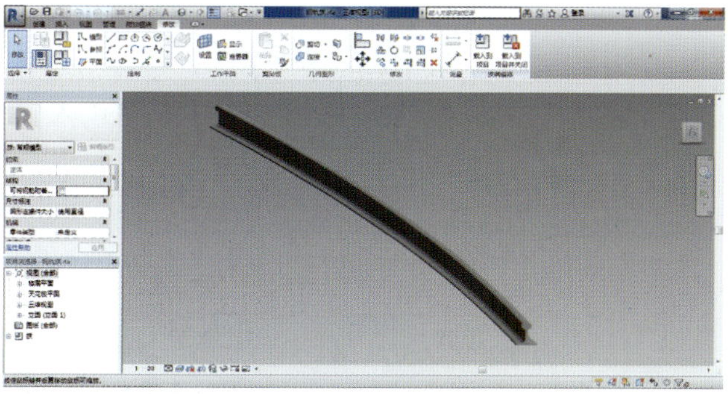

图 6-66　钢轨族

6.5.4 基于 Revit API 模型的整体装配搭建

现有的城市轨道交通构件都是相互独立的,为实现整体线路模型的可视化展示,需要将各构件模型沿线路快速搭建。其原理是先在项目环境中载入独立的族类型,再根据各个构件定位点坐标快速定位并生成族实例。在所有构造物中,连续梁桥的搭建最为复杂,需要重点解决墩台布置时的定位和旋转问题[29]。其具体搭建步骤如下:

(1)整理搭建桥梁所需的墩台类型和跨径数据,部分数据结构见表 6-3。

表 6-3 部分数据结构

序号	墩台类型	跨径(m)
1	T 形桥台	24
2	重力式矩形墩	
…	…	…
…	重力式矩形墩	24
…	T 形桥台	

(2)读取桥梁的线路中心线,根据数据表中的跨径值,从起点开始利用 Curve. Evaluate 方法依次找到各个墩台的定位点坐标,并根据数据表在对应坐标处载入相应类型的墩台。

(3)计算各个墩台的定位点与地面线的高程差,根据高程差修改墩台高度参数。

(4)调用族旋转函数,将墩台旋转至与线路方向垂直。

在程序搭建过程中,主要用到的方法如下:

(1)载入族类型方法

```
LoadFamilySymbol(string filename,string name,out FamilySymbol symbol);
```

(2)查询族类型参数方法

```
Document familydocument = revitDoc.EditFamily(familySymbol.Family);
FamilyManager familymanager = familydocument.FamilyManager;
FamilyParameterSet familyparameters = familymanager.Parameters;
```

(3)族类型参数转实例参数方法

```
familyManager.MakeInstance(familyParameter);
```

(4)修改实例参数方法

```
FamilyInstance familyinstance = revitDoc.Create.NewFamilyInstance (location, familySymbol, StructuralType.NonStructural);
IList<Parameter> parameters = familyinstance.GetParameters("墩台高度");
parameters[0].Set(3000/304.4);
```

(5)旋转方法

```
Rotate(Line axis, double angle);//axis 为旋转轴。
```

至此,桥梁已搭建完成,继续搭建隧道时,只需将隧道洞身和所选类型的洞门载入项目中,放置在桥隧连接处的定位点即可。最后,进行轨道的搭建,其中轨枕族的定位、旋转类似于墩台族的布置。因此隧道和轨道的搭建过程不再详述。最终,线路模型的搭建结果如图 6-67 和图 6-68 所示。

图 6-67　桥梁整体搭建效果

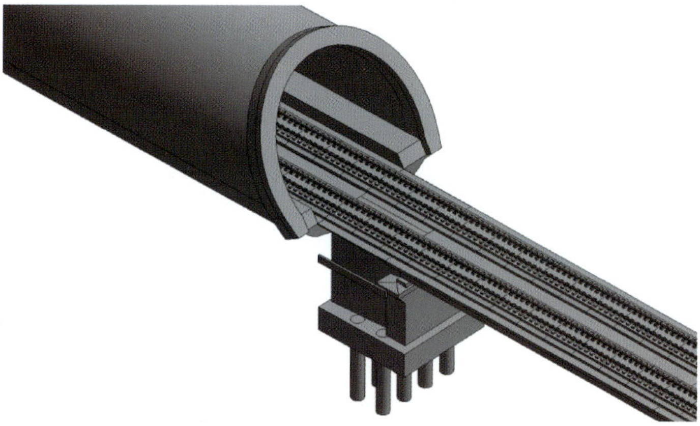

图 6-68　桥隧连接处搭建结果

将建好的轨道族载入项目中,通过 FilteredElementCollector 函数收集所有的元素,遍历所有的族,找到“自适应基础”族后,搭接在桥梁顶面上。操作步骤如下:

(1)将建好的基础族、轨道族、以及扣件等载入到项目中;

(2)拾取线路中线,作为一条线路,然后选中;

(3)使用 RevitAPI,以 . NET 平台编译程序,实现轨道族的自动铺设。

实现的代码片段为:

```
{
  Document document = commandData.Application.ActiveUIDocument.Document;
  UIDocument uidoc = commandData.Application.ActiveUIDocument;
  FamilySymbol fs = null;
  FamilySymbol familysymbol = null;
  FilteredElementCollector collector = new FilteredElementCollector(document);
```

```
ICollection < Element > collection = collector.OfClass(typeof(FamilySymbol)).ToElements();
  Transaction trans = new Transaction(document,"jichu");
  Curve curve = null;
  //得到选择的对象
  Selection selection = uidoc.Selection;
  ElementSet collection1 = selection.Elements;
  if(0 = = collection1.Size)
  {
    TaskDialog.Show("Revit","没有选择一条线路");
  }
  else
  {
    foreach(Element element in collection1)
          {
            ModelCurve MC = element as ModelCurve;
            curve = MC.GeometryCurve;
            foreach(Element e in collection)
                  {
familysymbol = e as FamilySymbol;
                    if(null ! = familysymbol.Category)
                      {
                        if(null ! = familysymbol.Category)
                          {
                            if(familysymbol.Name = = "自适应基础")
                              {
                              fs = familysymbol as FamilySymbol;
                                break;
                              }
                            }
                          }
                    }
            trans3.Start();
            double x = 0;   double L = 0;
            while(L < = curve.Length)
{
……
              return Result.Succeeded;
}
      }
```

同理,垫层、轨枕、钢轨和扣件也是使用上述代码,只不过是将族实例的名字改成对应的族名称,编译代码,运行结果如图 6-69 所示。路基部分及隧道部分的拼装都是使用上述代码,运行结果如图 6-70、图 6-71 所示。

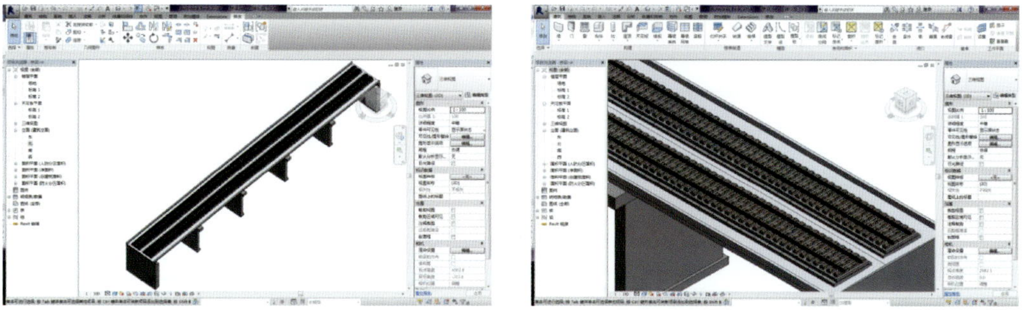

图 6-69　桥梁铺装轨道的运行结果

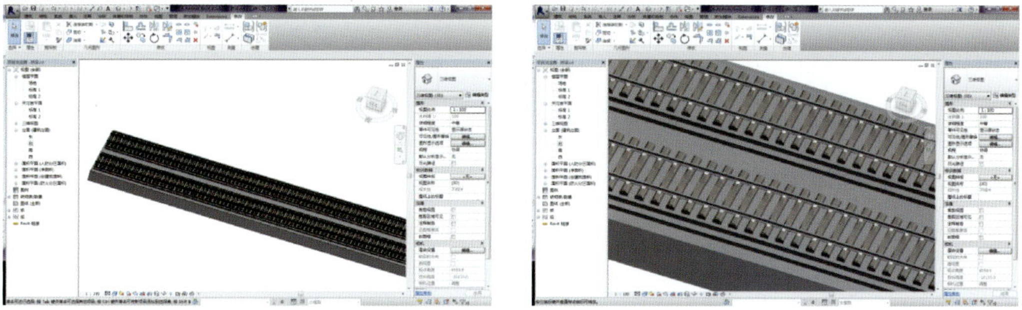

图 6-70　路基铺装轨道的运行结果

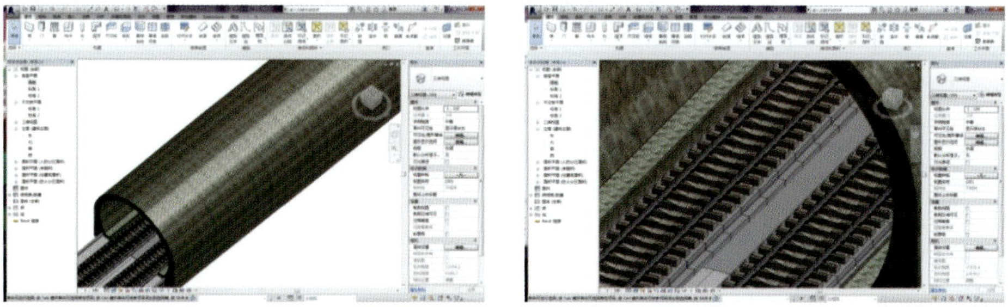

图 6-71　隧道铺装轨道的运行结果

最后将这些命令添加到 Ribbon 下，使得操作更加的简单。添加 Ribbon 的代码片段如下：

```
public class Ribbon:IExternalApplication
{
  //程序集路径
  static string AddInPath = typeof(Ribbon).Assembly.Location;
  //按钮图标目录
  static string ButtonIconsFolder = Path.GetDirectoryName(AddInPath);
public Autodesk.Revit.UI.Result OnStartup(UIControlledApplication application)
        {
```

```
            try
            {
                CreateRibbonSamplePanel(application);
                return Autodesk.Revit.UI.Result.Succeeded;
            }
            catch(Exception ex)
            {
                MessageBox.Show(ex.ToString(),"Ribbon Sample");
                return Autodesk.Revit.UI.Result.Failed;
            }
        }
    public Autodesk.Revit.UI.Result OnShutdown(UIControlledApplication application)
        {
            return Autodesk.Revit.UI.Result.Succeeded;
        }
     private void CreateRibbonSamplePanel(UIControlledApplication application)
        {
        string firstPanelName = "Ribbon 实例";
          RibbonPanel ribbonSamplePanel = application.CreateRibbonPanel(firstPanelName);
          SplitButtonData splitButtonData = new SplitButtonData("NewWallSplit","创建参照平
面");
                SplitButton  splitButton  = ribbonSamplePanel.AddItem  ( splitButtonData )  as
SplitButton;//添加到面板
              PushButtonData  pushButtonData  =  new  PushButtonData ( " Push "," AddRefPlane ",
AddInPath,"RevitAPI.RvtAPI_AddRefPlane");
            PushButton pushButton = splitButton.AddPushButton(pushButtonData);
                pushButton  =  splitButton.AddPushButton (new  PushButtonData ( " StrPush ","
AddModelCurve",AddInPath,"RevitAPI.RvtAPI_AddModelCurve"));
                pushButton  =  splitButton.AddPushButton (new  PushButtonData ( " StrPush1 ","
CreateSoild",AddInPath,"RevitAPI.RvtAPI_CreateSoild"));
                pushButton  =  splitButton.AddPushButton (new  PushButtonData ( " StrPush2 ","
DeleteModelCurve",AddInPath,"RevitAPI.RvtAPI_DeleteModelCurve"));
                pushButton  =  splitButton.AddPushButton (new  PushButtonData ( " StrPush3 ","
CreateRail",AddInPath,"RevitAPI.RvtAPI_CreateRail"));
                pushButton  =  splitButton.AddPushButton (new  PushButtonData ( " StrPush4 ","
Assemble",AddInPath,"RevitAPI.RvtAPI_Assemble"));
                pushButton  =  splitButton.AddPushButton (new  PushButtonData ( " StrPush5 ","
InquireInformation",AddInPath,"RevitAPI.RvtAPI_InquireInformation"));
                pushButton  =  splitButton.AddPushButton (new  PushButtonData ( " StrPush6 ","
InquireInfo",AddInPath,"RevitAPI.RvtAPI_InquireInfo"));
            ribbonSamplePanel.AddSeparator();
    }
```

```
    }
}
```

编译之后的结果如图 6-72 所示。

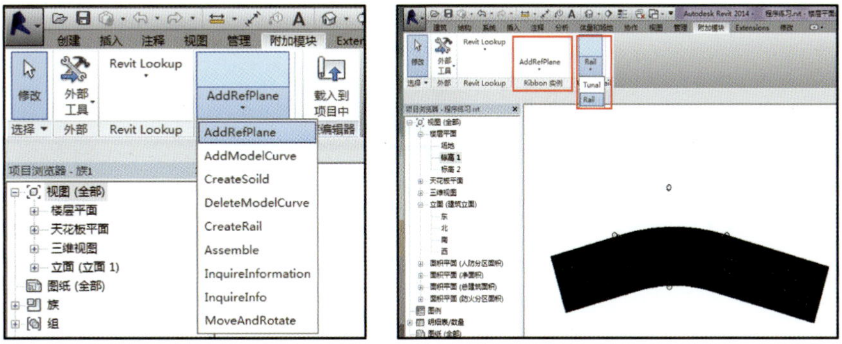

图 6-72　Ribbon 的运行结果

第7章

BIM与3D GIS的融合技术

融合 BIM 与 3D GIS 之间的优势，更有利于城市轨道交通线路的三维规划和设计。BIM 与 3D GIS 的数据融合是实现海量空间数据管理与查询分析的基础，在对常用 BIM 与 3D GIS 的融合方法分析的基础上，采用 Skyline 和 CityMaker 3D GIS 平台，研究 BIM 模型在 3D GIS 中的有效集成的方法和流程，并对不同 BIM 数据格式在 3D GIS 中的集成做出对比分析，确定适合城市轨道交通线路规划设计的 3D GIS 平台以及 BIM 与 3D GIS 之间的有效融合方法。

7.1 3D GIS 平台简介

随着空间信息三维可视化技术的发展，美国先后推出了 Google Earth、Skyline、World Wind、Virtual Earth、ArcGIS Explorer 等软件平台，我国也紧随推出了 CityMaker、EV-Globe、GeoGlobe、VRMap、IMAGIS 等 3D GIS 软件平台[30]。随着 BIM 技术的发展，国内外 3D GIS 平台逐渐以各种方式开始支持 BIM，其中以 Skyline 和 CityMaker 为最具有特色的 3D GIS 平台。本章主要论述这两个平台在城市轨道线路 BIM 中的融合和应用方法。

7.1.1 Skyline 3D GIS 平台

Skyline 软件是美国 Skyline 公司推出的三维可视化地理信息系统，包括 TerraExplorer、TerraGate 和 Services 系列产品，具有强大的三维应用[31]。Skyline 作为一款主流的三维地理信息系统平台，对 BIM 的支持相对成熟，可在 Skyline 三维平台上实现 BIM 模型的量测、查询、分析、自由漫游。Skyline 还支持将 BIM 链接到真实的物理世界，BIM 与 Skyline 两者的融合让三维应用延伸到更微观的物理世界。

1. Skyline 支持的 BIM 软件格式

Skyline 平台扩展了 BIM 模型的应用空间，支持主流 BIM 软件格式，见表 7-1。

表7-1 Skyline支持的主流BIM软件格式

Revit(Autodesk公司)	
文件类型	说明
3DS	3D Studio场景文件
DGN	Micro Station图形文件
DWG	三维设计数据的行业标准文件
RVT	Revit项目文件
MicroStation(Bentley公司)	
文件类型	说明
DGN	Micro Station图形文件
Dxf	AutoCAD ASCII
CATIA(法国达泰公司)	
文件类型	说明
3DS	3D Studio场景文件
wrl	ASCII文本文件
Tekla(天宝公司)	
文件类型	说明
DGN	Micro Station图形文件
DWG	三维设计数据的行业标准文件
DXF	AutoCAD ASCII

2. Skyline支持的BIM功能

(1)Skyline对BIM模型采用特殊的三维动画渲染方式,增强了对模型边界和阴影效果的渲染,加强了复杂结构体BIM模型展示效果,如图7-1所示。Skyline还支持BIM模型根据要素类型的颜色模式显示,如图7-2所示。

图7-1 Skyline渲染BIM模型

图7-2 BIM模型颜色模式显示

(2)Skyline支持BIM的属性挂接、查询定位。支持对BIM模型的所有构建组合进行属性无缝挂接,支持信息的可视化展示,如图7-3所示;支持对BIM模型属性字段进行条件查询和结果定位,如图 7-4 所示。

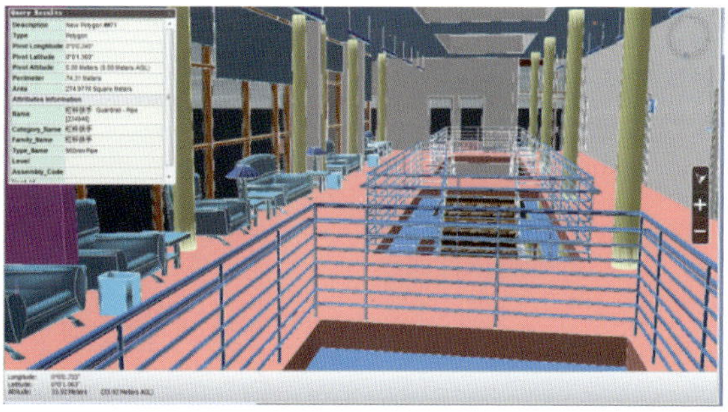

图 7-3　BIM 属性挂接、查询定位

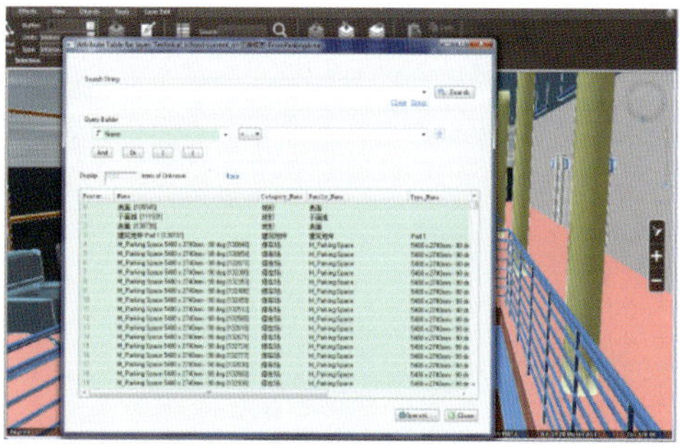

图 7-4　BIM 模型属性字段条件查询

(3)Skyline 支持 BIM 的 3D 空间查询,包括 3D 多边形、3D 缓冲区(点 - >球体,线 - >圆柱体)和 3D 原始的空间查询,如图 7-5 所示。

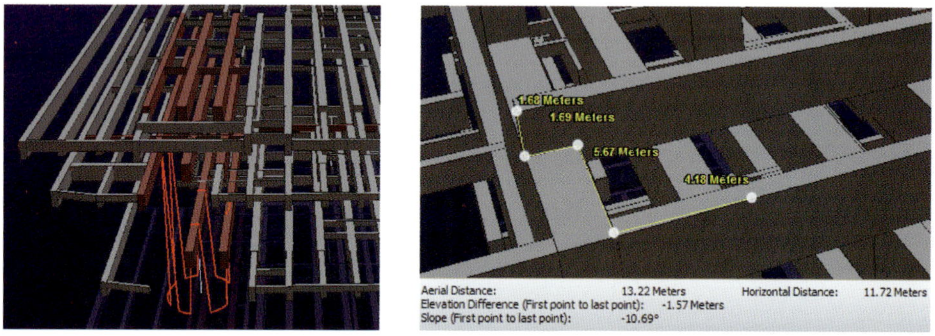

图 7-5　3D 空间查询

(4)Skyline 支持 BIM 模型的室内和地下漫游,实现对 BIM 模型从室内到室外、从地上到地下的无缝漫游模式,如图 7-6 所示。

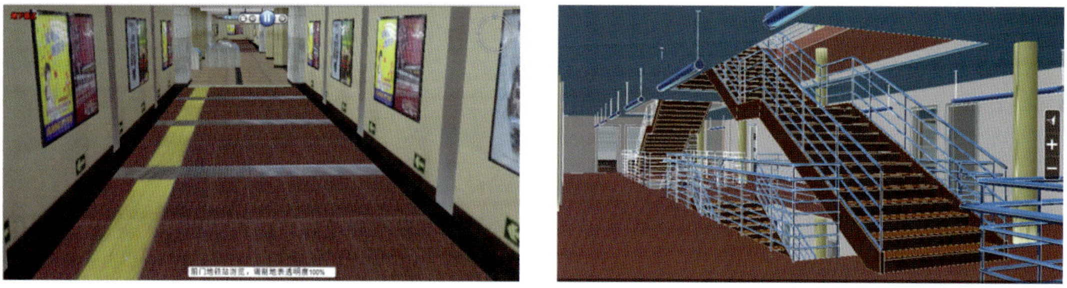

图 7-6　室内和地下漫游

7.1.2　CityMaker 3D GIS 平台

CityMaker 是我国伟景行科技股份有限公司研发的三维地理信息系统平台软件,形成了包括 builder、Server、Explorer、SDK、Connect、AutoMesh 一整套 3D GIS 完整软件平台。

CityMaker 支持多种 BIM 数据格式，与 BIM 数据无缝对接，并将从 BIM 数据存储和管理、查询和分析、可视化、应用开发、服务共享这五大方面，全面支持 BIM + GIS 的融合应用[32]。

(1)直接支持 Autodesk 公司的 FBX 格式

CityBuilder 可以将 FBX 格式的 BIM 数据，经过优化压缩生成三维网格图层——3DML 格式，实现 BIM 数据轻量化，如图 7-7 所示。

图 7-7　BIM 模型压缩为 3DML 格式

(2)支持多种 BIM 数据格式

CityMaker 目前已经直接支持的 BIM 类型数据包括 Autodesk Revit、Bentley MicroStation，以及 Autodesk AutoCAD 三种数据格式。

(3)与 BIM 数据的无缝对接

CityMaker 能轻松存储、管理 BIM 软件创建的模型，可快速打开、漫游、查询并分析结构复杂、体量庞大的 BIM 模型。它不仅能完整保留数据在 BIM 软件的分层结构，也不会丢失 BIM 单体数据的自身参数、颜色及其属性信息。

(4)对 BIM 数据的维护管理

BIM 模型以离散化三角网的方式存储在 CityMaker 地理特征数据库(FDB)当中，在 CityMaker 中可以对 BIM 模型进行专题配置、平移、切割、合并、复制、删除、旋转、缩放，增加属性字段等，也可对模型的材质进行编辑。

(5)对 BIM 数据的性能优化

CityMaker 采用一种基于金字塔结构的多分辨率 LOD 技术，将 BIM 数据进行瓦片化，实现海量高精度三维数据在互联网的服务共享，极大降低数据对 CPU、内存、显存等资源的占用和消耗，并能大幅提升数据服务的调度和渲染效率。

(6)CityMaker 插件化获取 BIM 信息

介于中间格式转换会丢失部分属性信息，CityMaker 平台在对主流 BIM 数据格式 FBX 和 IFC 数据兼容的同时，平台提供的一系列插件可在 BIM 软件中对数据结构进行分析和转换，并在 3D GIS 中重构模型，对保留 BIM 信息有良好的效果。BIM 模型展示及属性信息查询如图 7-8 所示。

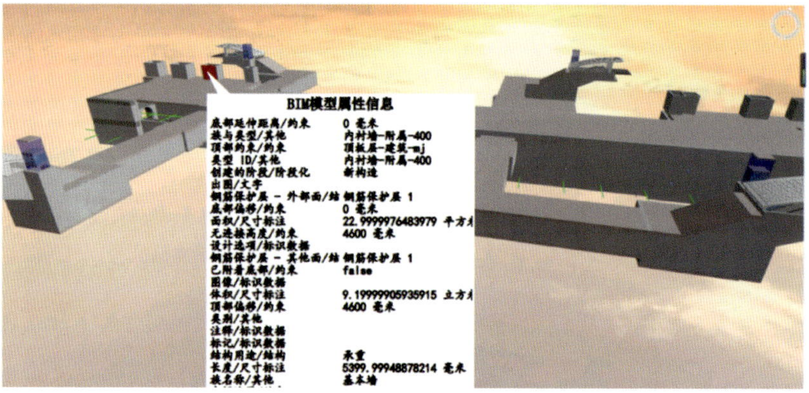

图 7-8 CityMaker 对 BIM 模型属性信息的查询

7.2 BIM 与 3D GIS 的融合方法概述

7.2.1 城市轨道交通 BIM 与 3D GIS 融合分析

BIM 能够以三维实景的方式展示城市轨道交通中装配的图形和非图形的信息，能够减少在各个阶段数据传递过程中的流失。BIM 模型注重于线路中的工点设计，3D GIS 则是整合及管理这个装配外部环境的信息，很好地解决了线路构造物模型大尺度表达、信息承载和数据管理等问题[33]。

为充分发挥 BIM 与 3D GIS 结合在线路规划设计中的优势，将两者的数据进行融合分析，并将信息、数据统一管理与查询。将 BIM 微观优势与 3D GIS 的宏观优势相结合，使得城市轨道交通线路规划设计过程中的相关属性变得更为直观可视、方便快捷、高效科学的为城市轨道交通线路 BIM 协同设计提供一系列技术支持[34,35]。大量高精度 BIM 模型可作为 3D GIS 系统中一个重要的数据来源，两者的集成与融合可以深化多领域、多专业的协同设计和实现城市轨道交通全生命周期的信息化管理[36]。

目前，BIM 和 3D GIS 的融合方法总体分为以下几类[37]：数据集成的方法、系统集成的方法和应用集成的方法。

7.2.2 数据集成的方法

数据集成的方法是指在数据的层面上打通 BIM 和 3DGIS 平台的数据关联。由于 BIM 和 3DGIS 的出发点不同，其数据的差异比较大，通过简单的方式是难以实现数据转换和集成。目前，主流的 BIM 和 3DGIS 数据集成的方式分为以下三类[38]：

(1)将 3DGIS 的数据集成到 BIM 中

由于 BIM 的语义信息比 3DGIS 丰富，因此，这类方法一般采用扩展 BIM(如 IFC 框架)的方式，使之支持 3DGIS 的显示拓扑表达、多层次模型等特征，实现 3DGIS 数据与 BIM 数据的集成。这种集成方式通常服务于宏观应用，如数字防灾、既有建筑节能分析等[39-41]。

(2)将 BIM 数据集成到 3DGIS 中

建立 BIM 类与 3DGIS 类的映射关系，对于 3DGIS 不包含的 IFC 类型、属性和规则，扩展

3DGIS 相关类型,实现 BIM 与 3DGIS 数据集成。BIM 向 3DGIS 映射时需建立不同的 LOD 的模型。这种集成方式通常服务于微观应用,如建筑物选址、室内导航等[42-45]。

(3)采用第三种或自定义模型构架集成 BIM 与 3DGIS 信息

采用语义网等方式,建立涵盖 BIM 和 3DGIS 全部信息的新信息模型,同时建立相应的映射关系,实现 BIM 和 3DGIS 信息的集成。这种方式最大的难点就在于处理 BIM 和 3DGIS 同义异构的数据。这种方式由于采用自定义架构,一般数据互用性不佳[46-48]。

7.2.3　系统集成的方法

系统集成的方法是指软件在系统层面上实现集成。底层的 BIM 与 3DGIS 数据仍然是分开存储。这种方式相对数据级集成成本来说是比较低的,利于推广使用。系统集成主要分为以下四类[49-51]。

(1)基于数据库的系统集成

BIM 与 3DGIS 物理上分开存,但逻辑上统一集成和共享。一般会在 BIM 和 3DGIS 数据库上搭建接口平台层,实现 BIM 和 3DGIS 数据集成查询、提取、更新等操作。软件系统在上述接口层上开发具体功能。

(2)基于网络服务的系统集成

BIM 和 3DGIS 数据分开存储,通过网络服务(如 Web Service)实现数据互用。这种集成方式需要为 BIM 数据库和 3DGIS 数据库分别编写相应的接口,软件可以直接针对上述接口开发,也可以在上述接口之上封装接口平台层后再开发具体功能。

(3)基于数据接口的系统集成

BIM 和 3DGIS 软件单独开发,系统之间通过数据接口实现数据互通。这种集成方式需要 BIM 软件和 3DGIS 软件分别开发各自的数据接口。

(4)基于中性文件的系统集成

通过 XML 等中性文件形式实现数据共享。这种集成方式需要 BIM 和 3DGIS 软件根据达成的交换协议,开发相应读取和导出文件接口。

7.2.4　应用集成的方法

应用集成的方法是指 BIM 及 3DGIS 数据既不在数据级别集成,也不在系统之间共享,而是采用这两种以外的其他方式进行信息交互[52]。例如,电子或纸质的图纸报告。这个级别的集成大多在整体应用流程上体现。应用集成的方法是最松散的 BIM 与 3DGIS 的集成策略,集成优势明显不如前两种集成方法,优点是成本低。

7.3　Skyline 3DGIS 与 BIM 的融合方法

7.3.1　以 FME 为中间辅助工具实现 BIM 与 3DGIS 融合

以 Autodesk Revit 平台为例,其模型文件以 .rvt 格式存储,借助格式转换、后处理编辑等手段,以导出的模型可在 skyline 3DGIS 平台的 TerraExplorer Pro 软件上正确、高效地展示为目标,模型集成过程如下[53]:

(1)FME 为 Revit 提供数据导出插件,将 Revit 的数据格式由 .rvt 转换成 FME 所识别的

.rvz 格式。

(2)在 FME 中将输入数据通过 Workbench 格式转换系统重新配置输出参数转换为 .rvz 格式，将整体模型按照构件的 ID 属性输出为 .X 格式的文件。

(3)在 TerraExplorer Pro 平台中对所有 .X 文件进行批量转换和后处理，标记构件中心位置的 shapefile 矢量文件，实现 .rvt 模型在 skyline 上的集成。

操作流程如图 7-9 所示。

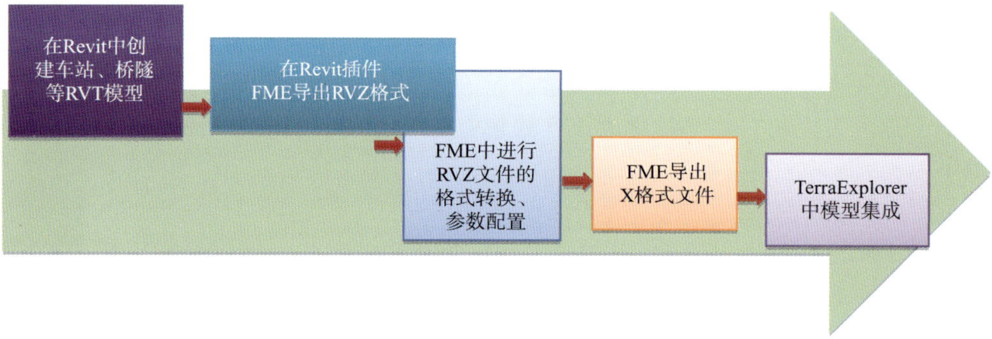

图 7-9　以 FME 为中间辅助工具的 Revit 模型集成操作流程

7.3.2　以 Skyline 自身的 BIM 图层集成方法

Skyline TerraExplorer Pro 6.6 以后的版本都支持 BIM 模型的导入，在 Revit 中将模型另存为 .FBX 格式，就可以直接导入到 Skyline6.6 中。.FBX 格式是 Autodesk 的一个用于跨平台的三维数据交换的格式，以 scene graph 的结构来存储模型的所有信息。目前，该格式被众多的标准建模软件所支持。一个较为典型的模型的组织结构如图 7-10 所示。

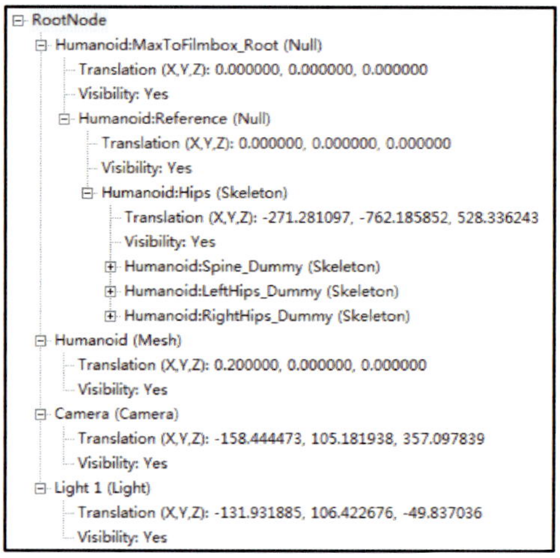

图 7-10　FBX 模型的组织结构示意图

Skyline 3D GIS 对 BIM 的支持可以在项目中添加模型信息，更新模型属性数据，增强协作性，有效管理建筑的整个生命周期。Skyline 3D GIS 还支持 BIM 图层，可以读取标准

. FBX 格式的 BIM 文件，保留所有的几何信息和属性数据，支持空间查询和属性查询，同时还可以转化为 3DML 格式以优化桌面和移动端应用的浏览和流加载。将 . FBX 格式的 BIM 模型导入到 Skyline 3DGIS 中需要设置的参数见表 7-2。

表 7-2　FBX 格式的 BIM 模型导入到 Skyline 3D GIS 参数设置

序号	参数名称		示例数据
1	比例		1
2	坐标系统		WGS84 Coordinate System
3	高程		101. 4
4	高程单位		m
5	位置	X	114. 2
		Y	38. 5

通过上述两种 BIM 与 3D GIS 的融合方法进行比较，以 FME 为中间辅助工具实现 BIM 与 3DGIS 融合的方法，能够保留构件的各种信息。但是经 FME 处理之后的文件十分庞大，对计算机的配置要求高。FBX 格式的方法比较简单、方便，但以这种方法进行融合之后，模型材质信息会有所丢失。

7. 3. 3　BIM 与 GIS 融合技术在城市轨道交通设计中的应用

将建好的城市轨道交通模型在 Revit 中另存为 . FBX 格式文件，打开 TerraExplorer Pro 6. 6→图层→复合图层中的 BIM，会弹出如图 7-11 所示的对话框，点击添加文件→选择城市轨道交通 . fbx 文件→在位置一栏为其定位 X、Y 高程坐标→点击导入。这样就将 BIM 模型作为一个图层导入了 3D GIS 中。

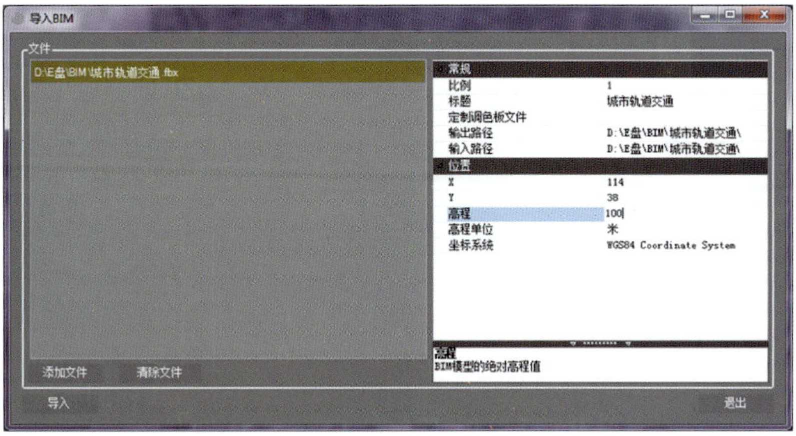

图 7-11　导入 BIM 模型的对话框

以带有高程信息的线路中心线点位为基础，通过线路里程与地理坐标的关系转换（线路里程转换为 3D GIS 环境中的经纬度坐标），计算出 BIM 模型在 3D GIS 中的特征点坐标，根据相关特征点坐标集成线路三维模型，集成效果图如图 7-12 所示。

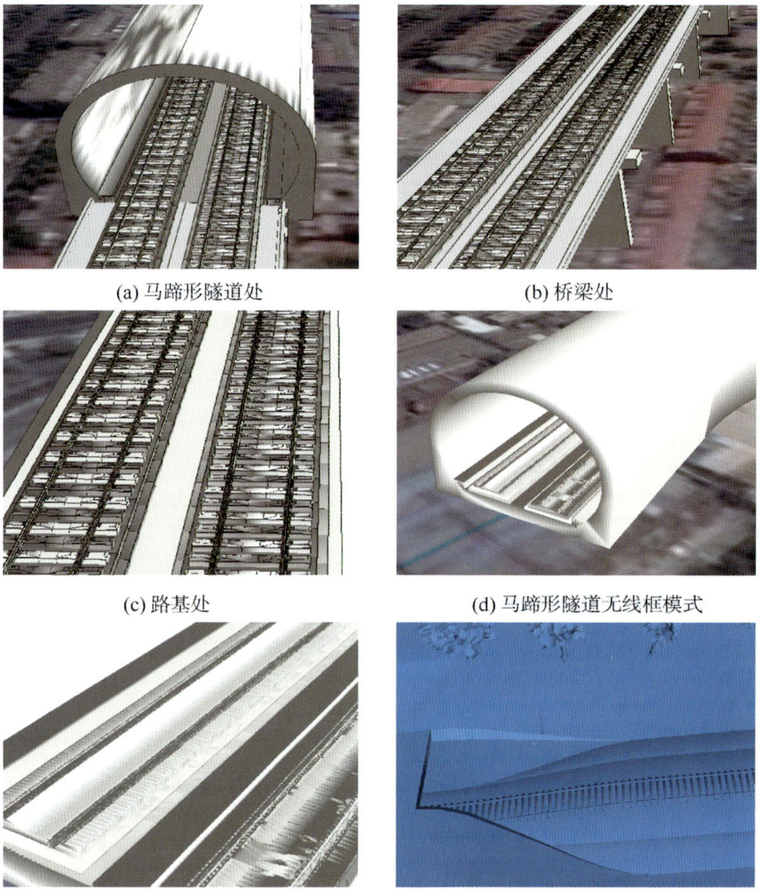

(a) 马蹄形隧道处　(b) 桥梁处　(c) 路基处　(d) 马蹄形隧道无线框模式　(e) 轨道无线框模式放大图　(f) 矩形隧道出口处

图 7-12　线路三维模型在 3D GIS 中集成效果图

因为在 Skyline 中有一部分材质信息有所丢失，采用 Skyline 的二次开发技术开发插件，实现在 Skyline 中打开 BIM 模型，即直接在 Skyline 中打开 . rvt 文件查看 BIM 模型的详细信息。

实现加载 . rvt 文件的代码如下：

```
private void sg_OnProjectTreeAction(string ID, IAction66 Action)
    {
      if(ID! = string. Empty)
            {
            ITerraExplorerObject66 IteObj = sg. ProjectTree. GetObject(ID);
            if
((IteObj. ObjectType = = ObjectTypeCode. OT _ 3D _ MESH _ LAYER) | | (IteObj. ObjectType = = ObjectTypeCode. OT_3D_MESH_FEATURE_LAYER))
                {
                    if(Action. Code = = ActionCode. AC_SELCHANGED)
                    {
                        string name = sg. ProjectTree. GetItemName(ID);
```

```
                        this.OpenRvtFiles(name);
                    }
                }
            }
        }
实现打开.rvt 的文件实现代码如下:
public void OpenRvtFiles(string name)
    {
StringrvtPath = string.Format(@ "D:\SkylineRVT\{0}.rvt",name);
        string rvtName = string.Format("{0}.rvt",name);
        try
          {
            if(name ! = string.Empty)
              {
                string folderFullName = @ "D:\SkylineRVT";
                DirectoryInfo TheFolder = new DirectoryInfo(folderFullName);
                FileInfo[] fileInfo = TheFolder.GetFiles();
foreach(FileInfo NextFile in fileInfo)
                    {
                        if(rvtName = = NextFile.Name)
                          {
                              System.Diagnostics.Process.Start(rvtPath);
                          }
                    }
                }
            }
            catch(System.Exception ex)
            {
                MessageBox.Show(ex.ToString());
            }
        }
```

将该程序下的.exe 文件放在 Skyline 的安装路径下的 Tools 下,再编辑一个.xml 文件为 Skyline 添加这个.exe 文件的 Ribbon 即可。实现的效果如图 7-13、图 7-14 所示。

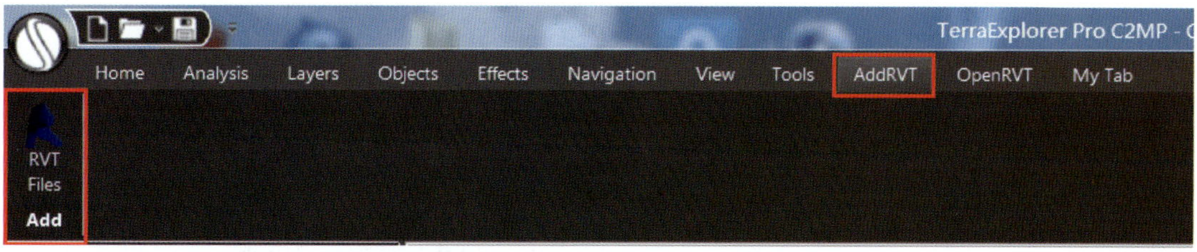

图 7-13　加载.rvt 文件的 Ribbon

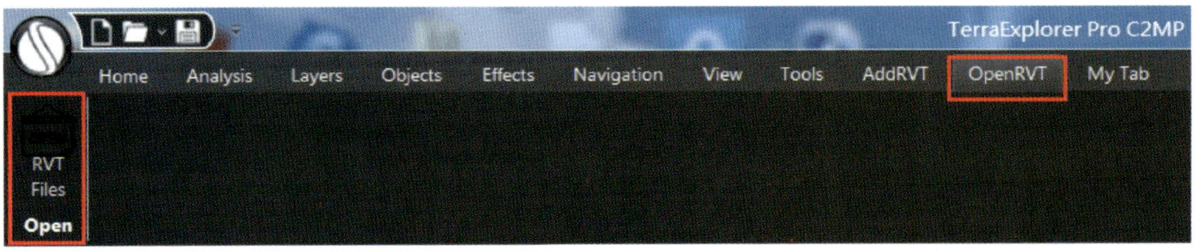

图 7-14 打开 . rvt 文件的 Ribbon

点击“AddRVT”下的“RVT Files Add”,将所要加载的 . rvt 文件先加载到一个程序中定义好的数据库中,再点击“OpenRVT”下的“RVT Files Open”会弹出一个窗体,再点击工程树的需要打开的 . rvt 文件的图层,即可从数据库中打开 . rvt 文件。要求打开的 . rvt 的文件名称必须与加载到 SkylineBIM 图层中的名称一致,这样才能打开 . rvt 模型文件。

7.4 基于 CityMaker 的 BIM 与 3D GIS 融合

CityMaker 3DGIS 平台对于 BIM 模型的解析及重构能力较为优秀,本节将基于 CityMaker 二次开发技术,探索 BIM 与 3DGIS 的数据融合、处理方法和线路规划设计中的应用。

7.4.1 线路缓冲区分析

城市轨道交通线路的选择需要考虑既有地物的拆迁改移、公共服务设施的服务半径和对沿线及周围建筑物的噪声、振动等的影响,因此可通过建立线路缓冲区,以确定线路规划对城市的影响范围和服务范围。

1. 缓冲区产生形式

在 CityMaker 中绘制的缓冲区是基于空间内点、线、面的二维或三维对象,以一定规则在某一影响范围内产生的空间区域,该区域的维度与原对象模型的维度一致[54]。同时在某一判别条件下,将该空间区域与目标区域作相交分析,从而筛选出目标模型,为线路规划分析提供参考依据。

缓冲区具有多种产生形式,就城市轨道交通线路几何特征而言,基于空间折线的线特征缓冲区更符合实际效果,其主要表现形式为以线路中心线为参考,沿中心线法线方向外扩缓冲半径 R 的距离形成多边形,该多边形即可表示缓冲范围。缓冲区平面示意图如图 7-15 所示,在此规定将缓冲区的参考模型称为基准模型,需要比较的模型称为目标模型。

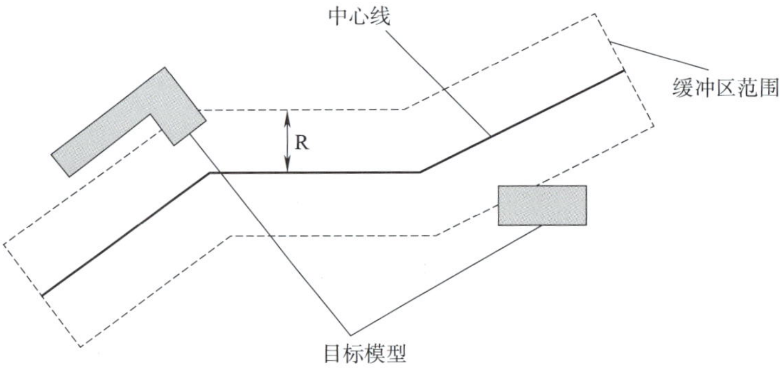

图 7-15 缓冲区平面示意图

2. 缓冲区分析

(1)缓冲区街道景观建模

建立线路缓冲区的目的在于确定线路方案对沿线周边建筑的影响程度,当采用双线并行的高架结构时,缓冲区的建立显得尤为重要。沿线街道三维景观模型可以更直观地展示缓冲区域与目标建筑的空间位置关系,并使查询结果更精确和可视化。基于线路中心线数据建立线路结构模型和城市建筑模型,在 CityMaker 开发系统中进行场景集成,由于整体城市景观模型数据量巨大,不利于数据查询与分析,截取 10 km 的线路及其半径 400 m 内的城市建筑数据用于建立缓冲区分析,建立的局部场景如图 7-16 所示。

图 7-16　线路沿线街道景观

(2)绘制缓冲区域

缓冲区域绘制包括缓冲范围的确定和目标模型位置确定。缓冲区范围以线路中心线为基准,并根据缓冲半径 R 的大小动态调整,目标模型以垂直投影的方式获取建筑轮廓多边形,绘制效果如图 7-17 所示,使用方法如下:

```
IGeometry Buffer2D(double Dis, gviBufferStyle Style);//绘制二维缓冲区
IMultiPolygon ProjectModelPointToPolygon(IModelPoint ModelPoint, IModel Model, double Tol);//
获取建筑投影多边形
```

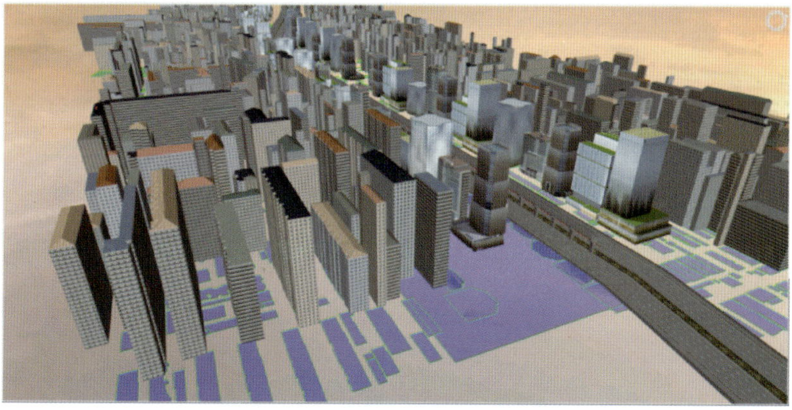

图 7-17　缓冲区与建筑投影

（3）相交分析

CityMaker SDK 中提供了二维拓扑接口，可以使三维模型投影到 $Z=0$ 的平面上，并提供了点、线、面之间的交、差、并、补等分析操作方法。之前获取的目标建筑投影和缓冲区投影可以通过该接口进行相交分析，并将分析结果返回窗口表格控件中。缓冲区分析结果如图 7-18 ~ 图 7-20 所示。表格控件中的每一行存储了单个建筑模型的基础信息，当双击某一行时将触发行为响应事件读取该行信息，并使窗口快速定位到建筑模型处，该模型即高亮闪烁，如图 7-21 所示。

图 7-18　缓冲区与建筑模型相交效果

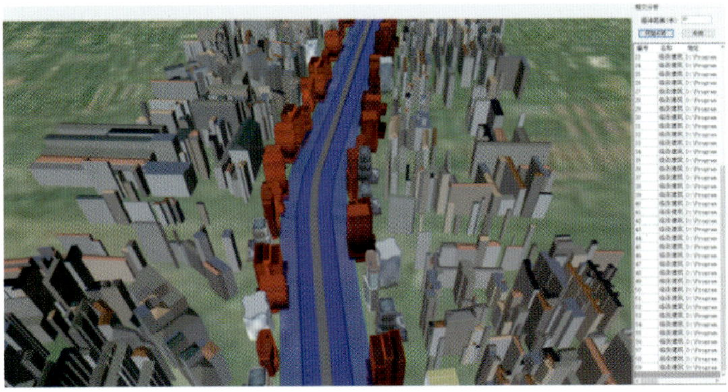

图 7-19　60 m 缓冲区分析结果

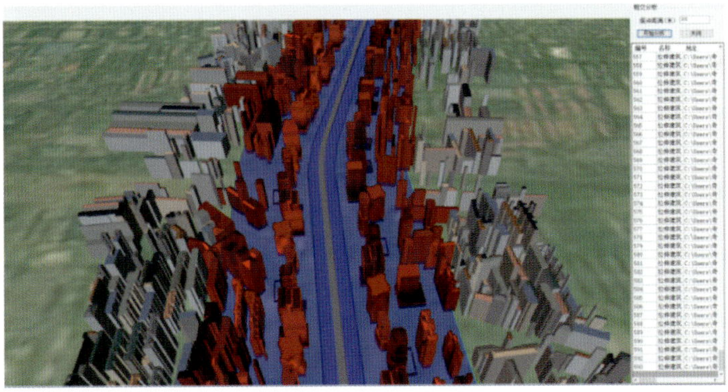

图 7-20　200 m 缓冲区分析结果

图 7-21　建筑模型高亮闪烁

7.4.2　地铁车站布局分析

随着轨道交通线路走向和车站中心里程的确定，地下车站基本属性也随之确定下来。车站是轨道交通项目建设中最复杂的建筑结构，根据其运营特点可以简单分为中间站、换乘站、枢纽站等类型。不同类型的车站结构不同，建筑复杂程度也不同。以中间站地铁 BIM 模型为例，将设计好的车站模型导入开发的系统中，其出入口示意如图 7-22、图 7-23 所示。

图 7-22　地铁出入口正面布局

图 7-23　地铁出入口侧面布局

地铁车站位置的选择影响着城市地下发展格局和乘客的换乘，同时对周边建筑物产生较大影响，其建设规模、结构形态、出入口布局无不受制于地上、地下构筑物的制约，且不可避免的与地下桩基、管线等产生冲突、碰撞。在地形透明模式下，地铁车站与城市道路位置关系如图 7-24 所示，地铁车站与周边建筑空间位置关系如图 7-25 所示。

图 7-24 车站与道路位置关系

图 7-25 车站与周边建筑位置关系

为减少设计缺陷，促进轨道交通线路与地铁车站联动设计，尤其对于车站与地下管线、地铁出入口与地面建筑的空间位置优化，可以基于 CityMaker 空间查询方法，对地铁车站模型与周围建筑模型进行空间位置分析，并将查询结果返回表格控件，发生碰撞的地铁车站结构将会被高亮显示和快速定位。

空间查询即是按照一定过滤规则查询 FDB 数据库的方法，声明的指针对象会根据数据集、要素类的逻辑关系，逐行查找数据，并返回所有符合条件的图层编号，进而逐模型查询属性信息。查询条件如下[54]：

gviSpatialRelEnvelope：通过外包围框进行相交查询。

gviSpatialRelEquals 相等：相比较的两个几何体类型相同，并且各自顶点集合中的顶点个数相等，在平面上的坐标相等。

gviSpatialRelIntersects 不相离：相比较的两个几何体至少有一个公共的顶点。对相比较的两个几何体的类型不做要求。

gviSpatialRelTouches 相邻：相比较的两个几何体在边界上至少有一个公共顶点，但是内部没有公共顶点。对相比较的两个几何体的类型不做要求。

gviSpatialRelCrosses 相交：相比较的两个几何体的共享部分但不是全部的内部点集，相交部分的几何体维度小于相比较的两个几何体中的一个或者两个。

gviSpatialRelWithin 被包含：基准模型在目标模型的内部，与 Contains 相反。

gviSpatialRelContains 包含：目标模型在基准模型的内部，与 Within 相反。

gviSpatialRelOverlaps 部分覆盖：相比较的两个几何体有相同的维度，他们有部分但不是全部的点是公共的，并且相交部分的几何体与相比较的两个几何体有相同的维度。

空间查询的部分代码如下：

```
IFdeCursor cursor = null;//指针
foreach(IFeatureClass fc in fcMap. Keys)//遍历所有要素类
{
IRowBuffer row = null;
List < IRowBuffer > list = new List < IRowBuffer > ();
  ISpatialFilter filter = new SpatialFilter();
  filter. Geometry = modelpoint;
filter. SpatialRel = gviSpatialRel. gviSpatialRelEnvelope;//设置查询条件
  filter. GeometryField = "Geometry";
cursor = fc. Search(filter, false);
  while((row = cursor. NextRow()) !  = null)
  {
    list. Add(row);
}
foreach(IRowBuffer r in list)
  {
dataGridView1. Rows. Add();
int geometryIndex = - 1;
geometryIndex = r. FieldIndex("Geometry");
if(geometryIndex !  = - 1)
{
int oid = int. Parse(r. GetValue(0). ToString());
this. axRenderControl1. FeatureManager. HighlightFeature(fc, oid, 0xffff0000);
string fid, id;
IEnvelope env = null;
for(int i = 0;i < r. FieldCount;i + + )
{
string fieldName = r. Fields. Get(i). Name;
if(r. Fields. Get(i). Name = = "oid")
{
fid = r. GetValue(i). ToString();
this. dataGridView1. Rows[t]. Cells["oid"]. Value = fid;
}
```

```
      else if(r.Fields.Get(i).Name = = "Geometry")
      {
      IGeometry geometry = r.GetValue(i)as IModelPoint;
      env = geometry.Envelope;
      }
      ……
            }
      t + + ;
      }//end of foreach (IRowBuffer r in list)
      }//end of foreach (IFeatureClass fc in fcMap.Keys)
      }
      if (cursor !  = null)
      {
      Marshal.ReleaseComObject(cursor);
      cursor = null;
      }
      DataGridViewRow row = this.dataGridView1.Rows[e.RowIndex];
      if (row !  = null)
      {
        string fid = row.Cells["FID"].Value.ToString();
        IFeatureClass fc = row.Cells["FID"].Tag as IFeatureClass;
        IModelPoint mp = rowMap[fid].Modelpoint;
        IModelPointSymbol symbol = new ModelPointSymbol();
        symbol.SetResourceDataSet(fc.FeatureDataSet);
        IRenderModelPoint rmp =
  this.axRenderControl1.ObjectManager.CreateRenderModelPoint(mp,symbol,rootId);
        if(rmp !  = null)
        {
          this.axRenderControl1.Camera.FlyToObject(rmp.Guid,gviActionCode.gviActionJump);
      rmp.Glow(2000);
      this.axRenderControl1.ObjectManager.DelayDelete(rmp.Guid,2000);
        }
      }
```

基于 CityMaker 对 BIM 模型强大的解析及重构能力,模型完整保留了原有的结构逻辑关系和全部属性信息,对每一个 BIM 构件均可形成独立的 Modelpoint 类模型,通过对其空间查询,表格控件显示了所有符合过滤条件的构件信息,如构件的尺寸、类别、族类型、元素 ID 等,方便在 Revit 建模软件中对模型的优化设计。查询结果如图 7-26 和图 7-27 所示。

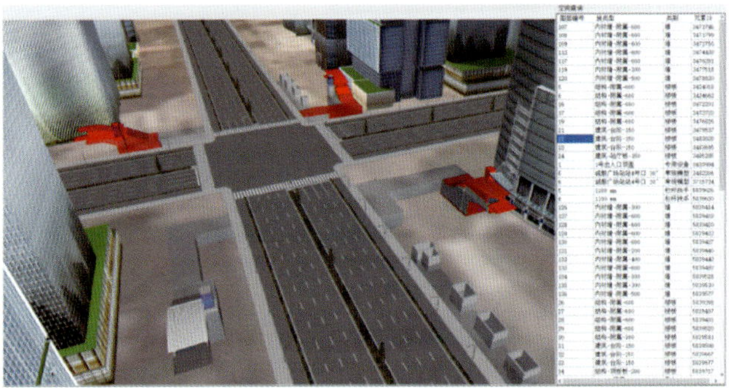

图 7-26　地铁车站空间查询整体图

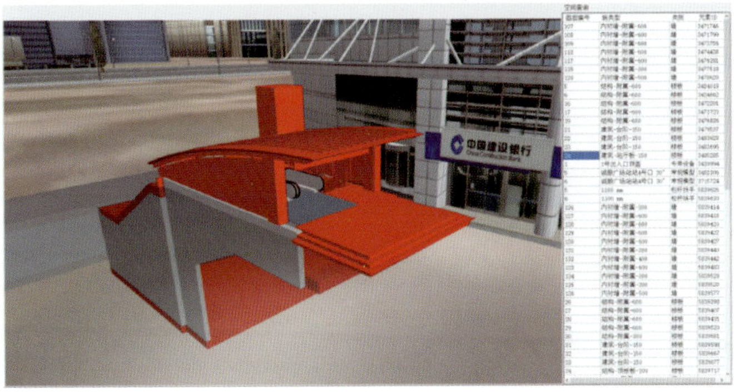

图 7-27　地铁车站空间查询细节图

7.4.3　地下管线碰撞检测分析

地下线路与地下管线的重叠会导致二者在三维空间下发生碰撞，这无疑增大了地下施工难度，因此城市轨道交通线路规划应充分考虑线路与管线的空间位置关系，以及地下管线拆迁改移给工程带来的影响。地下隧道与地下管线空间位置关系如图 7-28 和图 7-29 所示。

图 7-28　地下管线模型——地表透明模式

图 7-29　地下管线模型——地下模式

采用与地铁车站相同的空间查询方法，可以对发生碰撞的管线进行属性查询，管线所包含的管段和管件的所有属性信息均被返回到表格控件中，包括管道类型、直径、长度、元素 ID 等，该信息可为管线改移工程提供参考。隧道内相交管线如图 7-30 所示，空间查询结果如图 7-31 所示。

图 7-30　隧道内相交管线

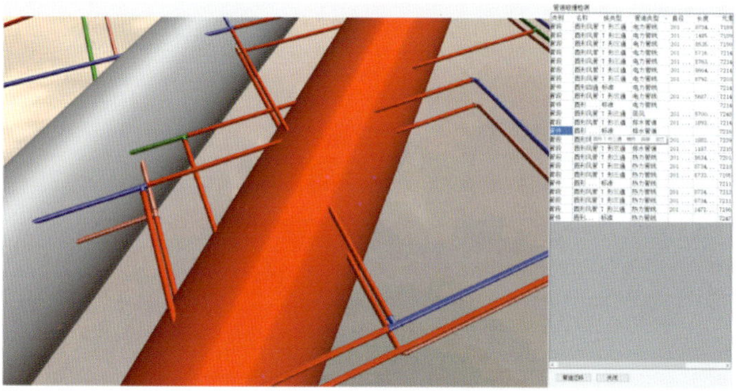

图 7-31　管线碰撞查询

7.4.4　三维信息场景漫游优化

采用 BIM +3D GIS 技术实现城市地上建筑物、绿化、道路景观，进行真实三维表达，并可进行自由漫游浏览及建筑物属性信息查询。对地下管线以及地质进行 BIM 模型的建立，实现了 3DGIS 与 BIM 的有机结合，以便城市轨道交通线路在三维场景下进行管线碰撞检测分析、查看地质情况、指导线路构造物的建设施工。三维城市场景中的线路展示效果如图 7-32 所示。

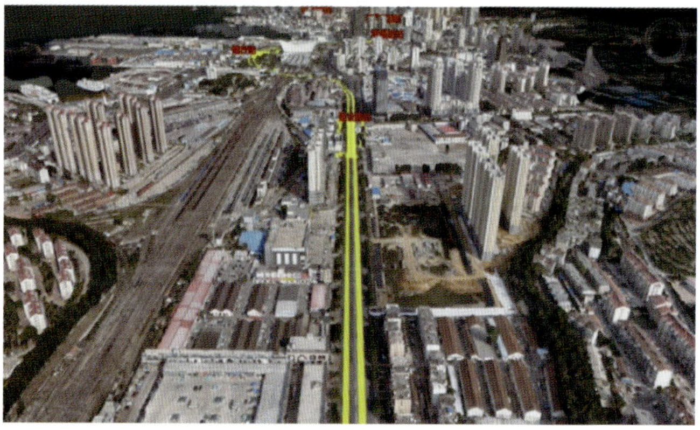

图 7-32　城市场景线路方案展示

BIM 模型丰富的属性信息给线路规划设计带来便利的同时，其庞大的数据量也给硬件设备带来挑战。为提高数据的加载和渲染效率，在 CityMaker 平台中，可以通过减小视图范围来减少当前需要渲染的模型数量，进而减轻硬件的负担，提高视觉体验效果[55]。不同视图距离的漫游过程对比如图 7-33 所示，其影响分析见表 7-3。

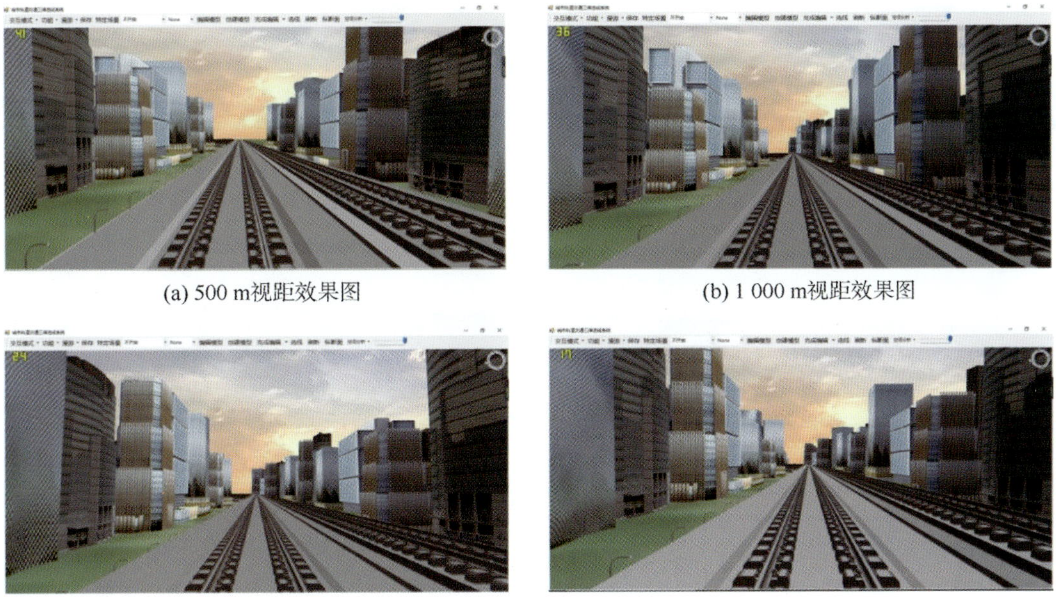

(a) 500 m视距效果图　(b) 1 000 m视距效果图

(c) 1 500 m视距效果图　(d) 2 000 m视距效果图

图 7-33　不同视距漫游效果对比

表 7-3　视图距离对漫游效果的影响

视图距离(m)	场景渲染效果	漫游帧数	漫游观感
500	视距过短，场景效果不佳	40 ~ 42	较流畅
1 000	场景效果良好	35 ~ 38	轻微卡顿
1 500	场景效果良好	22 ~ 25	轻微卡顿
2 000	场景效果良好	15 ~ 19	明显卡顿

注：测试平台配置 CPU：i5 4210；GPU：AMD R5 M230；帧率测试软件：Fraps。

BIM 模型的轻量化对漫游效果同样起着积极影响。CityMaker 平台提供了两种 BIM 模型的优化方式，一是基于几何化简理论，通过减少模型的固有三角面个数，以减少绘制时间，达到优化效果；二是基于瓦片化技术，将场景中的模型三角面数据根据可视距离进行不同 LOD 等级的划分，以减少计算压力。但后者在简化模型的同时，模型属性信息将全部丢失，为在不降低模型展示效果和不丢失模型属性信息的前提下提高数据的加载和渲染效率，使用减少三角网面的方法对 BIM 模型进行简化。

以轨道结构 BIM 模型为例，经过多种不同程度简化后的简要模型与原模型展示效果对比如图 7-34 所示，其对模型浏览产生的影响见表 7-4。

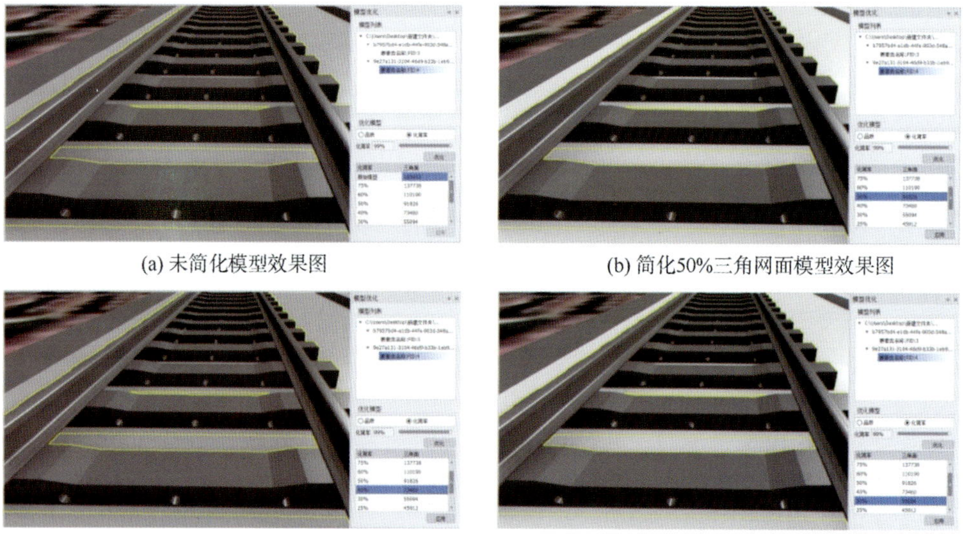

(a) 未简化模型效果图　(b) 简化50%三角网面模型效果图

(c) 简化60%三角网面模型效果图　(d) 简化70%三角网面模型效果图

图 7-33　三角网面简化效果对比

表 7-4　三角网面化简对模型浏览效果的影响

三角网面数量	简化率	模型渲染效果	提升帧数	浏览观感
183 652	0	良好	0	明显卡顿
91 826	50%	良好	5～8	较流畅
73 460	60%	圆弧面出现明显棱角	10～13	流畅
55 094	70%	模型轮廓严重变形	12～16	流畅

注：测试平台配置 CPU：i5 4210；GPU：AMD R5 M230；帧率测试软件：Fraps。

综合对比分析发现，减少漫游过程中需要渲染的模型数量，即减小漫游视图距离到1 000 m 可以有效改善漫游效果、提高漫游帧率，同时在保留模型属性信息的前提下，简化 BIM 模型三角网面对提升漫游流畅度有所帮助，为保证模型质量，最大简化率约为 50% 。

第8章

工程实例

本章在前述章节的三维可视化建模方法、三维地形创建方法、城市三维场景建立方法、地下管网建模方法、线路规划设计方法等基础上，以石家庄地铁1号线和北京地铁房山线为实例介绍应用情况。

8.1 石家庄地铁1号线

8.1.1 工程概况

石家庄地铁1号线是石家庄建成运营的第一条地铁线路，是中心城区东西向骨干线，其中一期工程线路西起西王站，东至洨河大道站，二期工程沿秦岭大街和新城大道敷设，连接高新区和正定县。2017年6月26日开通运营一期工程，2019年6月26日开通试运营二期工程。截至2019年6月，石家庄地铁1号线线路总长36.9 km（其中一期工程长23.9 km，二期工程长13 km），设28座车站，其中一期工程设20座车站，二期工程设8座车站，全部为地下站。

石家庄地铁1号线车型采用6辆编组的A型车，单节列车长22.5 m，宽度为3 m，6辆编组列车总长约140 m，最高运行速度每小时80 km，平均运行速度为每小时35 km。石家庄地铁1号线实景如图8-1所示。

图8-1 石家庄地铁1号线实景

8.1.2 三维场景建模

1. 三维地形建模

为了快速完成三维地形的创建，选择利用 InfraWorks 模型生成器来进行地形数据的下载，如图 8-2 所示，创建完成的地形如图 8-3 所示。

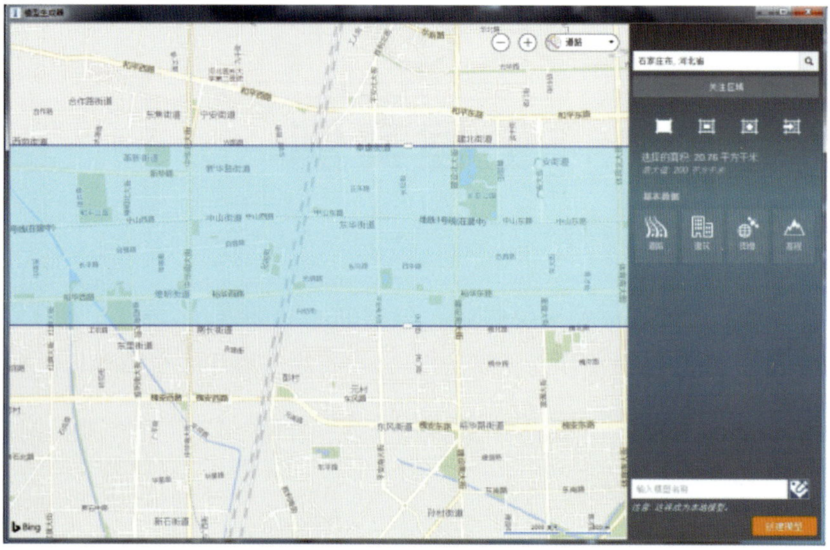

图 8-2　地形数据下载

图 8-3　地形及影像创建

2. 三维地上场景建模

在获取线路周围的建筑轮廓数据基础上，以 SHP 格式在 InfraWorks 中直接加载，对线路周围的场景进行三维可视化建模，如图 8-4 所示。为达到美观的效果，在原有建筑位置的基础上导入精细化建筑模型，以替代 InfraWorks 中的概念建筑模型，在此基础上添加树木、汽车等模型使场景更加生动，如图 8-5 和图 8-6 所示。

图 8-4　三维场景初步创建

图 8-5　城市三维场景近景（精细化模型导入）

图 8-6　城市三维场景远景（精细化模型导入）

3. 地下管网三维建模

结合 Civil 3D 和 InfraWorks 两个平台，实现了地下管网的三维可视化建模。将 InfraWorks 中创建好的地形导入 Civil 3D，在此基础上利用 Civil 3D 二次开发，实现该区域管线数据的加载，创建二维管网模型，如图 8-7 所示。将二维管网模型导出为 SDF 格式在 InfraWorks 中加载，完成地下管网三维可视化建模，将地表透明度降低后，可以直接观察地下管网，如图 8-8 ~ 图 8-10 所示。

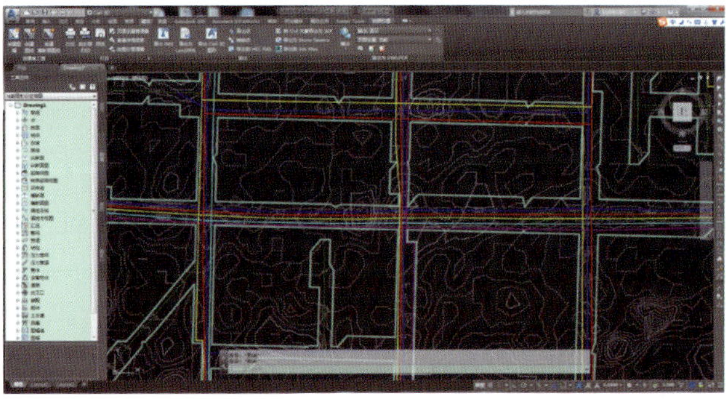

图 8-7　地下管网二维建模

图 8-8　地下管网三维建模(地面模式 1)

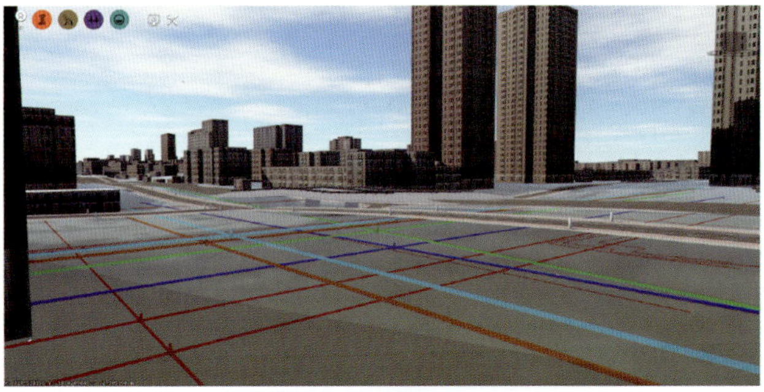

图 8-9　地下管网三维建模(地面模式 2)

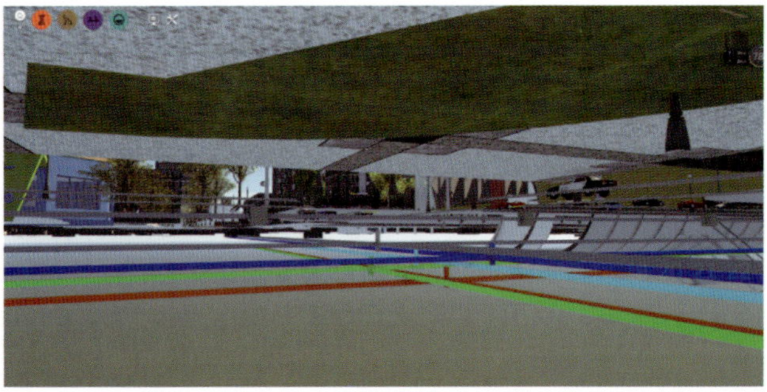

图 8-10　地下管网三维建模(地下模式)

8.1.3　综合线路规划设计

1. 线路平面线形

根据建立的地上和地下三维环境，遵循城市轨道交通选线基本原则，开展线路规划工作。由于该线路已经运营，其线路走向、起终点位置、缓和曲线长度及最小曲线半径均已确定，所以该线路平面线型就已经确定，如图 8-11 所示。

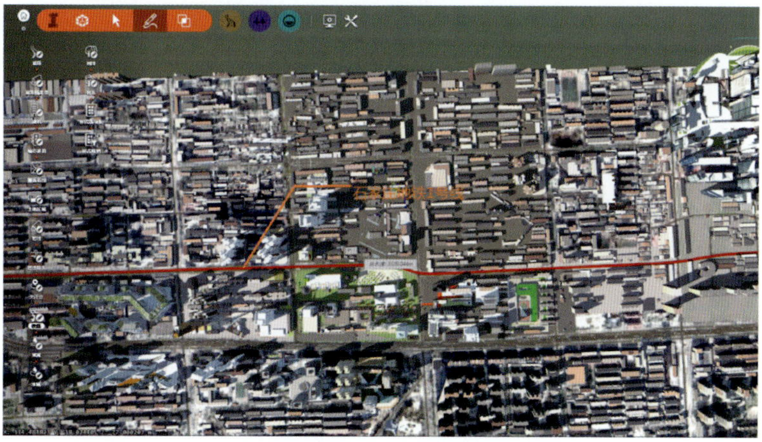

图 8-11　平面线型

2. 线路纵断面

对其纵断面进行查看，根据纵断面视图的显示，可以清晰看到线路为地下线的形式，黑色设计线低于绿色地面线，如图 8-12 所示。

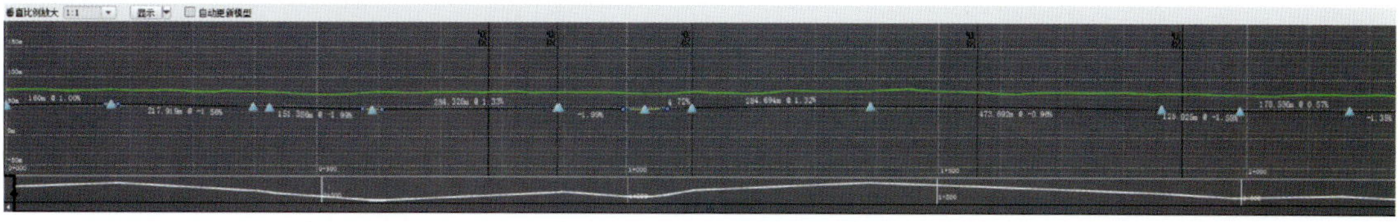

图 8-12　纵断面视图

由于线路平面线型中超高、曲线半径等数据都已有具体数值，纵断面都已符合规范要求，所以无须在 Civil 3D 中进一步深化设计。

3. 线路横断面

线路地下隧道横断面形式为马蹄形的单孔双线，修改地表透明度后，可以查看其建模效果，如图 8-13 所示。

8.1.4　地下管线与地下隧道冲突分析

由于该线路为地下线，势必涉及地下管线的改移，在 InfraWorks 的可视化环境中可以直观清晰地看到地下管线和地下隧道的冲突，如图 8-14 所示，为后续地下管线改移工作提供了可靠依据。

图 8-13　线路横断面

图 8-14　地下隧道与地下管线冲突分析

8.1.5　线路方案三维漫游

线路的三维漫游即在所创建的三维环境中进行线路周围场景的动态演示，可以从不同的角度观察周围环境，以便发现规划设计问题。与此同时，三维漫游的视频也是向其他参与者展示的最佳方式，如图 8-15 和图 8-16 所示。

图 8-15　地下隧道内漫游

图 8-16　地下隧道与地上场景漫游

8.2　北京地铁房山线

8.2.1　工程概况

北京地铁房山线是一条通往北京房山区的郊区地铁线，满足房山区居民出行至中心城区的需要，与 9 号线的郭公庄站衔接。房山线是北京第 10 条建成运营的地铁线路，2010 年 12 月 30 日开通运营一期工程首通段（苏庄站至大葆台站），2011 年 12 月 31 日开通运营一期工程剩余段（大葆台站至郭公庄站），2017 年 12 月 30 日开通运营西延段（阎村东站至苏庄站）。房山线为郊区线路，站间距平均 2.3 km。

截至 2019 年 11 月，北京地铁房山线全长 27.2 km，其中地下线长 2.8 km，高架线长 23.8 km，过渡段地面线 0.6 km。共设 12 座车站，其中高架站 10 座、地下站 2 座，拥有阎村车辆段 1 个车辆段，列车采用 6 节编组 B 型列车。房山线实景如图 8-17 所示。

图 8-17　北京地铁房山线实景

8.2.2 房山线应用实例

1. 地形的快速创建

采用 InfraWorks 模型生成器，借助从多个来源以多种文件格式收集的数据，创建北京地铁房山线的地形，如图 8-18 所示。所生成的地形如图 8-19 所示，地形图中包含一些现有的道路及其标签、水域等信息，地形具有较高的真实度。

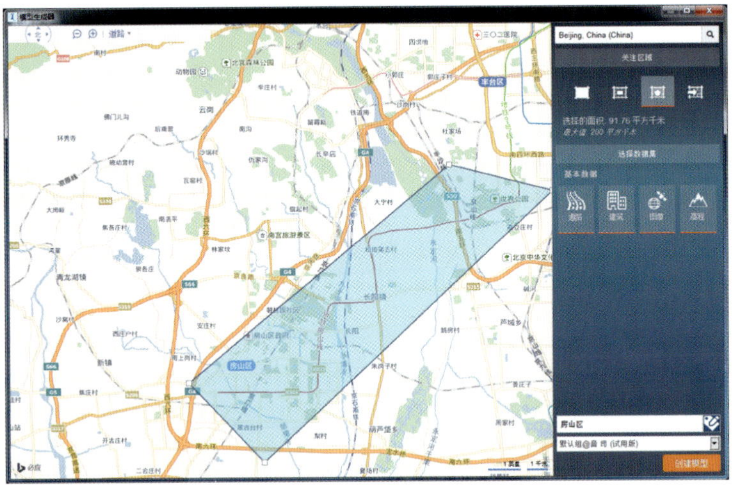

图 8-18 获取房山线地形

图 8-19 生成的房山线地形

2. 线路周围三维场景创建

采用 InfraWorks 平台创建线路周围三维场景，如图 8-20 和图 8-21 所示。

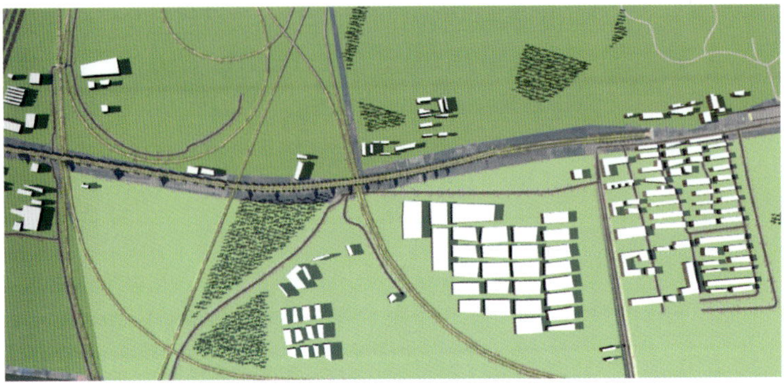

图 8-20 线路周围三维景观

图 8-21　线路周围三维景观(放大)

3. 平面线形的确定

北京地铁房山线已经运营,起终点位置、线路的走向以及曲线半径和缓和曲线长度(可以直接拖动至设定的数值)都已经确定,所确定的房山线的平面线形如图 8-22 所示。

图 8-22　房山线的平面线型

4. 纵断面的确定

在纵面视图中确定初步的纵断面,房山线的纵断面视图如图 8-23 所示,其中绿色的为地面线,黑色的为设计线。

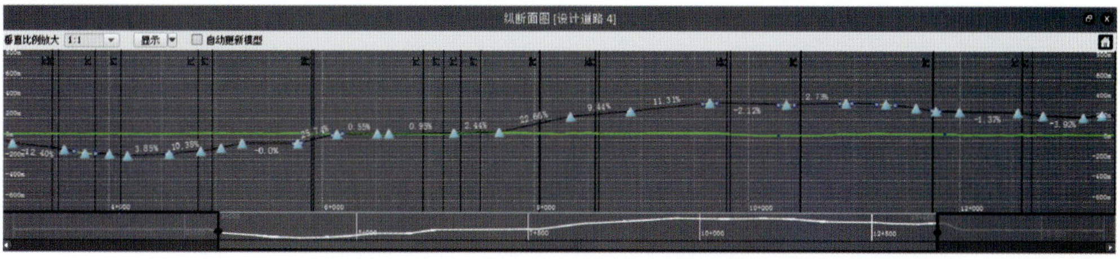

图 8-23　房山线的纵断面视图

5. 装配深化设计

在 Civil 3D BIM 平台中导入 InfraWorks 中的房山线的概念设计,输入的参数如图 8-24 所示。在导入 InfraWorks 中的概念设计时,需要确定坐标系,如果对坐标系不确定时,可以使用图 8-25 中红色线框中所示的坐标系,该坐标系可以根据 InfraWorks 中的数据计算出一个符合的坐标系。

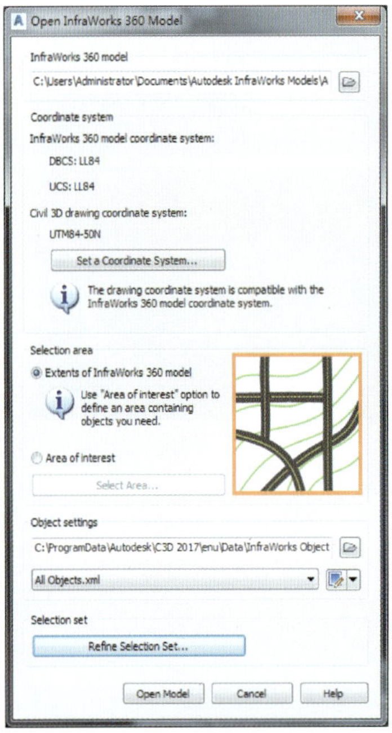

图 8-24　参数输入对话框图

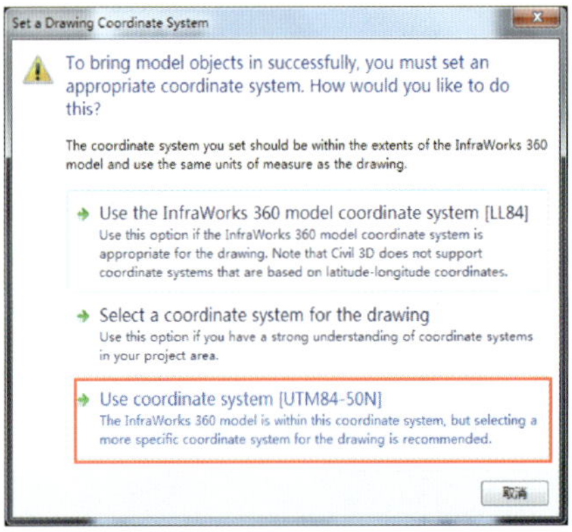

图 8-25　坐标系选择对话框

导入 Civil 3D 之后的线路中心线如图 8-26 所示（此处为大葆台至稻田站一段的中心线）。所生成的纵断面视图如图 8-27 所示，并将设计规范输入图 8-28 中，确保所设计的纵断面符合设计规范，也可以在图 8-29 中输入数值。

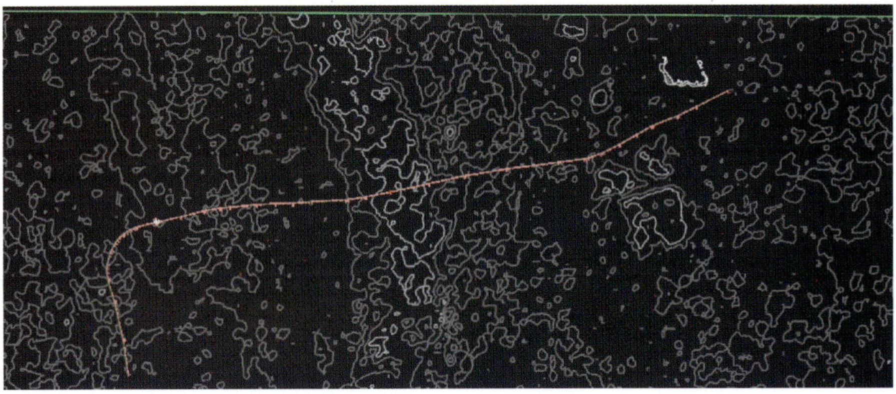

图 8-26　地铁房山线（大葆台至稻田站）的线路中心线

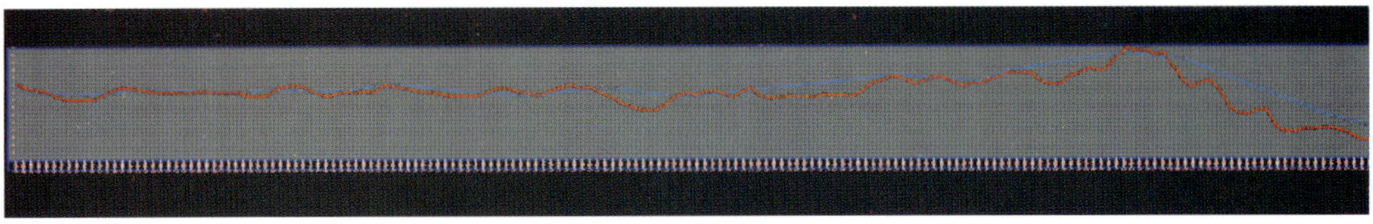

图 8-27　纵断面视图

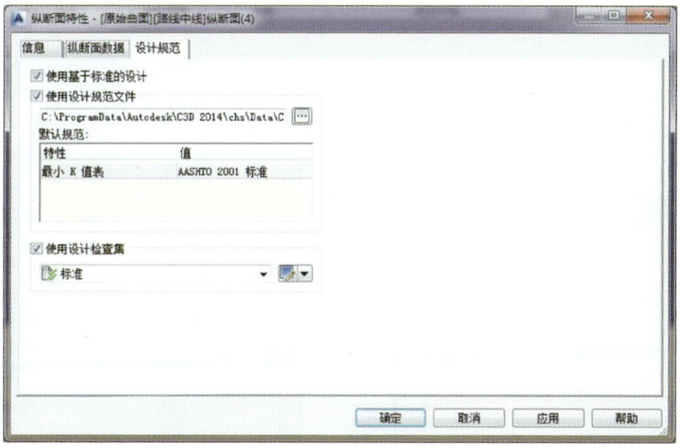

图 8-28　设计规范编辑对话框

图 8-29　纵曲面对话框

根据 InfraWorks 中的隧道、路基、桥梁装配的里程位置,创建相应的装配。所创建的装配如图 8-30 ~ 图 8-32 所示。

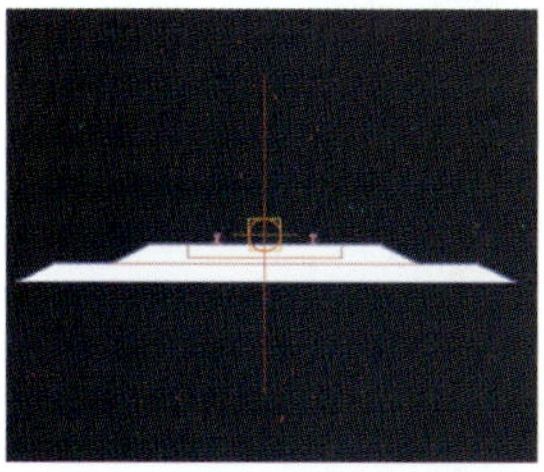

图 8-30　路基装配

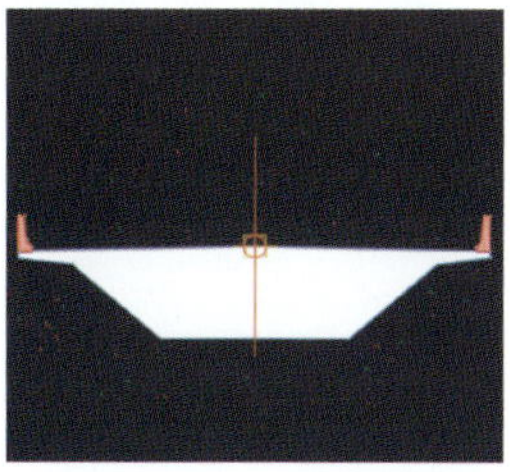

图 8-31　桥梁装配

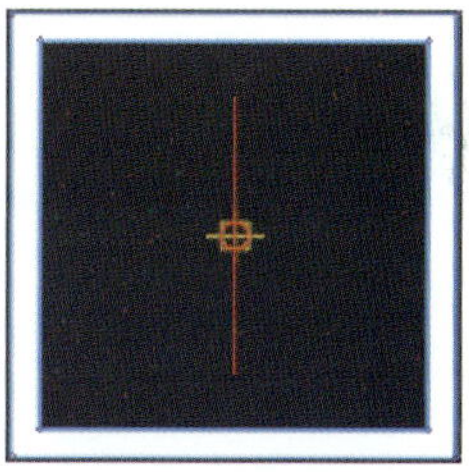

图 8-32　隧道装配

添加装配之后的曲面如图 8-33 所示。

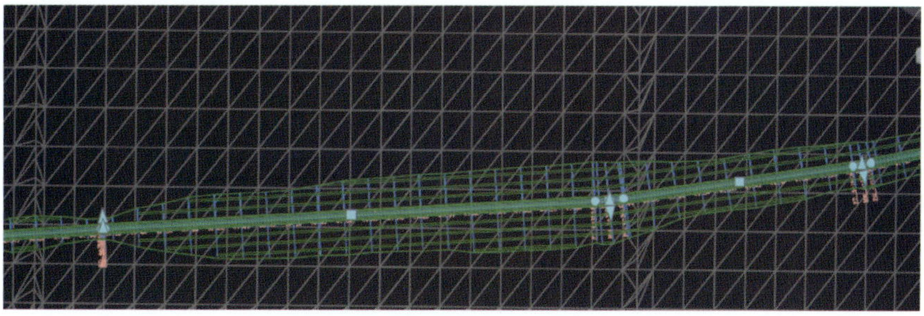

图 8-33　路基装配出的地形曲面

6. Civil 3D 的深化设计在 InfraWorks 中集成

线路装配的深化设计完成之后,在 InfraWorks 中,数据源以 DWG 的数据格式导入 Civil 3D 中的设计成果,如图 8-34 和图 8-35 所示。

图 8-34　路基处的边坡

图 8-35　路基处的边坡放大图

7. Revit 中线路装配的深化

选中桥梁装配,单击右键,发送到 Revit 中进行桥梁装配的深化设计。发送到 Revit 中的桥梁模型如图 8-36 所示。采用 Revit API 二次开发技术,将轨枕及钢轨自动拼接到桥面上,如图 8-37 所示。

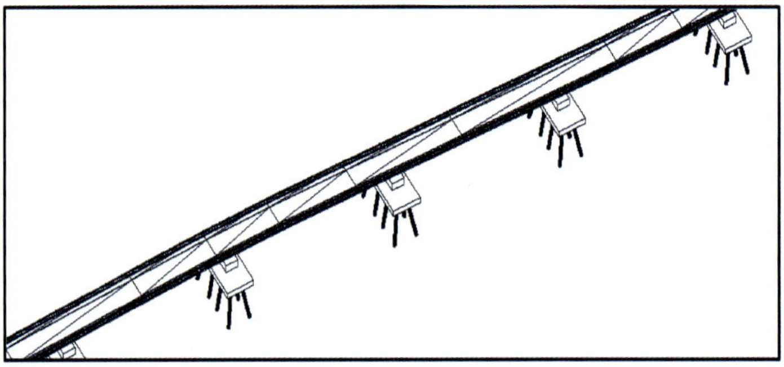

图 8-36　发送到 Revit 之后的桥梁模型

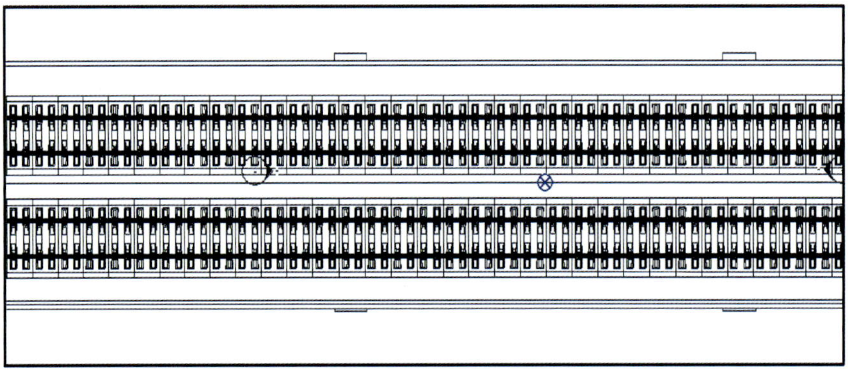

图 8-37　拼接轨道装配的桥梁

将拼接好的 Revit 模型另存为 FBX 格式，导入到 InfraWorks 中查看三维设计效果，如图 8-38 所示。

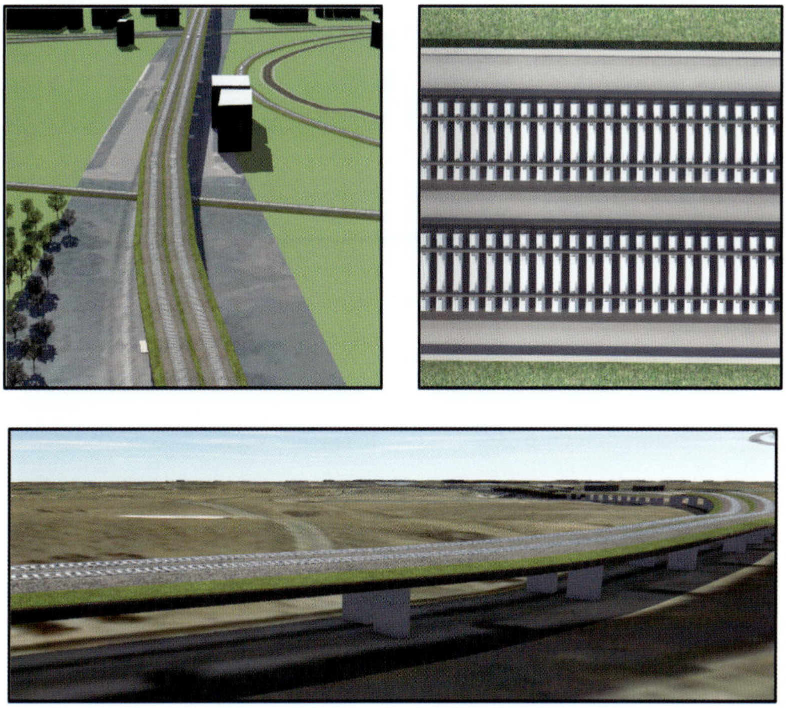

图 8-38　InfraWorks 中的方案效果

8. 与 3DGIS 技术的融合

(1) MPT 文件的制作

使用 Skyline 3D GIS 平台，创建一个北京地铁房山线 MPT 地形文件。下载第 19 级影像数据和 30 m 精度 DEM 数据，使用 TerraBuilder 将影像数据和高程数据进行叠加，制作 MPT 文件。制作好的 MPT 文件如图 8-39 所示，MPT 文件放大图如图 8-40 所示。

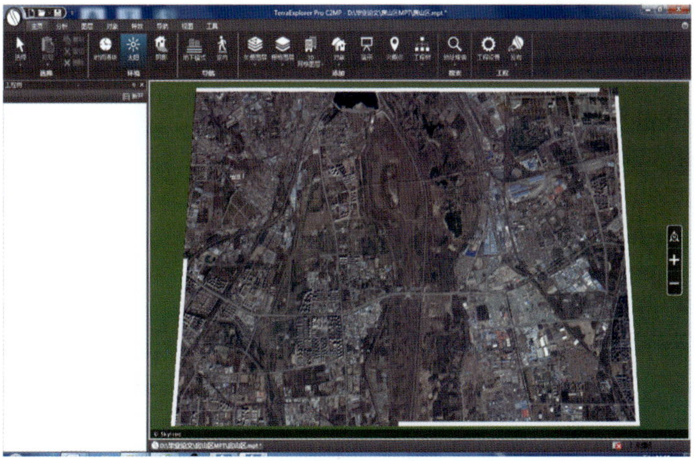

图 8-39　制作好的 MPT 文件

图 8-40　MPT 文件的放大图

(2)数据融合

Skyline 软件可在真实的地理环境中进行概念设计,并具备大范围地理信息数据的展示功能。将设计好的线路另存为 FBX 格式,以图层的数据形式导入 Skyline 3D GIS 平台中。融合效果如图 8-41 ~ 图 8-47 所示。

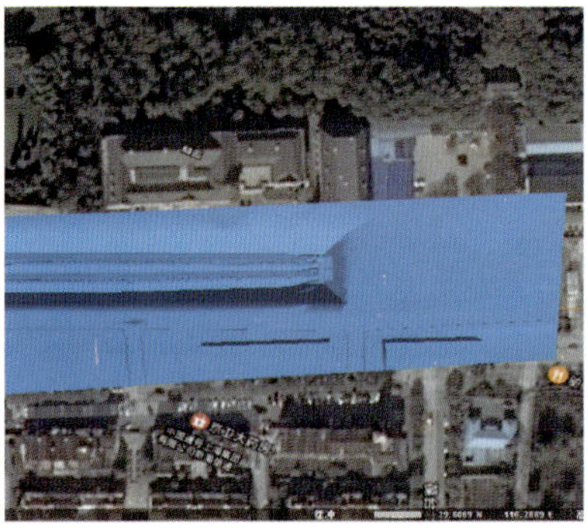

图 8-41　隧道融合效果

图 8-42　隧道融合放大图

图 8-43　路基融合效果

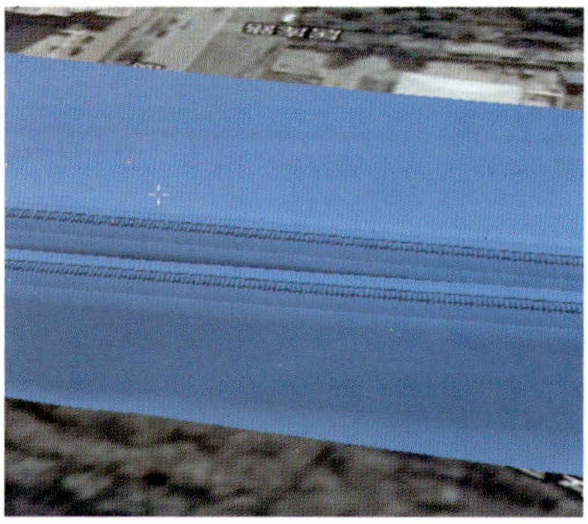

图 8-44　路基融合放大图

图 8-45　桥梁融合效果

图 8-46　桥梁融合放大图

图 8-47　桥梁全景

参考文献

[1] 中华人民共和国住房和城乡建设部.城市轨道交通工程 BIM 应用指南[S].2018.

[2] Lee,S.-H,Park,S.I,Seo,K.-W. Open BIM-based information modeling of railway bridges and its application concept [C]. Source: International Conference on Computing in Civil and Building Engineering, 2014: 504-511.

[3] Taylor, Malcolm. Cross rail project: building a virtual version of London's Elizabeth line [J]. Source: Proceedings of the Institution of Civil Engineering,2017,170(6):56-63.

[4] Lee,Sang-Ho,Park,Kwon,Tae Ho. Civil Infrastructure Information Modeling Method Based on Extended IFC Entities using BIMAuthoring Software[J]. Journal of the Computational Structural Engineering Institute of Korea,2017,30(1):77-86.

[5] 王珏,贾兴斌,马映登. BIM 技术在轨道交通项目规划中的应用研究[J].铁路技术创新,2015(3):55-58.

[6] 卢祝清. BIM 在铁路建设项目中的应用分析[J].铁道标准设计,2011(10):4-7.

[7] 王迪,周艳,张伟东.城市建筑三维快速建模方法的研究与实现[J].测绘与空间地理信息,2016,39(6):123-125.

[8] EI-MEKAWY M,O STMAN A,HIJAZI I. A Unified Building Model for 3D Urban GIS[J]. ISPRS International Journal of Geo-Information,2012,1(2):120-145.

[9] 周京春.地下管网三维空间数据模型及自动化精细建模方法研究[D].武汉:武汉大学,2016.

[10] 陆涛.三维综合管线设计程序的研究开发[D].南京:东南大学,2007.

[11] 孙培培.基于 BIM 技术的城市轨道交通线路设计方法研究[D].石家庄:石家庄铁道大学,2017.

[12] 吕希奎,陈淑娜,孙培培.基于 InfraWorks 的城市轨道交通项目规划研究[J].城市轨道交通研究,2018,21(5):155-159.

[13] 李震,张帆,吴明帅. Civil 3D 与 InfraWorks 三维协同设计在总图专业中的应用[J].油气储运,2016,35(6):648-652.

[14] 叶霞飞,顾保南.城市轨道交通线路设计[M].上海:同济大学出版社,2010.

[15] 白娇娇,吕希奎,孙培培.基于建筑信息模型(BIM)的城市轨道交通线路快速建模方法[J].城市轨道交通研究,2019,22(8):170-173.

[16] 何守旺. AutoCAD Civil 3D 中自定义部件的实现方法[J].铁路技术创新,2015(6):84-86.

[17] 窦瑶.浅谈城市轨道交通出入口设计[J].铁道建筑技术,2012(S2):20-21.

[18] 吴京华,缪晶.城市轨道交通车站设计与地域文化的融合[J].城市轨道交通研究,2013,16(5):16-20.

[19] 张波. AutoCAD Civil 3D 与 AutoCAD InfraWorks 360 协同设计在 3D 模型方案中的应用[J].中国市政工程,2015(6):58-60,93.

[20] 夏宇,谭衢霖,蔡小培,等.基于 Civil 3D 部件编辑器的铁路 BIM 部件模型构建研究[J].铁路计算机应用,2019,28(6):30-35.

[21] 梁凯旋. Civil 3D 结合部件编辑器在水利工程中的应用[J].西北水电,2016(4):82-86,92.

[22] 彭兴东.基于 BIM 技术的桥梁工程建模方法研究[D].石家庄:石家庄铁道大学,2016.

[23] 刘帮,刘建军,朱国亚,等.基于 Civil 3D 和 Revit 创建桥梁 BIM 精细化模型的应用研究[J].施工技术,2018,47(S4):928-932.

[24] 曾庆桓,戴琪.基于 Autodesk Civil 3D 建立隧道参数化 BIM 模型的探索[J].中国公路,2018(5):98-99.

[25] 何守旺,王新林,马映登.基于 AutoCAD Civil 3D 的铁路隧道洞口位置智能选择软件的开发[J].铁路技术创新,2017(1):48-50.

[26] 曹琨.铁路线路构造物模型(RLBIM)参数化建模方法研究[D].成都:西南交通大学,2016.

[27] 欧特克(中国)软件研发有限公司.Autodesk Revit 二次开发基础教程[M].上海:同济大学出版社,2015.

[28] 何守旺,马映登.基于 AutoCAD Civil 3D 的路线对象在 Revit 中的模拟应用实践[J].铁路技术创新,2017(4):68-70.

[29] 高策.基于 BIM 的高速铁路连续梁设计及工程应用技术[J].铁路工程技术与经济,2019,34(6):23-26.

[30] Kurwi, Sahar, Demian M. Integrating BIM and GIS in railway projects: A critical review [C]. Source: Association of Researchers in Construction Management, ARCOM-33rd Annual Conference, pp. 45-53, 2017.

[31] 何彬.基于 GIS 的城市轨道交通三维空间选线系统研究[D].石家庄:石家庄铁道大学,2015.

[32] 倪苇.基于 CityMaker 的铁路 BIM 与 GIS 融合解决方案[J].铁路技术创新,2017(4):55-57.

[33] 范登科,韩祖杰,李华良,等.面向铁路信息化建设的 BIM 与 GIS 融合标准与技术研究[J].铁路技术创新,2015(3):35-40.

[34] 钱意.BIM 与 GIS 的有效结合在轨交全寿命周期中的应用探讨[J].地下工程与隧道,2013(03):40-42,65.

[35] 杨峰.城市轨道交通工程中 BIM 与 3DGIS 的集成研究[C].//中国图学学会建筑信息模型(BIM)专业委员会.第五届全国 BIM 学术会议论文集.北京:中国建筑工业出版社,2019:112-114.

[36] 任晓春.铁路勘察设计中 BIM 与 GIS 结合方法讨论[J].铁路技术创新,2014(5):80-82.

[37] 刘茂华,王岩,孙秀波,等.BIM 与 3DGIS 结合实现室内、外三维一体化方法研究[J].科技通报,2017,33(07):171-173,192.

[38] 范登科.BIM 与 GIS 融合技术在铁路信息化建设中的研究[J].铁道工程学报,2016,33(10):106-110,128.

[39] Isikdag U, Zlatanoa S, Underwood J. A BIM-Oriented Model for supporting indoor navigation requirements [TJ]. Computer, Environment and Urban Systems, 2013, 41: 112-123.

[40] Cho K, Teo T. The integration of BIMand GIS for indoor and outdoor combined route planning[TC]//Proceeding of 34th Asian Conference on Remote Sensing. Bali, Indonesia, 2013: 27-35.

[41] Building Smart-tech. CI-3 Industry Foundation Classes for GIS (IFC) [TEB/OL]. [T2014-11-30]. http://www. buildingsmart-tech. org/future-extensions/ifc_extension_projects/ current/ic3.

[42] Kang T W, Hong C H. A study on software architecture for effective BIM/GIS-based facility management data integration [J]. Automation in Construction, 2015, 54: 25-38.

[43] Casey M J, Vankadara S. Semantics in CAD/GIS Integration. CAD and GIS Integration, CRC Press, The Netherlands, 2010.

[44] Hijazi I, Ehlers M, Zlatanova S. BIM for geo-analysis (BIM4GEOA): Set up of 3D information system with open source software and open specification (OS) [TC]//Proceedings of 5th International 3D Geoinfo Conference. Berlin, Germany, 2010: 45-49.

[45] Hong C, Hwang J, Kang H. A study on the correlation analysis for connection between IFC and City GML [TC]//Proceedings of the Fourth ACM SIGSPATIAL International Workshop on Indoor Spatial Awareness.

Redondo Beach,CA,United states,2012:9-12.

[46] Boysen M,de Haas C,Lu H,et al. A Journey from IFC Files to Indoor Navigation[TM]. Web and Wireless Geographical Information Systems, Springer, 2014:148-165.

[47] EI-Mekawy M,O Stman A. Semantic mapping: an ontology engineering method for integrating building models in IFC and CityGML[TC]//Proceedings of the 3rd ISDE Digital Earth Summit. 2010:12-14.

[48] EI-Mekawy M,O Stman A,Hijazi I. A unified building model for 3D urban GIS[TJ]. ISPRS International Journal of Geo-Information. 2012,1(2):120-145.

[49] Kang T W,Hong C H. A study on software architecture for effective BIM/GIS-based facility management data integration[J]. Automation in Construction,2015,54:25-38.

[50] Lapierre A,Cote P. Using Open Web Services for urban data management:A tested resulting from an OGC initiative for offering standard CAD/GIS/BIMservices[M]. Urban and Regional Data Management:UDMS 2007 Annual,2007:381-393.

[51] Akinci B,Karimi H,Pradhan A,etal. CAD and GIS interoperability through semantic web services[M]. CAD and GIS Integration,CRC Press,the Netherlands,2010:199.

[52] 汤圣君,朱庆,赵君峤. BIM 与 GIS 数据集成:IFC 与 CityGML 建筑几何语义信息互操作技术[J]. 土木建筑工程信息技术,2014,6(4):11-17.

[53] 范登科,韩祖杰,李华良,等. 面向铁路信息化建设的 BIM 与 GIS 融合标准与技术研究[J]. 铁路技术创新,2015(3):35-40.

[54] 王奇胜. 基于 3DGIS 与 BIM 的城市轨道交通线路设计方法研究[D]. 石家庄:石家庄铁道大学,2020.

[55] 王海娟,孙海洪,张扬建. 基于 CityMaker 的 BIM 数据优化应用研究[J]. 建筑技术,2017,48(S1):52-54.